美国春秋
成为学者型教师

Coming to the Edge
Journeys Toward Teacher Scholar

〔美〕石淑芳（Shufang Shi Strause） 著
仲丽娟（Lijuan Zhong）

图书在版编目(CIP)数据

美国春秋：成为学者型教师/（美）石淑芳，仲丽娟著. —北京：北京大学出版社，2017.11

ISBN 978-7-301-28897-9

Ⅰ.①美… Ⅱ.①石…②仲 Ⅲ.①中小学教育—研究—美国 Ⅳ.①G639.712

中国版本图书馆CIP数据核字（2017）第252344号

书　　　名	美国春秋：成为学者型教师 MEIGUO CHUNQIU
著作责任者	〔美〕石淑芳　仲丽娟　著
责任编辑	姚成龙　巩佳佳
标准书号	ISBN 978-7-301-28897-9
出版发行	北京大学出版社
地　　　址	北京市海淀区成府路205号　100871
网　　　址	http://www.pup.cn　新浪微博:@北京大学出版社
电子信箱	zyjy@pup.cn
电　　　话	邮购部62752015　发行部62750672　编辑部62764934
印刷者	三河市北燕印装有限公司
经销者	新华书店
	787毫米×1092毫米　16开本　13.75印张　270千字 2017年11月第1版　2017年11月第1次印刷
定　　　价	38.00元

未经许可，不得以任何方式复制或抄袭本书之部分或全部内容。
版权所有，侵权必究
举报电话: 010-62752024　电子信箱: fd@pup.pku.edu.cn
图书如有印装质量问题，请与出版部联系，电话: 010-62756370

致　　谢

这本书叙述我们的教育旅程——学术发现、研究、应用和反思。一路上，我们得到很多人的支持、帮助、挑战和激励。

我们首先要感谢几位倾听我们稚嫩的想法，与我们分享智慧、经验和建议的思考者。比特鲍姆校长在百忙中阅读了各章节英文译文和英文图片，了解全书后，写下了真挚的序言。柯蒂斯·邦克博士、贝斯科·莱恩博士、卡尔·斯特劳斯博士阅读了我们的英文目录、前言、每章导言和后记，提供了修改建议。艾米·亨德森-哈尔和汤姆·弗兰克及时回答了有关著作和版权方面的疑问。郭月箫活跃的反向思维总在挑战我们对教与学的诠释。

我们感谢纽约州立大学科特兰分校所有支持和帮助过丽娟的同事，有了他们的支持和帮助，才有了我们合作的可能。我们感谢国际交流主任玛丽·施拉布、系主任金布利·荣贝和教育学院院长安卓亚·拉常斯；感谢学前和小学教育系的同事和秘书；感谢所有与我们谈论分享教学心得和教学材料的同事，包括约翰·施若茨、林琳博士、保罗·奎里奥博士和当代语言系的教师们；感谢所有在科特兰分校的中国同事给予丽娟的慷慨和热情。

我们感谢我们的同事和好友帮我们翻译校对书稿。宋小芳是文字功底深厚的语文老师，她逐字逐句修改过电子稿，可谓是本书的第一位编辑；我们有一些英文资料需要翻译成中文，由于时间紧迫，英语老师宋倩娴、蔡博宇、郝艳丽、方娇艳、朱丹丹在十分繁重的教学工作之余帮我们完成了翻译工作；挚友伊咏博士帮我们修补日渐模糊的记忆；诗人、艺术家高石百忙中阅读全书稿，提出了宝贵建议。

我们感谢北京大学出版社及其所拥有的精英团队，尤其是本书责任编辑姚成龙老师和巩佳佳老师。从最初的出书报告申请到后来的三审三校，他们训练有素的犀利目光、高标准和一丝不苟的职业素养令我们印象深刻。最重要的是他们的耐心，几易其稿，终于使书稿成为我们真正想写成的书。

对所有帮助过我们的人，我们深怀敬意和感谢！并把他们的优秀品质转化为我们的动力，继续演绎我们的教育生活史。

石淑芳　仲丽娟
2017 年 8 月 8 日

Acknowledgements

This book is about our educational experience, our journeys of academic discovery, research, application, and reflection. Along the way many individuals have supported, challenged, and motivated us …

We must thank several outstanding individuals who have allowed us to share our ideas for this project, and gave us invaluable feedback throughout its completion. Dr. Erik Bitterbaum reviewed the English translations provided for each chapter and composed a sincere foreword. Dr. Curtis Bonk, Dr. Beth Klein, Dr. Karl Strause, Ms. Amy Henderson-Harr and Mr. Thomas Frank have shared their wisdom and provided insightful and timely advice. We must also acknowledge Mr. Yuexiao Michael Guo who challenges our assertions about teaching and learning.

We are indebted to many colleagues: Ms. Mary Schlarb, Director of International Programs Office; Dr. Kimberly Rombach, our Department Chair, and Dr. Andrea LaChance, our Dean, for facilitating Lijuan's visiting scholar experience and therefore the opportunity for collaboration. The collegiality and hospitality provided by all faculty and staff in the Childhood/Early Childhood Education Department was extremely important to the success of this book project and very much appreciated. Special thanks go to colleagues who have shared teaching ideas and materials and especially to Mr. John Suarez, Dr. Lin Lin, Dr. Pualo Quaulio and faculty of the Modern Languages Department. We thank all of SUNY Cortland's Chinese faculty for their generosity and hospitality to Lijuan.

We are equally indebted to many associates and friends, particularly those individuals who assisted with the arduous task of translating between English and Chinese. Xiaofang Song read the manuscript and was the first editor of the book. Qianxian Song, Boyu Cai, and Yanli Hao, DanDan Zhu and Jiaoyan Fang offered timely help with translations. A dear and life-long friend from Qufu University Dr. Yong Yi helped with recollections. Artist and poet Shi

Gao read the manuscript in Chinese and provided excellent suggestions.

We want to thank our publisher, Peking University Press and its incredibly supportive team.

Beginning with our anonymous book proposal and throughout the manuscript review "three rounds of trials" the chief editor, Chenglong Yao, Jiajia Gong, and a team of associate editors provided critical review with the utmost professionalism. With discerning eyes and unwavering standards these insightful individuals guided us through multiple drafts to finally create the book we intended to write.

To all who have inspired us and helped us, we cherish your contributions and we are deeply grateful. With sincere humility, we thank you for your motivation and inspiration as we continue our journeys to becoming teacher scholars.

Shufang Shi Strause & Lijuan Zhong
August 8, 2017

序

《美国春秋：成为学者型教师》是一本引人入胜的书，它描写了两位中国教师在美国追求专业成长之路。两位作者中，一位是纽约州立大学科特兰分校教育学院副教授石淑芳，另一位是由上海市教委资助的访问学者仲丽娟。淑芳在赴美之前担任上海交通大学英文教师近十年，她在美国密歇根州立大学获得教育技术博士学位后，来到科特兰分校任教。丽娟在2015—2016年到科特兰分校做访问学者。她之所以选择我们学校，是因为我们在教师教育方面有着卓越的声誉和悠久的历史。另外，她也希望从中国人的视角，通过观察两国教育之间深层次的关系，来了解美国教师的学术生活。

在本书的前半部分，丽娟从她的视角勾画出位于纽约上州小城的科特兰分校的人和事，那些课堂、教授和会议，那些活动、聚餐和专访，她以一个新人的眼光展示了我们司空见惯的教育教学工作和生活。在科特兰的日子改变了她的教学观，也使得她对美国教育，尤其是对学生的服务赞赏有加。

在本书的后半部分，淑芳分享了她在科特兰分校教学、研究和服务的职业历程。她详细叙述了她在美国作为一位大学教授的成长故事，读者从中会看到她对学生、对职业、对学校的诚恳和奉献。另外，淑芳的经历也让我们意识到一个外国教师要适应美国大学的工作方式有多不容易。

令人印象最深的部分是淑芳在教学之外对学校做出的杰出贡献。她成功促成纽约州立大学科特兰分校与中国曲阜师范大学的姐妹关系，组织了纽约上州25个学区参与的"21世纪领导力论坛"，帮助其他教师提升教学技术，把中国文化传播到科特兰。

两位作者互相交融的叙事为读者了解科特兰分校提供了独特的视角，也成为中美教育工作者互相理解的桥梁。

我向对中美学术对话感兴趣的读者强烈推荐这本书！

纽约州立大学科特兰分校校长　埃里克·比特鲍姆博士
2017年6月6日

Foreword

  Coming to the Edge: Journeys Toward Teacher Scholar is a fascinating book that describes the experiences of two Chinese educators who journeyed to the United States in pursuit of professional excellence. The two authors are Shufang Shi Strause, an Associate Professor in the School of Education at SUNY Cortland and Lijuan Zhong, a visiting scholar at SUNY Cortland sponsored by the Shanghai Municipal Education Commission. Shufang came to Cortland from Michigan State University where she received her doctorate in the field of educational technology. Prior to coming to the United States, she was a faculty member at Shanghai Jiao Tong University where she taught English for almost ten years. Lijuan was a visiting scholar at SUNY Cortland for the 2015—2016 academic year. She chose our university because of our reputation and history of graduating outstanding teachers. She also wanted to understand academic life in America and compare it with Chinese sensibilities by looking at the deeper contextual relationships between our two nations.

  The introductory chapters of the book target a Chinese audience and begin with Lijuan's thoughtful insights of American society and more specifically the academic life and culture at SUNY Cortland located in a small rural town in Upstate New York. One may observe how Lijuan's time in Cortland reshaped her views on teaching and contributed to a greater appreciation of American hospitality.

  The following chapters of the book provide a narrative of a Chinese American teacher scholar in the United States as Shufang shares her strivings for academic excellence in teaching, research, and service at SUNY Cortland. By detailing her growth as a university professor in America and sharing her instructional expertise, she provides readers at all academic levels with an honest story of dedication and devotion to her students, profession, and school. In addition, Shufang makes us realize how difficult it might be for foreign faculty to adjust to a very different way of working at an American university.

My favorite section is how Shufang became involved outside her Childhood/Early Childhood Education Department with the greater SUNY university. She successfully coordinated the establishment of the SUNY Cortland-Qufu Normal University partnership, organized a "21st Century Leadership Forum" for 25 school districts, made herself available to the entire campus to help upgrade instructional technology, and was the point person on numerous Chinese culture celebrations in Cortland.

The dual narrative approach provides a unique perspective on small town America and a bridge for Chinese and American educators to understand each other's world. I highly recommend this book to audiences interested in furthering the academic dialogue between China and the United States.

June 6, 2017
Erik J. Bitterbaum, Ph. D.
President, State University of NewYork at Cortland

前　言

　　《美国春秋：成为学者型教师》是仲丽娟和石淑芳两位教师的合著，描写了我们在美国的教育生活状况。全书以第一人称撰写，前两章的"我"是仲丽娟，后三章的"我"是石淑芳。

　　仲丽娟受到上海市教委资助，于2015年秋到纽约州立大学科特兰分校做为期两个学期的访问学者。仲丽娟之所以选择该校，是因为它具有历史悠久、底蕴深厚、闻名遐迩的教师教育项目。她在书中的文字展现了局外人的新奇和局内人的浸润，没有成见，力图较客观和敏锐地勾画出她所见所感的校园文化和人文特色。科特兰分校地处东北，美丽如画，本地人居多，她能体会到"最美国"的元素。本书第一、第二两章叙述了学校的方方面面：大学里的教授课堂和见缝插针的会议，形式简单但内容丰富的聚餐，六所中小学里的访问和课堂观察，纽约—上海在线课程的双师联动模式，附属托儿所里的中国新年活动，拉奎特湖区的户外教育中心，还有拜访大学校长、国际中心主任对她的关心……每一个故事都诉说着科特兰分校多姿多彩的画面。更为重要的是，她在学习、观察、反思、研究和实践的过程中，努力成长为一名学者型教师。

　　如果说仲丽娟对科特兰分校的描述是"面"的介绍，那么，石淑芳的文字则是"点"的深化，是以时间跨度和个案实例对"面"做出的深度报道和解析，是对前两章内容生动、翔实、有厚度的注解。另一方面，仲丽娟的"面"，勾勒出学校的整体精神风貌和学术水平，也是石淑芳"点"的背景和铺垫，没有这些介绍，读者可能较难理解她的奋斗历程。所以，仲丽娟和石淑芳这两个"我"互为补充、互为印证，展示了科特兰分校的整体，同时展现了美国教师尤其是华裔教师的艰苦奋斗史。

　　石淑芳在科特兰分校工作已12年，在教学、研究和服务方面，摸爬滚打，不断挑战自己的极限，行走在能力的边缘。几多快乐，几多痛苦，冷暖自知，但始终尽心尽力。作为外国人，要站稳讲台，赢得美国学生的喜爱和尊重，她经过了不断学习、不断研究、不断实践的洗礼，个人的努力和他人的帮助成就了一个全新的她。她原本是上海交通大学英语专业教师，因为奖学金的缘故，赴美留学选择了信息技术专业。在从"数字移民"转变为培养

"数字原住民"的过程中,她也从疲于应付的教师角色转变为一名学者型教师。在美国大学里,教师除了教学和研究外,还有一项重要工作是为学校和社区服务,她为此付出了很多努力,并成功促成了纽约州立大学科特兰分校和中国曲阜师范大学的友好关系,组织了纽约中部25个学区参加的"21世纪领导力论坛",组织科特兰社区居民度过快乐、喜庆的中国新年,教授他们信息技术,参与学校组织的工作。由此看出,美国学生能获得一流的服务,与学校的评价体系和教师的不懈付出密切相关。

本书的英文名字是 *Coming to the Edge*:*Journeys Toward Teacher Scholar*。仲丽娟和石淑芳都很喜欢法国诗人纪尧姆·阿波利奈尔(Guillaume Appollonaire,1880—1918)的一首诗,文字浅显,但意味深长。

他说:"到悬崖边来吧。"
我说:"我不敢,我害怕。"
他说:"到悬崖边来吧。"
我说:"我不敢,我会掉下去的。"
"到悬崖边来吧!"
当我终于来到悬崖边,
我竟然飞起来了!

诗歌告诉人们,只要克服内心的恐惧和顾虑,以积极主动的心态去面对问题,很多困难、很多坎坷,就能跨过去。这何尝不是她们教育生活的真实写照呢?

本书为中美双方提供了观照。对中国读者而言,个案虽没有普适意义,但却为他们了解美国教育、理解教师工作之甘苦提供了样本和深入刻画。对科特兰分校而言,因这本书,更多的中国读者有机会了解它、走进它。石淑芳作为学校教师,仲丽娟作为校友,她们贡献了自己的职责和义务。此书将被科特兰分校图书馆收藏,希望更多的美国读者能从书中的英文文字和图片去了解它,如果能阅读中文,笔者将更感欣慰。

仲丽娟　石淑芳
2017年5月18日

Preface

The book *Coming to the Edge: Journeys Toward Teacher Scholar* is co-authored by two educators——Shufang Shi Strause and Lijuan Zhong. The manuscript provides personal accounts of their educational experiences in the United States and traces individual paths of academic discovery application and reflection. The book is written in the first person. Lijuan narrates the first two chapters, and Shufang narrates the final three chapters.

Lijuan chose to complete a visiting scholar appointment to The State University of New York at Cortland (SUNY Cortland) during the 2015—2016 academic year; she was supported in this endeavor by the Shanghai Municipal Education Commission. Lijuan selected SUNY Cortland as her host institution because of its long history of providing top-rated teacher education programs for all levels of instruction. Located in Upstate New York, Cortland is a typical small American college town. Cortland's rural setting, surrounded by picturesque sceneries of farmland and forest, allows visitors like Lijuan to obtain a real taste and appreciation of the "most uniquely American" elements. Her writings combine the novelty of an outsider's observations of new surroundings and culture with an insider's understanding of the deeper contextual relationships among personalities and within the academic community. In this groundbreaking book, Lijuan recounts her experiences without prejudice offering keen observations of campus culture and local characteristics in an objective and inquisitive manner.

The first and second chapters of this book describe various aspects of the college and college life, including first-hand observation of faculty classroom instruction and faculty meetings embedded in the busy daily life of a Cortland professor. Lijuan offers intriguing examples of the service component of an American professor's responsibilities including Chinese New Year celebration activities at the College Childcare Center and participation in the School of Education's Raquette Lake Outdoor Education Experience in the New York

Adirondack Park of New York State. Additional activities include an exploration of teaching methods in schools and development of a co-teaching model and course management experience through an online course between New York and Shanghai. Lijuan weaves thoughtful insights of American culture and society throughout her narrative with accounts of support and care from the Director of International Programs, conversations with the College President and anecdotes of conversation topics from simple dinner gatherings, recreating a rich tapestry of American hospitality and support. Every story is a vivid and colorful picture of life in SUNY Cortland. More importantly, Lijuan's experiences portray her continued growth as a teacher scholar through learning, observing, reflecting, researching, and applying.

Shortly after completing her doctorate, Shufang joined the SUNY Cortland faculty in 2005, and for the past 12 years she has been striving for excellence in teaching, research, and service, constantly challenging her limits by living out her mantra of "Come to the edge" on her way to a successful academic career. Sharing her joys and sorrows, struggles and elations, she provides the readers with an honest story of her experience as a foreigner, striving to stand steady on the podium and to gain her American students' respect. These efforts require that she continuously learn, relearn, research, practice, and grow throughout her career.

Shufang came to SUNY Cortland from Shanghai Jiao Tong University where she held an Associate Professor of English position from 1992 to 2000. She chose to pursue her Ph.D. in the United States, graduating from Michigan State University with a doctorate in the field of educational technology. In the process of transforming from a "digital immigrant" to an instructor of 21st century "digital natives", she has also grown from a struggling teacher into an accomplished and confident teacher scholar, earning recognition for her talent as a curious and tenacious researcher as well as for her various genuine sense of commitment to public service both inside and outside her SUNY Cortland.

It is true that American students have access to first-class service. Such service comes from a rigorous evaluation system of faculty performance that requires great effort and dedication from faculty. Particular to American universities, in addition to teaching and research, a third important component of a faculty position is service to the university and the local, regional, and larger communities. Service to her college and community is an area where Shufang has invested tremendous efforts. She has successfully coordinated the establishment of The SUNY Cortland-Qufu Normal University partnership. She collaboratively organized a "21st Century Leadership Forum" for administrators from 25 school districts throughout central New York. She organized Chinese New Year celebration activities for many years, sharing Chinese culture with young children and their families in the Cortland community. She assisted with professional development initiatives for SUNY Cortland faculty helping them upgrade their knowledge and skills in instructional technology. She serves on many college committees and is actively involved in faculty governance.

The authors are hopeful that readers will appreciate the stylistic use of the dual first person narrative in this journal of academic discovery, application, and reflection. Lijuan's careful observation and contextual analysis of the SUNY Cortland community, people and events, provide readers with a synopsis of the academic atmosphere from a visitor's point of view. Shufang compliments this with an in-depth view of American academia from a foreign professor's perspective, providing many personal experiences from the entire span of her career at SUNY Cortland. Two different points of views, born from a shared background, serve to compliment and confirm one another. Without Lijuan's rich descriptions of the everyday life of an American academic, it would be hard for readers to understand the challenges Shufang, a Chinese-American professor, has encountered in the past and continues to face and overcome today on a daily basis. The dual narrative approach provides a unique combination of the experiences and perspectives of the two authors. While portraying the SUNY Cortland culture and environmental structures as a whole, they also illustrate the hard work of American teachers through authentic and concrete examples, especially that of a Chinese-American.

The English title of this book is *Coming to the Edge: Journeys Toward Teacher Scholar*. Lijuan and Shufang share a strong affection for the poem by French poet Guillaume Apollinaire (1880—1918). The poem is simple, but its connotations are meaningful. Here is the poem:

> He said, "Come to the edge."
> I said, "I can't, I'm afraid."
> He said, "Come to the edge."

I said, "I can't, I'll fall off."
"Come to The Edge!"
and I came to the edge,
and I FLEW.

What the poem intends to tell people is, as long as they can overcome inner fears, confront problems with a positive mindset, they can survive and thrive through difficulties, ups, and downs. Isn't this a true portrayal of Lijuan and shufang's educational life?

This book provides a fresh outlook for both Chinese and American audiences. For Chinese readers, although inductive methodology as such cannot generalize since individual cases are not universal, it provides concrete samples and in-depth analyses for Chinese readers to understand American education, and to understand the hard work of teachers in America. For SUNY Cortland, this book provides Chinese readers with an opportunity to learn about the College and perhaps decide to become part of it. As faculty member and alumnus, respectively, Shufang and Lijuan fulfill their duties and obligations. One goal is that this book will be added to the SUNY Cortland library collection. Through such an addition, they hope American readers who cannot read Chinese can still learn something from the book through the limited English text and pictures provided within. The authors would be even more pleased if some American readers can read this book in our native Chinese language.

Lijuan Zhong & Shufang Shi Strause
May 18, 2017

目　　录

第一章　家园般的学校和别样的课程 …………………………（1）

1. 选择和变迁 ……………………………………………………（2）

    美国有那么多大学，我为什么选这一所？我的研究项目为什么需要改变？

2. 家园般的学校 …………………………………………………（4）

    科特兰在美国的什么地方？其地理位置、人文背景有什么特点？

3. 精彩的大学课堂 ………………………………………………（6）

    美国的大学老师是怎样上课的？他们如何评价课程和学生？

4. 大学附属托儿所里的中国新年活动 …………………………（12）

    美国人眼里的中国新年是怎样的？小朋友如何过中国新年？谁给大家发来新年贺信？

5. 四所小学的面貌 ………………………………………………（16）

    小学课堂是什么样的？对课内外教学和活动有什么要求？

6. 创新科技高中见闻 ……………………………………………（27）

    创新科技高中与传统高中有什么区别？它的办学特点是什么？

7. 在纽约给上海学生授课 ………………………………………（33）

    在线课程如何设计、实施和管理？注意事项是什么？效果怎样？

第二章　教室之外的景致 …………………………………………（40）

1. 群山之间的湖区户外教育活动 ………………………………（41）

    拉奎特湖区户外教育的目的、内容和评价是什么？给师范生带来了怎样的影响？

2. 各种主题的教授会议接踵而至 ………………………………（56）

    教授们有固定学习时间吗？开会内容是什么？

3. 小聚餐，大世界 ………………………………………………（60）

    教育学院的家常便饭给了我怎样的印象？国际学生晚宴体现了怎样的国际范儿？

4. 拜会校长和国际中心主任 ……………………………………（62）

    近距离接触比特鲍姆校长，他是怎样的人？玛丽给予了我什么帮助？
　5. 淑芳谈教学、科研和服务 ………………………………（67）
　　　科特兰分校对教师考核什么内容？
　6. 阅读链接 …………………………………………………（69）
　　　在美国评职称需要什么具体条件？

第三章　讲台前的磨炼 …………………………………………（81）
　1. 教学：从零开始 …………………………………………（82）
　　　作为外国人、新教师，我面临了怎样的挑战？
　2. 项目：一直行走在路上 …………………………………（89）
　　　我的课程设计了什么？项目是怎样的？我做了哪些改变？
　3. 读写：提升高度与境界 …………………………………（96）
　　　怎样教学生阅读和撰写论文？需要有怎样的标准？
　4. 师生：搞好关系需要不同的招数 ………………………（99）
　　　见招拆招，怎样与不同的学生相处？
　5. 学术节：为学生的进步而喝彩 …………………………（105）
　　　在学生学术节中，教授可以有怎样的作为？
　6. 阅读链接 …………………………………………………（109）
　　　基于体验式学习和建构理论的八个教学策略是什么？

第四章　从"数字移民"到培养"数字原住民" ………………（122）
　1. 蹒跚走进学术研究之门 …………………………………（123）
　　　学术研究需要哪些品质和素质？
　2. 艰辛的读博岁月 …………………………………………（126）
　　　在美国读博士要经过哪些历练？
　3. 在线教育路上的两位良师挚友 …………………………（131）
　　　一个人成长之路上的"他人"有多重要？怎样才能获得"他
　　人"的帮助？
　4. 委屈的"只要耕耘，莫问收获" ………………………（135）
　　　两个失败的基金计划书为何让我虽败犹荣？
　5. 州立大学系统内的合作研究 ……………………………（141）
　　　合作研究给研究者和学校带来了怎样的改变？

第五章　行走在孔子和康奈尔之间 ……………………………（150）
　1. 科特兰"陶都"带来的心理冲击 ………………………（151）
　　　耶利米和李见深与中国难分难舍的感情给了我怎样的启发？
　2. 曲阜，我的精神家园 ……………………………………（153）
　　　少女时代的青葱岁月留下了哪些珍贵的回忆？

3. 起草《谅解备忘录》和给校长、教务处长的两封信 …………(154)
    完成备忘录有多少曲折之路要走?
4. 撰写超越我的视野范围的项目申请表 …………………(157)
    项目申请表包括哪些要素?要与哪些人、哪些部门做沟通?
5. 两校互访 ……………………………………………………(163)
    为迎接曲阜师范大学代表团的到来我们做了哪些准备?科特兰代表团去山东给了我怎样的惊喜?
6. 组织实施纽约中部 25 个学区的中小学参与的"21 世纪领导力论坛"
    …………………………………………………………(171)
    为什么要组织这个论坛?谁来参加?效果怎样?
7. 为科特兰社区服务 …………………………………………(176)
    包饺子和建网站之间有什么共同点?
8. 大学委员会里的责任和奉献 ………………………………(177)
    大学里的教师委员会有什么用处?能给学校和老师带来什么?

后记 ………………………………………………………………(183)
参考文献 …………………………………………………………(189)

Contents

Chapter One Homelike Campus and Unique Classes ······················ (1)

　　State University of New York at Cortland (SUNY Cortland) is one of the largest nationally accredited teacher education institutions on the East Coast, and it rates at the top in teacher preparation. Its teacher education program prides itself on a very high percentage pass rate for teacher qualification tests, as well as options for certification in nearly every subject area. With strong connections to local schools, teacher candidates get extensive hands-on experience in a variety of classrooms.

　　From the perspective of "I" (Lijuan Zhong), this chapter introduces State University of New York at Cortland (SUNY Cortland), its geographical environment, social-cultural background, academic atmosphere, and classroom teaching. It also describes six public schools that are closely affiliated with the College's teacher certification programs. In addition, this chapter also discusses a co-teaching model and course management experience through an online course between New York and Shanghai. The macro and micro level display intends to provide readers a brief sketch through a glimpse of the College and some elementary schools, middle schools, and preschools in its vicinity.

1. Options and Choices ······················ (2)

　　With so many universities in the United States to choose from, why do I select SUNY Cortland? Why must my original research agenda be adjusted?

2. Home-like Campus ······················ (4)

　　Where is Cortland? What are the characteristics of its geographic location and social-cultural background?

3. Lively College Classes ······················ (6)

How do college faculty conduct classes? How do they evaluate course and student performance?

4. Chinese New Year Activities in the Child Care Center ……… (12)

How does Chinese New Year look like in the eyes of Americans? How do very young American children celebrate Chinese New Year? Who sends out happy new year greetings?

5. Impressions of Four Elementary Schools …………………… (16)

How are elementary classes conducted? What are the basic requirements for teaching and learning activities both inside and outside of the classrooms?

6. A Glimpse of Innovation Tech High School ………………… (27)

What are the differences between an innovative tech high school and a traditional high school? What are the educational characteristics of an innovative tech school?

7. Online Teaching of English to Children in Shanghai from New York …………………………………………………………… (33)

What are the details of Course design delivery, and management? Pitfalls and recommendatiens.

Chapter Two Sceneries Outside the Classrooms ……………… (40)

From the perspectives of "I" (Lijuan Zhong), this chapter introduces SUNY Cortland—its people and activities outside the classrooms. Outdoor education is an important part of the SUNY College career. As a participant in a very memorable SUNY Cortland Outdoor Education Experience at Raquette Lake in the scenic Adirondack Park of New York State, I obtained a profound understanding of the educational purposes and student activities included in such an outdoor education experience. This chapter also describes some of the common types of faculty meetings in American universities such as SUNY Cortland. While Chinese universities often have fixed meeting time, meetings in American universities are based more on current needs—either to solve urgent problems or to work on a regular list of priorities. These meetings are frequent and embedded in busy college life. The college president is perhaps the soul of a college. Even though a college is governed by its faculty, one can easily observe the function and the role the president in college affairs. I have witnessed SUNY Cortland's President Erik Bitterbaum speaking passionately at the Black Student Union, and approaching and greeting everyone at special occasions like the honors convocation or the international student dinner. When I visited him, he asked about my visiting scholar experience and my research projects. He also asked about my work and my family in Shanghai. The gifts he gave me were very thoughtful, timely, and useful. Another member of the college administration, Ms. Mary Schlarb, the Director of International Programs, and her staff left a great impression on me with their timely presence, enthusiasm for international affairs, and empathy with international students. This chapter also provides an overview of Shufang's teaching, research, and service. The supplemental reading includes a link to the standards and procedures for tenure and promotion in SUNY Cortland so that teachers and scholars in high education in China can gain a better understanding of the assessment and evaluation requirements for American teachers.

1. Outdoor Education Activities at the Lake ·················(41)

    What is the purpose of the Outdoor Education Experience in Raquette Lake? What is the content? How is it evaluated? What kind of impact might such experience have on students?

2. All Kinds of Faculty Meetings with Various Themes ············(56)

    Do faculty have fixed faculty meeting time? What do they do at meetings?

3. Small Dinners, Big World ································(60)

    What impression does the potluck in School of Education leave on me? What happens at the international student dinner?

4. Visiting the President and the Director of International Programs ···(62)

    Close contact with President Bitterbaum and with Director Schlarb. What did I learn about and from these administrators?

5. Shufang Talks About Teaching, Research, and Service ·········(67)

    What are the evaluation criteria for faculty performance in Colleges like SUNY Cortland?

6. Link to Reading Chapter 230 Criteria for Promotion of Academic

Faculty ·· (69)

Chapter Three Teaching: Honed at the Podium ·························· (81)

"Podium" is often used as a synonym with "teaching". For a new teacher, being successful at the podium means she/he has received recognition from students, after going through all the training to become a teacher. Teacher training typically includes multiple phases ranging from "preparing to teach", "conducting classes", "assignments", and "tutoring", to "evaluation". At a teacher training college such as SUNY Cortland, teaching is one of the most important components of the faculty's work responsibilities. Faculty need to strive for excellence in educating future educators. This chapter is a true record and reflection of the real work of "I" (Shufang), a Chinese-American in an American college. I did not go to elementary school in the United States, but my job is to teach American college students how to become effective elementary school teachers. In this task I have encountered many challenges, including 1) maintenance of a dynamic curriculum design, 2) navigating ethical issues in teaching and learning, 3) facilitating the professional growth of top students, 4) maintaining positive relationships with students who do poorly. It is certainly not an easy job to be a good teacher in the United States! Fortunately, with generous support from colleagues, friends, and family, I've grown from merely surviving to a point where I feel comfortable and confident in my ability to excel.

1. Teaching: Starting from Scratch Again ·························· (81)

As a foreigner, what challenges do I face?

2. Teaching Technology: Always Learning ·························· (89)

What do my course design and course projects look like? What changes do I make?

3. Teaching Thinking: Setting the Bar High ·························· (96)

How do I teach students to do research? How do I teach reading and writing? What rubrics do I design and use?

4. Teaching with Rapport: Developing Strategies ·················· (99)

Learning and adapting strategies: how do I relate to students of different aptitude?

  5. Scholars Day: Cheers for Students' Progress ·················· (105)
    What can faculty do to lead students to their profession through student research and creative events like Scholars' Day/ Transformations?
  6. Link to Reading ·· (109)
    What are the Eight Strategies Based on Experiential Learning and Social Constructivist Perspectives?

Chapter Four Research: from a "Digital Immigrant" to the Teacher of "Digital Natives" ·· (122)

  "I" (Shufang) was an associate professor at Shanghai Jiao Tong University, China. With a background in English literature and applied linguistics/ESL, I taught English to college students for about ten years. I then came to the United States and acquired a Ph. D. in Educational Technology from Michigan State University. After that, I joined the faculty of SUNY Cortland teaching future elementary school teachers how to use instructional technology in their classrooms. This transition from linguistics to technology was no easy task. I describe the process by which I was able to transform myself from a "digital immigrant" into a teacher of "digital natives" —meaning students born in the digital age of 1990s, who major in childhood education.

  My career goal is to become a teacher scholar. My line of research goes hand in hand with my teaching, originating from and enhancing my course curriculum. My research in teaching follows a common theme. In my first major effort, specific to online education, I developed a modle of evaluation methodology, "Thread Theory", to facilitate in-depth study of teacher moderating and student engagement in online teaching and learning. With encouragement and support from the SUNY Cortland Office of Research and Sponsored Programs, I submitted a proposal for National Science Foundation (NSF) funding to further develop this model. Unfortunately, the research project was not funded, an outcome that is consistent with a success rate of only 8%—12% for first-time applicants. This experience, however, had a profoundly positive impact, enabling me to cultivate my intellectual capabilities and significantly improve my organizational and leadership skills. A second major research effort included devising strategies to help other faculty learn and use technology. Working together with the college's information technology support staff, I have helped faculty learn new instructional technology and apply their new skills to their teaching. Thirdly, my efforts to research new technologies and teaching aids have improved my ability to help my students learn new technology and to integrate their new knowledge into their teaching.

1. Stumbling into Academic Research ……………………… (123)

  What attributes, characteristics and qualities does an academic researcher need to possess?

2. Those Days and Nights of Doctoral Study ……………… (126)

  What does pursuing a doctoral degree in the United States entail? What challenges do doctoral candidates need to face and conquer?

3. Two Mentors and True Friends on the Way to Online Education ……………………………………………………… (131)

  How important is it to have good mentors? How does one gain support and help from those mentors?

4. Ask not About Harvest, Ask About Ploughing …………… (135)

  What have I learned from two failed research grant applications?

5. Research Collaboration with Other SUNY Colleges ……… (141)

  What changes has the collaboration brought to collaborators and their campuses?

Chapter Five Service: Walking Between the Giant Educators
  Confucius and Cornell ………………………………… (150)

  The State University of New York promotion criteria states that faculty need to "provide services to the Department, College or University". The Cortland College Handbook says it is faculty's responsibilities to serve the College, the community, and also the country. This chapter chronicles several public service events by "I" (Shufang): establishing the SUNY Cortland-Qufu Normal University Partnership; organizing leadership forums attended by superintendents, principles, and technology coordinators from 25 public school districts throughout Central New York; celebrating

Chinese New Year with children and families from the local Cortland community; additional highlights and examples of service on select college committees.

1. Touched by SUNY Cortland's Ceramics Studio .... (151)
   What inspirations did I get from Jeremiah and Jackson Li's deep connection and affection with China?
2. Qufu, My Spiritual Home .... (153)
   What are the precious memories of a young college girl?
3. Drafting the "Memorandum of Understanding" (MOU) and Writing Letters to the President and the Provost .... (154)
   How many twists and turns are there to complete a MOU?
4. Drafting the Partnership Program Application: a Task Beyond my Field of Expertise .... (157)
   What are the elements of the application? With whom do I need to communicate? How?
5. Visits between the Two Institutions .... (163)
   What preparations do we need to complete to welcome the Qufu Normal University delegation? What kind of surprise did our SUNY Cortland delegation give me in my hometown Shandong?
6. Organize and Host a Leadership Forum on Technology Integration for School Leaders throughout Central New York .... (171)
   Why organize such a forum? Who attended, on what scale did we plan?
7. Service to the Local Cortland community .... (176)
   What is the connection between building a website and making dumplings?
8. Responsibilities and Dedications to Committees .... (177)
   What are the functions of the Faculty Senate? How does the Senate serve the College and the faculty?

Epilogue .... (183)
Bibliography .... (189)

第一章
家园般的学校和别样的课程

  纽约州立大学科特兰分校（State University of New York at Cortland，SUNY Cortland）是纽约州立大学系统内以优质的"教师教育"而闻名全美的大学，是美国东部最大、全美第四的教师培训基地。该校在校生教师资格证考试通过率接近百分之百。而且，它给师范生们提供了很多实习机会，经验丰富的在职中小学优秀教师也会到大学来给学生上课或做讲座，为学生提供各种职业训练机会。

  本章从"我"（仲丽娟）的视角介绍了纽约州立大学科特兰分校的地理环境、人文背景、学术风貌和教授课堂，同时还描述了与该大学关系密切的六所学校，包括托儿所、小学和高中，以及纽约—上海在线课程的"双师联动"模式和管理要素。这些宏观或微观层面的展示，都是为了使读者获得对科特兰地区的大学、中小学和托儿所教育白描般的印记。

1. 选择和变迁

为何选择美国纽约州立大学科特兰分校作为我的访学基地呢？这一切归因于一个偶然的机会和我的访学初衷。一次，我在美国纽约州立大学科特兰分校网站上的"教师教育"（Teacher Education）[①] 栏目发现了这样一段话：We offer the largest nationally accredited program on the East Coast, where you'll benefit from extensive teacher observation and early field experiences. Our teacher education program prides itself on a 99 percent pass rate for assessment tests, as well as options for certification in nearly every subject area imaginable（我们的教师培训项目是美国东海岸规模最大且得到国家资质认证的项目，你将从广泛的教师观察和早期行业经验中受益。值得自豪的是，我们的教师资格证通过率为99%，而且几乎涵盖了你能想到的每一个学科领域）。另外吸引人的一点是：With strong connections to local schools, our teacher candidates get extensive hands-on experience in a variety of classrooms.（由于与当地学校联系紧密，我校的学习者会在不同学科的教室里得到大量的实践经验。）其他资料也表明，该校的大学生和进修者不仅能学习相关理论知识，而且能经常走进中小学课堂，还能获得优秀的在职教师到大学进行实践指导的机会。这种理论与实践的紧密结合能使教师教育更加深入、更具实效。纽约州立大学科特兰分校建于1868年，建校时名为科特兰师范学校，可见，它的创校初衷就是为了培养教师。1948年，该校被并入纽约州立大学，成为纽约州立大学的共同创建者之一，并成为其中重要成员。选择科特兰分校的另一原因是出于我的私人想法。我的家乡上海是一座繁华的国际大都市，而科特兰县是典型的新英格兰白人地区，非常不同于纽约、洛杉矶等大城市的多种族和多元文化。在这所师范教育历史悠久的小学校，我会见到最"本土"（local）的美国。图1-1为该校在山坡上的校名。

图1-1 纽约州立大学科特兰分校校名

[①] 纽约州立大学科特兰分校/教师教育网址：http://www2.cortland.edu/teacher-education/（访问时间：2017年6月1日）。

我申请的项目是"数字智慧①：美国教师专业发展的叙事研究"。研究的主要问题是：美国的中小学职前教师如何学习并掌握数字技术？职后教师在什么情况下运用信息技术？他们如何在海量的信息中提取、运用信息？教师如何指导学生，使之具有数字智慧？数字智慧如何影响教师的专业发展？

带着研究项目，我开始了赴美行程。

事实上，我的研究计划并未能如愿实施，我只能在尽量保持原有设想的情况下灵活改变，把"美国教师"这一群体改为华裔教师石淑芳一个人，并且把我的个人研究扩展为我和石淑芳的合作研究。这样做是基于以下考量：

第一，在美国，对个人的隐私保护很严格，我没有办法使用大量的教师和学生的案例。未成年人的照片也不能随意使用，如果使用学生作业，需要家长签字才行。这些都使得我难以进行深入的群体研究。

第二，石淑芳是华裔，是纽约州立大学科特兰分校的终身教授。我此次访学的主管导师（Supervisor）是系主任金布利·荣贝（Kimberly Rombach），学术导师（Mentor）就是石淑芳。在赴美之前，石淑芳是上海交通大学外国语学院的教师，了解中国国情，对我的研究诉求积极支持。我是上海教师，但在科特兰的两个学期里，在冬去春来的季节感知中，对美国教育和美国社会进行了细致入微的观察。我们合作研究，有助于扩展智慧，弥补不足。记不清有多少个白天，我听淑芳的课，晚上，我们促膝长谈，讨论到深夜。因为淑芳不间断地对工作的反思和对我的学术指导，才有了这本书，由此也进一步说明合作研究才能更开阔、更有效。

第三，个案研究容易深入。本书有两个视角。第一章、第二章的"我"是仲丽娟，对于科特兰而言，我展现了局外人的新奇和局内人的浸润，没有成见，敏锐地勾画出心目中的校园文化和人文特色；更为重要的是，在学习、观察、反思、研究和实践的过程中，我努力丰富自己，成为一名学者型教师。第三章、第四章和第五章的"我"是石淑芳，她在科特兰工作了12年，在教学、研究和服务方面，摸爬滚打，不断挑战自己的极限，行走在能力的边缘。几多快乐，几多痛苦，冷暖自知，但始终尽心尽力。我的专业是信息技术与学科教学，虽然术语较多，但我们尽量运用平实、浅显的语言，讲清楚课程设置以及课程实施过程中的经验、教训和困难等。书中两个"我"交相照应，细节中让人感叹美国教师之不易。美国学生能获得一流的服务，与学校的评价体系和教师的不懈付出密切相关。研究计划书也因此由《数字智慧：美国

---

① 数字智慧（Digital Wisdom）：人们应用信息超越原有认知能力的智慧，以及谨慎使用技术以提高自身能力的智慧。它不仅仅关注人们简单应用或创造性使用技术的能力，更指人们应用信息技术获取数据、信息和知识，通过选择、取舍、应用等，以做出更明智的决定（Marc Prensky，2009；Diane J. Skiba，2010）。

教师专业发展的叙事研究》改为《美国春秋：成为学者型教师》。

是为后话，但需要在此交代清楚研究主题变迁的来龙去脉，为下文叙事做铺垫和注释。

2. 家园般的学校

当飞机降落在纽约上州的锡拉丘兹汉考克国际机场（Syracuse Hancock International Airport）时，我依旧充满了新奇和兴奋，虽然两年前我来过这里。

取了行李，过了安检，站在大厅等淑芳。她告诉我今天特别忙，出来迟了。我在机场外面的候车处等了约20分钟后，淑芳到了，她依然年轻、优雅，虽疲惫，但挡不住她的活力。图1-2为我和淑芳的合影，左侧为淑芳。我们高兴地问候、拥抱。坐在淑芳的红色车上，看到天边的云那么绚丽，层次分明。夕阳转瞬即逝，留下黑黑的树丛像剪影般从窗外掠过，深沉而神秘，如同我对即将到来的学校生活的好奇和期待。

图1-2　石淑芳和仲丽娟

来到科特兰，一切如我预想的丰富而平实。

学校位于纽约上州，毗邻五指湖地区。夏天凉爽宜人，秋天红叶漫天，冬季连着春季，棕色的山丘和连绵的白雪，别有一番情趣。从山顶上的主楼俯瞰，一栋栋深红的建筑错落有致地静立在山坡上，没有围墙的大学与周边居民的别墅浑然一体，美丽又安宁（如图1-3所示）。

图1-3　俯瞰纽约州立大学科特兰分校校园

第一章　家园般的学校和别样的课程

　　这是一个文化积淀深厚的地区，半小时车程内有中国人熟悉的康奈尔大学（Cornell University）和锡拉丘兹大学（Syracuse University）。与规模宏大的综合性大学相比，纽约州立大学科特兰分校是个"小小的家"。它的标志是一条红色的龙（Red Dragon），热烈、充满勃勃生机。我好奇地问一个美国老师："龙是中国的象征，而且，中国皇族喜欢高贵的黄色和喜庆的红色。难道科特兰分校与中国有着悠久的渊源？"他也好奇地反问："是吗？龙是中国的象征？我们并不知道。我们选择红色的龙，因为它神秘、勇敢，是力量的象征。"我不禁想到，难道冥冥之中有种神秘的力量，把它与中国牵在一起？图1-4为埃里克·比特鲍姆（Erik J. Bitterbaum）校长与红龙的合影。图1-5为学校附近以"红龙"命名的酒吧。

图1-4　埃里克·比特鲍姆校长与红龙[①]

图1-5　学校附近以"红龙"命名的酒吧

---

　　①　照片来自http://www.reddragonnetwork.org/s/1612/start.aspx（访问时间：2016年2月1日）。

我的办公室在教育学院（School of Education）的院长（Dean）办公室对面，学校规定上班期间不可以关门，因此，我常常看到不同的老师在那里进进出出或讨论问题，充分感受到美国大学教师教学生活的忙碌和严谨。

3. 精彩的大学课堂

科特兰分校有当代语言系（Modern Languages Department），包括ESL（对外英语）、法语、西班牙语、德语、意大利语、汉语、阿拉伯语和手语专业。当我向他们提出听课请求时，三位教授答应并热情邀请了我。听他们的课不仅学到专业知识，还学到教学策略、评价标准以及敬业精神。由于种种原因，很遗憾没能把他们的课堂与读者分享，但是，我对他们永远怀着深深的敬意和感谢！

有一天，我和学前和小学教育系主任一起听了淑芳的课。这节课以学生展示为主，每一组各具特色。比如，有一组学生以角色扮演的形式，四位同学分别扮演美国著名教育家杜威（John Dewey）、小学校长、小学生和该小学生的妈妈，表达了四位表演者对教育的理解；另一组学生到附近一所小学采访，以访谈形式凸显了儿童的教育观；还有一组学生将他们实习的学校的生活片断以迷你影片的形式记录下来，影片中特别注意保护未成年人的隐私，把孩子的名字、面孔等进行了模糊处理，展示中还把时下热门的应用程序（APP）与课堂教学相结合。所有小组的展示成果都有一个共同点：把信息技术融入了他们的课堂或活动里。

"艺廊展示"（Gallery Walk Presentation）是中国老师林琳博士的社会科学课程的期末展示。学生展示的内容分为两类：一类是与地理有关的，把一个国家的地理、经济、人文连在一起（如图1-6所示）；另一类与服装有关，因为学生曾经为一个小学捐助衣服，林琳博士希望他们把关于衣服的主题继

图1-6　林琳博士课堂上学生的"艺廊展示"

续做下去。教室里摆放了六个花花绿绿的展板，每一组学生站在自己的展板前讲演。林琳博士把这种形式称为"艺廊展示"，真是个生动形象的比喻。

一上课，她首先给学生发放并讲解用于评价的《"艺廊展示"手册》[①]，告诉学生从哪几个维度给同伴评分。《"艺廊展示"手册》（具体内容如表1-1和表1-2所示）印在一张纸的正反两面，用于评价学生。它是引导学生的指挥棒，特点是简明易懂，重点突出。

表1-1 《"艺廊展示"手册》的正面内容

指导说明：选择你的同学研究和展示的四个国家，这些国家也可以是你曾经研究过的。四个国家如下：_____	
找出四个国家的四个共同点	
找出四个国家的不同点	
从今天的"艺廊展示"中你学到了什么新东西	
如果要把它改为适合六年级学生的项目，你将会做出怎样的修改	

表1-2 《"艺廊展示"手册》的反面内容

学生签名_____

（5 = 优秀　4 = 良好　3 = 一般　2 = 较差　1 = 很差）

学生	充满激情展示	有准备展示	与观众有互动	对提问有答复	使用有效图片
1	54321	54321	54321	54321	54321
2	54321	54321	54321	54321	54321
3	54321	54321	54321	54321	54321
4	54321	54321	54321	54321	54321
5	54321	54321	54321	54321	54321
6	54321	54321	54321	54321	54321
7	54321	54321	54321	54321	54321
8	54321	54321	54321	54321	54321
9	54321	54321	54321	54321	54321

---

① 由林琳博士设计并提供使用。

续表

学生	充满激情展示	有准备展示	与观众有互动	对提问有答复	使用有效图片
10	54321	54321	54321	54321	54321
11	54321	54321	54321	54321	54321
12	54321	54321	54321	54321	54321
13	54321	54321	54321	54321	54321
14	54321	54321	54321	54321	54321
15	54321	54321	54321	54321	54321
16	54321	54321	54321	54321	54321
17	54321	54321	54321	54321	54321
18	54321	54321	54321	54321	54321
19	54321	54321	54321	54321	54321
20	54321	54321	54321	54321	54321
21	54321	54321	54321	54321	54321
22	54321	54321	54321	54321	54321
23	54321	54321	54321	54321	54321

表1-2中，教师以5分维度，从"充满激情展示""有准备展示""与观众有互动""对提问有答复""使用有效图片"五个方面提出要求。

学生小组的人数不固定，有一人组、两人组、四人组等。我跟着林琳博士看学生如何展示。

我们首先看到的是一位单独成组的女生介绍南非。她讲的时候，其他同学听，同时在评价表上记录、打分；老师也在聆听和提问。接着林琳离开这个女生，到旁边的小组提问、记录，而那位女生依然在讲给其他同学听。我明白了，老师因为时间有限，不可能从头到尾听一个小组的介绍。我环顾整个教室，发现没有老师光临的小组，也是一位学生讲，其他学生聆听、提问、记录评价表。图1-7为林琳博士的学生在分组介绍展板内容。

我们接着观摩了另一个地理小组，他们展示的是对南美洲国家海地（Haiti）的介绍。该小组从地理位置、环境、习俗、宗教、外交五个方面进行阐述。学生还贴出海地文字，做介绍的学生说，为了做这个项目，她特意学了十几个与项目有关的单词。海地语像鸟语，很有趣。最后，林琳博士问："你从项目中学到了什么？"她从项目列举的五个方面来回答，洋洋洒洒，清晰得体。

图 1-7　林琳博士的学生在分组介绍展板内容

六个小组中只有一个是关于服装的主题。我好奇地走到她们前面。她们从衣服的历史、目的、文化、职业、款式、价格六个方面做了研究。一位女生讲了服装与文化的关系,有中国旗袍、日本和服、印度纱丽等,每一种服装都非常美。但我发现了一个问题并向她们问道:"为什么你们研究的都是女人的衣服?是不是因为你们是女生?"她指着左手边的一排画介绍说:"这里都是男士服饰。"她指着一件T恤衫问我:"这是什么衣服?"我说中国的老年男士有穿这种衣服的。这时,正好林琳博士走来,她说:"这就是文化与服饰的关系。在美国,每个人都认识这是冰球教练的衣服,但中国人不熟悉冰球,会认为是普通男人的T恤衫。"我又系统地看了学生研究的六个方面,认真地说:"你们六个人可以开个服装店,你们对顾客的介绍都将是专家级别的。"惹得大家都笑起来。服饰里的学问大着呢!

后来,我又跟林琳博士进行了沟通,了解了很多我在传统课堂里没看到过的故事。比如,服装组的学生上学期到一所小学实习,该小学里有一半孩子享受政府补助的午餐,可见,他们的家庭经济状况比较糟糕。林琳博士的学生组织了捐衣物活动,她自己也把儿子穿过一次的衣服捐了。这次活动不仅受到该小学的欢迎,而且也启发了她。她看到捐来的衣服各种各样,就希望学生们继续探究关于衣服的话题。这就是为什么这一组的主题不同于其他小组的原因。

根据课堂观察和林琳博士的介绍,我认为她的课探索性较强并解决了如下几个问题:

第一,如何调动小组成员的积极性?这是美国小组合作学习中存在的问题。有时候,小组的每个成员只关心自己做的部分,其他都不管;还有的时候,会因一个成员不认真或不按时完成作业而影响整个项目的进度,甚至使项目难以完成。林琳博士的做法是,每个小组中,所有组员都要了解整个项目,但只负责一个部分。老师在听介绍的时候,也会问其他部分的内容。比如,负责服装历史的同学,也要了解服装价格。

第二,如何调动全班同学的积极性?林琳博士希望同学们不仅从自己的项目中获益,还能向别的小组学习。她的做法是事先设定学生评价量表,在展示过程中,每位学生都要带着评价量表到别人的展位前听介绍并记录。老师收回量表后将会把这项内容的成绩算在各人的展示成绩中。这样就促使每位学生向所有人学习。

第三,如何指导学生选题?老师事先指定选题范围。林琳博士也曾走过弯路,上一届学生做这个项目时,总是选择他们熟悉的欧洲国家,或者因为他们的祖先来自那里,或者因为他们在那里度过假。这样,重复选题多,对学生也没有挑战性。林琳博士后来圈定的选题范围大都为过去是殖民地、现在独立了的国家。而且,选题也不能太偏,这些国家是美国社会科学课程标准中提到的,也就是说,这些大学生将来当老师的时候,会把现在的知识教给他们的学生。

第四,如何避免学生抄袭并对他们进行思维训练?给学生大致的模板。比如,从位置、国情等六个方面介绍殖民国家;从历史、文化等六个方面介绍服装。以前的学生有的会从网上大段抄袭,林琳博士给了基本模块后,他们可以参考网上资料,却无法整段抄袭,因为网上编排的内容并非符合老师的要求。

约翰·苏亚雷兹(John Suarez)(如图1-8所示)是一位看上去颇严肃的社会服务(Service-Learning)课程老师,可是,他有一颗热忱的心。我去过他家好几次。他关照过很多国际学生。在他家的墙壁上,挂满了那些学生的照片,来自亚洲、欧洲、南美洲的都有。他的太太也是教师,辅导和帮助监狱里的"问题少年",她给了那些孩子极大的爱心。因为在教学策略上因材施

图1-8 约翰·苏亚雷兹在发言

教,她在转化"问题少年"方面取得了显著的效果。约翰的爱心还体现在对他岳母的照顾上。美国老人绝大多数都不与孩子住在一起,哪怕年纪很大了,基本上也是独居或进养老院。但是,他的岳母却长期与他们生活。

约翰家还有一位家庭成员——中国学生陈蕾。这是一个充满了缘分的故事。陈蕾从四川到美国读高中,他们认识了,后来陈蕾回国了,他们失去了联系。可是,当陈蕾再次回到美国念社区学院时,约翰的太太到陈蕾的学校做义工,在学生名单里意外地发现了他,寻到他并把他带回了家。后来,在约翰的指导和帮助下,陈蕾成为科特兰分校对外英语(ESL)专业的学生,我第一次认识他便是在保罗的班上。他在念大三,很出色,功课优异、组织能力强,是学校的荣誉学生,深受老师、同学和大家喜爱。陈蕾把我带进约翰的家,我与这家人有了更多的交往。

约翰知道我希望多观摩一些老师的教学,就邀请我听他的课,并细心地为我准备了他自己编写的课程资料《做得好,写得好》(*Do Good, Write Well*),告诉我时间、地点,并早早就在办公室等我。

约翰的写作课令我印象深刻。他让学生根据自己的兴趣,课前先发资料给他,每人两篇文章。一位学生选择了与法律有关的内容,因为她在警察署做义工;还有两位学生选择的内容与教育有关,因为她们在学前教育专业学习。约翰把几篇文章用思维导图的形式联系在一起,这是我第一次看到这样的快速阅读方式,批判性思维原来是这样培养的!

中午休息了一个小时,他又开始了下节课。这节课属于社会学习课程,内容是关于情商(Emotional Intelligence)的。学生有了好的情商,才能在实习和工作中有好的表现。这节课的目标有三个:情商是什么?为什么说情商很重要?至少能说出一种提高情商的方法。上课形式是工作坊式(workshop)。约翰请来康奈尔大学毕业的丽莎(Lisa)老师和他合作上课。丽莎先用录像讲解情商的概念。录像上的女教师讲完后,学生进行自我情商测试。然后,约翰和丽莎一起表演。约翰扮演一位严厉的老师,满腹牢骚,责怪学生迟到、不交作业。丽莎扮演学生,她表面不说什么,内心却不服气。在他们惟妙惟肖地表演完后,学生用情商知识点评和提问。接下来,学生分组,即兴创作剧本并表演。最后,约翰用简单的四个题目,请学生对上课的内容、形式、效果进行了调研。这节关于情商的课目标清晰、形式多样,既有学术介绍,又有生动的演绎,还有完善的评价体系,很值得我们学习和推广。

在科特兰的中国老师屈指可数,虽然除了淑芳和林琳外,我没听过其他中国老师的课,但是,在与他们的交往中,我能感知到他们人品的优秀和学术的活跃。我甚至能想象出他们在课堂里的风采和在学生心中的分量。

郑田田家是我到科特兰第一周就去做客的中国家庭,她和男友戴维

（Dave）诚恳、热情地接待了我们。田田是毕业于耶鲁大学的知名人类学家，著有专著十一部。可是，她一点也不恃才傲物。我向她请教过人类学研究方法和教育叙事方法的异同，我受益匪浅。樊泓莉是当代语言系的法语老师和对外英语（ESL）专业老师，她能像说母语般地说法语和英语。再加中文，她可以在三国语言间自由切换，真让我佩服。我们曾在学校图书馆畅谈一些与专业有关的问题，比如外语教学可以向母语教学借鉴什么，一个人可否存在双语思维，ESL专业的学习内容和就业方向等。她的谈话帮我打开了语言学习的一扇大门。王海英是当代语言系的汉语老师，但她并不会因为汉语是她的母语而怠慢了教学研究。她不仅上本校面授课，而且还给别的学校上在线同步课程。我永远也不会忘记2016年我的生日是在海英家度过的，那个生日对我来说很特别，海英给我做了很多好吃的中国菜，她的热情、贴心一直都在我心里。叶岚是本科毕业于北京大学的才女，她的教书故事令我向往。翁履中是来自中国台湾的老师，他在台湾当过记者，政治敏锐，是中国人里的明星老师。我第一次认识他是在开学典礼上，他对着全校教授慷慨陈词。杨芳老师很可爱，像学生的姐姐，现在已随先生到密歇根州继续任教了。徐洛老师很儒雅，是真正的北京人在纽约，他成功促使首都师范大学和纽约州立大学科特兰分校建立了姐妹学校关系，这是科特兰分校与中国大学第一次实质性的亲密接触。正因为所有中国老师的努力，每年才会有来自中国的学生在科特兰当交换生或游学。他们是学贯中西的大学教授，也是连接中美沟通的桥梁！

从我的观察来看，纽约州立大学科特兰分校的老师们都非常出色，他们不仅拥有世界名校的博士学位，更令人钦佩的是，他们教学技艺精湛，关心学生的思想变化。他们一切为了学生，为了学生的一切。服务学生是他们最重要的职业承诺。许多老师在上课前一小时就赶到学校为当天的课做准备，也有许多老师很晚还在办公室给学生一对一答疑，绝对不会有学生找不到老师、得不到帮助的现象。

这使我不禁感慨：在科特兰分校当学生真幸福！

4. 大学附属托儿所里的中国新年活动

纽约州立大学科特兰分校附属托儿所（SUNY Cortland ChildCare Center）位于教育学院大楼的紧隔壁，它成立于1993年，为大学里的学生、教职员工、校友和所在社区服务。孩子年龄跨度为六周至五岁（6 weeks to 5-year-old），学额106位。由于托儿所在大学校园内，且在学前和小学教育系楼下，因此，该托儿所具有天然的师资优势。我每天数次从托儿所门前经过，看到许多金发碧眼的孩子在家长面前蹦跳着走进门里，产生过好奇，但从没想过能为他们做些什么。淑芳跟我提过好几次,美国教师除了要服务学生,还需要服务学校和社区,这是学校的考核指标之一,也是教师们的自觉行为。但是,我依然没有想到我应该或者我能够为孩子们做些什么。

直到 2016 年 2 月初的一个早晨,教育系同事苏姗(Susan)给我打电话,说 2 月 8 日是中国新年,希望我和她一起去附属托儿所参加孩子们的新年活动。那一刻,我才意识到,我们每个人都可以也都有能力为学校和社区提供服务。

我欣然答应。晚上,我设计了一份教案。

目的:让托儿所的幼儿能对中国猴年有所了解。

方法:(1)讲故事;(2)看视频;(3)画十二生肖图;(4)角色扮演。具体安排如表 1-3 所示。

表 1-3 附属托儿所新年活动的具体安排

时间分配	教学材料	教师活动	学生活动
1 分钟	/	自我介绍	互动
5 分钟	用 PPT 展示十二生肖	讲故事	听故事
2 分钟	美猴王面具	戴着美猴王面具讲猴年故事	就故事提问
10 分钟	上海电影制片厂的《美猴王》动画片	观看视频	观看视频
10 分钟	彩色纸、白纸	提供纸张	填色或画图
2 分钟	/	/	展示图画作品
10 分钟(机动)	/	/	扮演美猴王或十二生肖

但是,我毕竟没有教过托儿所的小孩子,而且美国小朋友对中国缺乏足够的了解,不知道我的设计是否合适。想到这里,我赶紧给苏姗写了封短信,希望我们能当面沟通:"感谢您邀请我和孩子们一起过中国新年。是的,我很乐意去参加这项活动!烦请告知我需要做些什么。明天早上八点我要开会,十点或十一点应该能结束。我们散会后见面吧。"苏姗很快回信说:"好的,我们明天可以见面,我们可以选择一些合适的艺术活动。明天我要到小学观察实习生课堂,下午四点后才有空见面,可以吗?"

第二天我们见面了,苏姗带来了一份十分详尽的课堂设计方案。方案第一部分先介绍了十二生肖,从 2008 年开始,直至 2019 年,依次介绍了这一轮的鼠、牛、虎、兔、龙、蛇、马、羊、猴、鸡、狗、猪;然后是艺术活动,内容包含制作简单的新春花灯、烟花壁画、中国扇子,用红色和金色纸装饰孩子们的作品,这被认为能带来幸福和财富。第二部分介绍舞龙/狮和其他一些有趣的游戏，比如"我看到……"让孩子讲他们看到的中国红的物品和人，剪十二生肖动物图、学十二生肖的声音、除旧迎新大扫除、七巧板、彩带舞等。活动第三部分是学做小横幅，并写上"恭喜发财"，讲十二生肖之首《小老鼠大计谋》的故事。方案第四部分是小吃时光，吃锅贴、蜜橘（代表好运）、面条（代表长寿）、年糕（代表好运），桌上用红垫子和红餐巾纸（代表喜庆）。第五部分用音乐介绍中国新年活动，《龙，龙》的曲调是《一闪一闪小星星》，《恭喜发财》的曲调是《生日快乐》，《灯会》（Lantern Parade）的曲调是《当约翰尼凯旋归家时》。这些旋律在美国耳熟能详、家喻户晓，而歌词则非常有中国特色，生动有趣。

从苏珊给我的活动方案中，我看到了"最中国"的元素，也看到了美国人对中国新年的理解。我原以为我们对美国很了解，而美国人不了解中国。但是，苏珊的这个方案颠覆了我之前的想法。实际上，美国不仅拥有全球人才资源，而且也善于把异国文化传播给下一代。

2月4日早上，我又收到苏珊的信："我从伊萨卡（Ithaca）超市买了馄饨皮和红包，傍晚我们见面，一起去托儿所，先去看看场地。"然后，她嘱咐我上午去图书馆借些书，准备给孩子们讲故事。

我第一次知道美国图书馆里有很多用英文写的中国故事，作者一般都是华裔。我借了《新年快乐》（Bringing in the New Year）这本书，作者叫林格蕾丝（音译）（Grace Lin），讲了一个美籍华人家庭过传统中国年的故事。另一本书《团圆》（A New Year's Reunion），作者是于丽琼（音译）（Yu Li-Qiong），插图是朱成良（音译）（Zhu Cheng-Liang）画的，写了毛毛和父母的感人故事。这本书曾入选2011年《纽约时报》优秀儿童书。我一共借了十几本关于中国新年的书，但内容大同小异。我发现海外华人对中国新年的理解还停留在20世纪中叶，传统而封闭。我后来曾给这些作者写信，告诉他们现在的中国新年是什么样的，至少应该体现我们的春晚、微信拜年、手机红包、出国旅游等。这些司空见惯的中国新年元素在他们的作品中都没有体现，他们笔下的新年连我这个土生土长的中国人都感到些微陌生和过时。

傍晚时分，苏珊带着我和她的十多个学前教育专业的学生去托儿所。我们从办公室下楼就到托儿所了，里面的空间很大。门口的工作人员向我们简单交代了几句，我们就径直走到教室。小孩子们都已经回家了，我们考察了厨房和做游戏的场地。苏珊真细心，她其实是带我们来打前站的。

第二天早上8:30，我如约到托儿所。苏珊和她的学生已经在那里了，再次见面我们都很高兴。苏珊说，每年中国新年，她都会带不同的学生来，一是让学生教托儿所的孩子们，二是这些学生将来会到小学当老师，也需要给学生过中国新年，如果现在有这种经历，会有助于她们将来的工作。

苏姗把她的学生分成五组。我给她们讲十二生肖的故事,用蜡笔填猴子图案、做灯笼、用筷子夹小球、包饺子、唱中文歌《新年快乐》。事实上,苏姗非常灵巧,她设计的灯笼外形美观且简单易学。只见她在彩纸的中间剪几刀,使之像百褶裙那样,然后围成圆圈,用胶水黏住接头处,一盏漂亮的灯笼就完成了。她又把涂了颜色的猴子放进灯笼,就制成了猴年新年灯。我和苏姗一起教学生包饺子,边干活儿我边教她们唱:"新年好呀,新年好呀,祝福大家新年好……"

苏姗的学生对十二生肖很感兴趣,每人都算出自己的生肖。最大的一个女生是1970年出生的。我有点吃惊,这么大年龄还在读书?她深邃的目光,乌黑发亮的头发,带有印度人的相貌特征,讲英语带有口音,但完全不妨碍与人交流。她做事很积极主动,样样都愿意尝试。在后来的聊天中我才得知,她本来在这家托儿所工作,后来辞职读儿童早期教育的硕士。她育有一儿一女,女儿从波士顿大学毕业后在华盛顿的一家银行工作,儿子在哈佛大学同时攻读数学和物理专业。我对她肃然起敬,这是一个不断学习的家庭。我说她是"哈佛妈妈",她说那是儿子的功劳,她没在儿子身上花费多少工夫,但是,儿子小时候,什么该做什么不该做,她有严格的规定。我说:"你帮孩子养成了良好的学习习惯。"她说是的,儿子从小习惯好,聪明好学。她的儿子在哈佛大学的学业忙得超乎想象,但是,他每两天总会和妈妈打电话,因为她有高血压,儿子不放心。女儿也是隔天给她打电话。我由衷赞美这个家庭:溢满亲情、勤奋好学!幼时良好习惯的养成比学多少知识更重要!这当然离不开妈妈的精心培养。后来,我和"哈佛妈妈"成了挚友,我们在一起,竟然没有对方是外国人的感觉。我们相互心有灵犀,能明白和理解对方的一切心思。

苏姗问我中国的学校是怎样的情况。我告诉她们,中国有公立学校、私立学校和国际学校等。中国班级规模比美国大得多,有时一个班级会有四十多名学生;在有些偏远的地方,由于师资有限,一个班级有七八十名学生甚至更多的情况也是存在的。苏姗问,这么多学生,老师怎样管理?我说,中国学校的纪律还不错,学生尊重老师;如果不尊重,会被家长和老师批评责备。"哈佛妈妈"插话说,与印度一样。我说我们的问题是老师不能关注所有学生,这就需要家长参与学生教育,所以,家教和课外补习在中国很普遍。好的学生自我要求或者家长的期许更高,差的学生在这方面还有待提高。

我还向苏姗和她的学生介绍了中国的教师培训和课例研究情况。我们有见习教师培训体系,有骨干教师带教体系,有教研组层面的"磨课"活动,通过循环的反思、实践,促使教师快速成长。"哈佛妈妈"问:"被磨课的教师会不会反感?"我说不会,因为是为他们好。她又问:"如果表现不好,会不会被解雇?"我说不会,只是帮他们提高教学水平,与聘用没有关系。她说这是积极的（Positive）做法。苏姗说，中国有很扎实的教师培训体系。我说，你带学生来托儿所过中国新年，也是一种职前教师培训。

大概9:30左右，家长们陆续带着孩子来了。有的小孩子穿着中国红的毛衣，有的家长还带来了他们的大孩子，小学生的模样。我们按照苏姗分好的小组与小朋友们结对子，苏姗的学生经过我事先的培训，已经能独当一面了。小朋友们学着做灯笼、包馄饨、用筷子，忙得不亦乐乎。他们虽然年龄很小，但对新奇事物充满了探究。苏姗的馄饨最受欢迎，从皮儿到馅儿都是她一手操办，美味可口，小朋友们都爱吃。

幼儿园里的中国新年有很浓的中国味儿，大人、孩子都很开心。苏姗的一个学生说，她小时候的幼儿园，每年都会组织很多活动，比如"印度新年""日本新年"，还会组织"西班牙之旅""德国之旅""南非之旅"，等等，让孩子们从小就了解到世界很大，知道那些地方的风景和风土人情，这对培养世界公民意识很有帮助。

2月8日，我在学校邮箱里看到了早上8:00比特鲍姆校长发给全校教职员工和学生的一封信，题目是"中国新年快乐"（Happy Chinese New Year），内容如下："今天是中国农历新年的开始，要持续到2月27日结束。在这个特殊的日子里，来自世界各地的人举家同贺、祭拜祖先、共度美好时光。今年是猴年，我谨代表纽约州立大学科特兰分校向大家致以美好的祝愿，祝你们新年快乐！"（Today marks the beginning of the Chinese Lunar New Year, which extends to February 27, 2017. This is a time when people from many countries across the world honor their ancestors and celebrate with family. This is the Year of the Monkey. On behalf of the College, I extend to all who observe this special occasion my very best wishes for a very Happy Chinese New Year!）

从幼儿园小朋友参与中国新年活动到校长给全校师生的新年祝福，我再次感受到美国是个大熔炉，世界各地的人在这里过着美式生活，同时不忘自己的祖国和祖先，连其他族裔的人也会与你同乐！

5. 四所小学的面貌

对我而言，仅仅在大学看文献、听课、访谈、参与各种校园活动是远远不够的，我的另一任务是去中小学实地观课。虽然美国人开放课堂有严格的限制，但是，我所在的科特兰分校的教育学院和其他学院的教授给了我很大的支持。

先介绍在H小学的听课情况。H镇是科特兰县的一个地名，一般而言，美国的乡村比城市富足，贫穷的、需要社会公共资源的人才住城里。H镇是美丽、富裕的乡村,学区好,房产税高。我是单独一人去 H 小学听课的。

走进大楼,有一个温馨的大房间,一位白人大妈问我前来这里有何贵干,我说是来听课的,事先已联系好了,然后,我把联系人麦凯拉(Mekellar)的名字告诉她。她于是给麦凯拉打电话。趁着等待空隙,我环顾四周,发现这里的功能相当于中国的门卫传达室。

欢迎墙(如图 1-9 所示)很有意思。右上方写着"杜绝校园霸凌"(No Bully Zone),当时我很吃惊,难道校园霸凌很严重,才有这样的宣传语?就像很多地方有"不许吸烟",因为吸烟的人多,且危害大。事后,我看到美国和英国校园霸凌的一些报道,才意识到这可能是一个全球问题。只要有动物的地方,就有江湖,就有弱肉强食。这张纸的下方是接种流感的宣传标语。在美国,每年一到十一月,大人小孩都开始免费接种流感疫苗,无论在大学还是中小学的宣传栏,都贴着花花绿绿的纸条,告诉师生流感的危害以及接种的地点。

图 1-9　H 小学欢迎墙

墙上还有一张图,"良好品质数一数"(Character Counts),把好品质的培养细化到每一个月,从七月开始到来年六月结束。具体如下:七月是公民意识(Citizenship),八月是友爱(Friendship),九月是爱国主义(Patriotism),十月是责任(Responsibility),十一月是尊重(Respect),十二月是慷慨(Generosity),一月是正直(Integrity),二月是诚实(Honesty),三月是毅力(Perseverance),四月是接纳(Acceptance),五月是勇气(Courage),六月是自控(Self Control)。我去的时候是十二月,旁边写着:"本月是慷慨月",并对慷慨进行了解释,"慷慨就是乐意分享的好品质"。下面还有 H 小学宣言:"要善良、公正,遵守学校各项规章制度,管好自己的财物,每天做最好的自己,对别人表示最大程度的尊重。"

就在我研究这面墙的时候,年轻、瘦高的麦凯拉出来了,她带我穿过安静的长廊，又拐了两个弯，才到了三年级教室。这是上课时间，学生都在听讲。麦凯拉提前告诉我，每个班有三个老师。一位是主讲教师（Main Teacher），任务是给全班上课。一位是特殊教师（Special Teacher），任务是帮助智障学生。上海的重度智障孩子集中到启智学校学习，轻度的随班就读，但在美国，智障学生全部分散在各个教室。还有一位是助教（Assistant Teacher），任务是帮助学困生。学困生智力没有问题，但是由于各种原因，成绩比较差，需要老师帮助。麦凯拉是助教，高中毕业，其他两位老师都是纽约州立大学科特兰分校教育学院的毕业生，拥有纽约州教师资格证。

我进教室时，主讲教师正在上课，两组学生全神贯注地在听讲，每一组六个学生。特殊教师在左边的角落里，她身边坐了一个男孩，从长相可看出是特殊学生。她向我笑笑，继续听主讲教师上课。这个教室很大，共有十三位学生，三位老师。这个班没有亚裔学生（后来得知，H 小学共有三位亚裔）。教室后排是书橱，放了各种文学、历史、地理类书籍。教室的右边有洗手池和微波炉，左边是一排柜子，每个学生对应一格，用来放衣服、书包等。

主讲教师用一张一张 PPT 展示上课内容。麦凯拉拿了一本书给我，这是他们班选择的教学材料。每个班的老师自主选择教学材料。

我看到封面（如图 1-10 所示）上写着"拼写连接"（Spelling Connections），分为拼写与思考、拼写与自然拼读、拼写与阅读、拼写与写作、拼写与技术五个部分。原来拼写里有这么多门道！与美国小学的细致相比，中国的英语教学还是粗糙的，虽然我们是外语教学，但我们可以从美国借鉴一些有益的思想。

图 1-10　三年级拼读材料封面

主讲教师在屏幕上展示了十几张练习用的幻灯片，题型包括改错、把单词按照正确的顺序重新安排、同音词训练、短文填词等，学生一一举手发言。老师把当天需要掌握的单词打印在纸上发给学生，共有30个基础词和5个难词，后者称为挑战词汇（Challenge Words）。如果学生用对难词，会得到星星奖励。

接着是拼写与写作时间，老师在屏幕上打出题目：写一篇记叙文，具体内容是"你做了什么，使世界成为更好的居住地？说说你曾经帮助别人的经历，包括你如何遇上这件事，以及你是怎么做的。用尽可能多的单词写下你为什么对别人是有益的。（What have you done to make the world kinder or better place to live? Tell about something you have done that helped someone. Include how you got the chance to help and what you did. Write how you were helpful to the person. Use as many spelling words as you can.）"老师还要求学生写完草稿后，对拼写、语法、大小写、标点符号都要认真校对。如果有需要，自己查阅拼写字典（Spelling Dictionary）。然后，小学生们就各自安静地动笔了。如有学生想问问题，先举手，得到老师同意后才讲话。在那一刻，我恍惚在上海的课堂。事实上，除了人种不一样，班级人数少，老师多了两个，其他状况跟上海的小学非常相似。

学生写完作文，老师立即收上去批阅。此时是学生的阅读时光，他们大多数离开座位，有八个孩子坐到屏幕下方的墙边，有三个坐到书柜边，有两个在桌边没有离开，特殊学生一直坐在特殊教师身边，以便随时得到指导。

学生阅读的是玛丽·波·奥斯本（Mary Pope Osborne）的《神奇树屋》（*Magic Tree House*）系列中的《烛光嘉年华》（*Carnival at Candlelight*）、《可怕的沙尘暴》（*Season of the Sandstorms*）和《智斗眼镜蛇》（*A Crazy Day with Cobras*）。学生并不是随便翻阅，老师会先把阅读作业单发给学生。其中一个作业单的内容是这样的。

- 仔细看《神奇树屋》封面图画中的细节，你注意到什么？你对书中内容有什么期待？
- 作者在《致读者》这封信中有没有说写作缘由？如果有，是什么？
- 从目录看，本书共有多少章？思考每一章的标题，你对哪一章最好奇？你预测书中会发生什么故事？
- 《序》前的题记是什么意思？作者为什么要引用它作为题记？
- 《序》的目的是什么？为什么《神奇树屋》系列书用同一个序言？

这个给三年级学生的读书前的作业单震撼了我，它在指导学生如何读一本书，是学习方法的培养。重视了封面、目录、题记、序言，就能高屋建瓴地领略作者和全书的意图,通过预测还能培养学生的想象力和创新能力。

读完书后的作业也积极培养学生的逻辑思维能力。以《可怕的沙尘暴》第一章为例。

> 作业 A:复述故事,本章最重要的部分是什么?
> - 故事发生在哪里?
> - 哪些人物最重要?
> - 故事中有哪些最重要的事件?
>
> 作业 B:以小组讨论的形式,对关键的单词和短语画线,并解释意思。
> - 摘录单词和短语。
> - 解释单词和短语。
> - 它们对我们理解文章有什么帮助?

在小组讨论结束后,学生要填写一份阅读课讨论清单(Book Discussion Checklist)(如表1-4所示)。

表1-4 阅读课讨论清单

书_____ 章节_____

序号	讨论标准	需要更多时间	正在做	已完成
1	我读完了老师指定的章节			
2	我做好了讨论准备,还记了笔记			
3	我跟得上本组的讨论节奏			
4	我仔细聆听并提问,确保弄懂			
5	我与小组成员分享并解释我的思考			
6	我鼓励、尊重其他同学发表的意见			
7	我回答了其他同学的问题			
8	我引用书中原文支撑我的观点			

下次你参加小组讨论时,你自己定的目标是什么?

除了课堂阅读,学校还要求家庭阅读。这一天正好是星期一,我看到麦凯拉收集了学生交来的家庭每周阅读表(如表1-5所示),目的是督促每一个家庭的阅读并检查其完成情况。

表 1-5 每周阅读记录表（Weekly Reading Log）

周　次＿＿＿＿＿＿＿　　记录者＿＿＿＿＿＿＿　　学　生＿＿＿＿＿＿＿

日期	书名	父母签名
星期一，＿＿＿＿		
星期二，＿＿＿＿		
星期三，＿＿＿＿		
星期四，＿＿＿＿		
星期五，＿＿＿＿		
星期六，＿＿＿＿		
星期日，＿＿＿＿		

注：

- 每周五天中，学生应该每天阅读 15—20 分钟。
- 父母必须每天签名。
- 每周一发记录表，下周一收回。一周时间指星期一至星期日。
- 没有交记录表的学生需要停课补阅读作业。

这节语文课上了一个半小时，容量非常大。

接着是课间休息 10 分钟，下节课是数学课。麦凯拉告诉我，数学课是考试，没有新课。她把试卷给我看，我发现卷子上是乘法、除法、小数、分数，在试卷的左下角还列出了《小学课程标准》（Common Core）要求掌握的数学知识点。我问麦凯拉，我能不能听其他班级的课，她说："如果没有事先预约并得到老师同意，就不能听课。"她还说："今天是星期一，各班基本都有考试，因为学校规定每周一次语文和数学测验。"我问单词要默写吗？她说需要，每天都有单词检测，让学生不断巩固，以防遗忘。

H 小学给我留下很深的印象。它的严谨和考试理念与中国相似，但在实际教学中，它又有美式教育的纲举目张和注重逻辑的特点。

C 小学是伊萨卡城市学区的一所小学，它是淑芳牵线建立的科特兰分校的师范生实习基地。这里有举世闻名的康奈尔大学，来自世界各地的大学教授、硕士和博士的小孩子基本上都在这里上学，因此，C 小学的开放度、国际化程度远远高于 H 小学。

我和淑芳跟布拉德校长预约了拜访时间。从淑芳家到 C 小学只要十几分钟，我们一路绿灯，早早就到了学校。但是，没有到预约时间是不能进去的。

美国的学校工作人员按照事先计划的每一个时间节点在工作。我到过康奈尔大学很多次，徒步沿卡尤佳湖走过二十多千米。有一次无意中看到了这所峡谷之上、树林之中的湖边小学，但走进校园去观察它还是第一次。图 1-11 为五月的 C 小学教室外面的景象。

图 1-11　五月的 C 小学教室外面

透过宽大明亮的玻璃门，我看到大厅的墙上贴着一张橘黄色的纸，上面写着校讯。

Pledge For Success	成功诺言
I pledge to be the very best ME that I can be.	我将尽我所能成为最好的我，
I will respect myself and others.	我会尊重自己和他人，
I will use self-control and be safe at all times.	任何时候我会自控并确保安全，
I will take responsibility for my own actions.	我会对自己的行为负责，
I will work hard to learn as much as I can.	我会尽我所能努力学习，
I will do my part so everyone can learn.	我会尽我的本分让每个人都能学习，
I will succeed.	我会成功。

这首以"我"为主体的对成功的诺言（Pledge For Success）简明扼要地列出了成功的要素——尊重、自控、安全、责任、学习。由此也可以推断，C 小学希望培养具备这些素质的成功的学生。

在这张纸的下面,有一张白色的纸,上面写着星期一至星期四下午2:00—3:10种类繁多、内容丰富的课外活动项目,包括篮球、网球、瑜伽、油画、素描、雕刻、爵士舞、嘻哈舞、跳舞、有趣的动物、春天的园艺、原始部落、神奇化学、数学积木,等等。

终于到了与校长约定的时间,秘书通知淑芳,说我们可以进去了。我们在秘书处登记,秘书给我们一人一张黄色粘纸条,上面写着"访客"(Visitor),我把它贴在左手臂上。去校长办公室的长廊上有摆满了书的矮橱,还贴有宣传语(如图1-12所示)。比如玻璃上熊图案贴纸下面的一张彩色纸上写着:"加入家庭读书伙伴团体吧,因为书是我的超级王国!"

图1-12 去校长办公室的长廊

我们一走进布拉德校长办公室,他就很热情地问候我们。淑芳与他非常熟悉,因为每年她都带学生到这里来实习。她和她的学生教C小学的老师们如何把信息技术与学科整合,她的学生在这里上过不少英语课、数学课,小学里的老师们也给了淑芳的学生很多指点,如怎样分析学情,如何落实每一课时的知识点,如何出试卷,如何辅导后进生,如何与来自各个国家的家长打交道等。淑芳也在这里弥补了她没有在美国读过小学的不足,使得她有更多的小学学科经验去指导大学生。

布拉德校长很开朗,他问我来自哪里,到美国来的目的是什么,他能给我提供什么帮助等。当我告诉他我希望能够多次观察课堂,近距离了解美国小学的时候,他爽快地说:"没问题!只要提前跟我或者老师预约,随时欢迎你来!"我真高兴,他的态度让我感受到伊萨卡的春天格外美丽。

布拉德校长还告诉我,他的儿子曾经在台湾教过三年英文,因此,他去过台湾,还有一些中国朋友。在C小学,有很多亚裔学生。这使我想起走在康奈尔大学的校园里,一路上会不断遇到亚裔模样的老师和学生。

我和布拉德校长又聊了上海的中小学情况,包括我们的课程设置、教学研究、考试情况、学生的社团活动、教师培训等。淑芳与布拉德校长聊了实习生和大学里的课程如何适应小学的需求。

淑芳在这里有很多老朋友,我也想看看课堂,于是我们先告别了布拉德校长。

在去教室的过道边,我们遇到了淑芳的朋友凯瑟琳老师,她正在给学生复印上课用的材料。复印机对面还有位年轻女孩,凯瑟琳介绍说这是从其他大学来的实习生。我在上海的学校里也负责实习生项目,于是,乘着淑芳与凯瑟琳聊天的空隙,我询问了该实习生一些情况。

"你到这里来实习是大学指定的还是你自己联系的?"

"大学有很多实习基地,我们不可以自己在外面找,但可以从不同的基地学校中选择。"

"你们要实习多长时间?"

"一般是16周左右,3~4个月。我的实习是1月23日至5月12日。"

"你在小学有固定的导师吗?"

"有!我们先在第一个学校某一个年级跟一个导师,时间是8周。然后,我们要换到另一所学校,新的年级,新的导师,又是8周。"

"导师教你们如何备课吗?"

"不教,因为我们在大学已经受过如何备课的专业训练。导师教我们如何提高上课的有效性和教学策略。"

"你给学生上过课吗?"

"上课是我们实习的工作之一。第一周我们看导师上课,第二周我们选一门课自己上课,第三周教两门课,直到我们能教小学里所有的科目,能一整天上课。"

"大学老师会去小学帮助你们吗?"

"我们每人都有一个大学导师,也就是说我们有两个导师,大学一个,小学一个。教授要来观察我们的课堂6次。每次听了课,要开会讨论,参加的人有小学导师和其他听课的人,然后反馈给我们,以进一步修改课堂方案。"

"大学导师和小学导师分别会向你提供哪些帮助?"

"在学习专业知识阶段,大学导师帮助更大;在解决具体教学问题上,小学导师帮助更大,因为我们每天和他们一起就具体的课堂内容进行学习和交流。"

淑芳与凯瑟琳、我与实习生分别聊了一会儿,我们就去了教室。

老师是个中年白人妇女,瘦高精干的样子,充满活力。她也是淑芳的朋友,曾一起带教过实习生。她特别擅长把信息技术与数学学科整合。我看到教室里有一块牌子,上面写着"独立数学研究小组"(如图1-13所示)。

第一章　家园般的学校和别样的课程

图 1-13　小学数学研究小组板报

从这张牌子可以看到，在数学研究小组里，体现出的是提出问题、解决问题、根据问题动态变化的思路，由此我们也能窥见 C 小学数学教学之一斑。

我比较了 C 小学和 H 小学的数学课程，发现两所学校的课程都是根据国家课程标准和纽约州大纲设置的，抓住核心知识点，以探究式为主，并且对计算能力也抓得很紧，加、减、乘、除、小数、分数都配有相应的练习题。回想中国的数学教学，过去我们对基础知识、基本技能的落实很到位，学生要做大量练习以便达到熟能生巧的程度，但是现在，我们在保持自身优势的情况下，也把探究式学习、研究型学习引入课程。这是全球范围内大家互相学习、取长补短的一次课程变革，受益的是广大学生。

Y 小学在纽约北部，也是科特兰分校学生的实习基地，是一所从幼儿园到高三的十三年一贯制学校。这里群山环绕，湖泊点缀，风景十分美丽迷人，是著名的旅游胜地。小镇居民民风淳朴、热情好客。该校校长年轻帅气、视野开阔。那天，教育系的老师们包括淑芳和我一起带学生去走访这所小学，我们不仅见到了校长，还见到了学区领导（相当于中国的教育局局长）。他们热情地介绍学校的方方面面。该校的教育理念是"负责·尊重·爱"，该校拥有自己的课程体系，其中最特别的课程是与周边环境相融合的划船、登山、地质勘探等，每班学生数不超过 12 人。

这所学校中有一门课程是美术与数学的融合，老师要求学生带各种自己喜欢的实物，了解不同的图形，并把它们画出来。孩子们都很专注，从事着自己喜欢的活动（如图 1-14 所示）。我问一个小孩："贝壳是什么形状的？"他说扇形。我惊讶地问："你竟然还知道扇形？"他说："每个人都知道的。"

图 1-14　美术与数学相融合

在四年级教室里，我看到老师对学生的写作要求（如图 1-15 所示）。

图 1-15　四年级学生的写作要求

具体内容为：
一个好作者应该做到：
- 写真实的经历；
- 有细节支撑；
- 围绕题目不偏题；
- 展示写作的洞察力；
- 运用新颖、有创见的思想；
- 主题突出；
- 把话题缩小到具体的事情；
- 以有趣的方式拓展话题。

我之所以记录下这些写作要求，是因为我认为中国的初中生、高中生也可以以此要求为借鉴。在我们的日常教学中，如果也这样要求学生，经常训练，应该对我们的英文写作教学有帮助。

Y学校校长知道我来自中国，就与我谈了一些国际生招生事宜。该校是公立学校，在学区纳税居民同意的前提下，每年有很少的外国高中生学额，且学费低廉。我算了下，生活费和学费每年一共15万元人民币，真是物美价廉！我建议校长把招收国际生的条件、名额公布于学校网站，他接受了我的建议。现在，全世界的高中生都可以公平竞争那几个名额了！

K小学也是科特兰分校的学生实习基地之一，林琳博士的儿子在此读书。林琳一家带我去欣赏的音乐会给我留下了深刻的印象。

所谓音乐会，实际上是本学区的中小学音乐课程的展示。学校里开设了很多种乐器的教学活动，学生只要想学都可以学，也可以参加演出。学生演出往往会展示出较高的水准。我看的这场音乐会小学组有五所小学参演，孩子们会穿着自己最美丽的衣服出场。初中组是七八年级，虽然只大两岁，模样明显成熟了许多。他们穿着白上衣，深色裙子或裤子，由于颜色一样，看起来很绅士淑女。高中组是九至十二年级，他们穿着全黑的服装，大部分个子很高，颇有专业团队的气势。整个音乐会持续了一个多小时，在不知不觉中就过去了。我对音乐不十分在行，但从学生的专注、投入、享受的过程，我能发现这样的学校课程是成功的。

演出结束后主持人说："下面开始抽奖了。"于是，前排靠近主持人的高中生站起来抽奖。似乎没有指定谁有资格抽奖，而是就近原则。接着，主持人报某位学生家庭获奖。我坐在前面第三排，转身看整个会场，发现座无虚席，也就是说，很多家庭都积极参与，即使自己的孩子没有上台表演，他们也乐于支持学区活动，欣赏其他同学。林琳告诉我，她们家被抽到过两次奖，奖金来源是门票所得。我想起我们进门的时候，有三位学生在门口卖票，票价有一元、二元和五元。当然，这是自愿行为，不强迫。林琳买了两张五元的票。林琳说，一般学生家长都会买的。被抽到奖的家庭可以获得今天音乐会门票的一半作为奖金。事实上，这个奖金是象征性的，该家庭并不会真正领走奖金，而是立即捐给学区当作音乐活动的经费，主持人会给该家庭一个捐赠证书。我认为这个做法很值得借鉴，一是票价小，二是自愿原则，三是支持了学校活动。

6. 创新科技高中见闻

在美国，有一种学校叫高科技学校（High Tech High），它是一个非营利组织，截至2015年年底的统计资料显示，全美国共有23个州开设有140多所学校。虽然英文名为High Tech High，但不一定是高中，办学规模在各地也不一样。有的是K—12的十三年一贯制学校,有的只有初中,有的只有高中。这类学校打破了传统的分科教学模式,代之而起的是基于项目(Project-Based Learning,PBL)的学习,合作和讨论是最常见的方式。学校没有固定教室、课本和试卷,学生通过一个个工程项目获得他们这个年龄所学的且实用的知识和技能,老师通过观察、记录学生参与项目的整个过程,对学生的学习效果进行评估和反馈。

距离科特兰分校一个多小时路程的锡拉丘兹也有这样一所学校,名为创新技术高中(Innovation Tech High School)。它创建于2015年秋天,是全美高科技学校大家族中的一员,也是纽约中部第一家此类学校。董事会当时宣布2016年也在科特兰建立一所这样的学校,于是,教育学院安排了一些教师去参观。在淑芳的推荐下,我也荣幸一起参加。

早晨9:00我们一行七人从科特兰分校出发,一路上说说笑笑,不知不觉中就到了创新技术高中。

学校全部是平房,棕褐色的,错落有致。落地玻璃的大窗户把室内跟室外融为一体。校门口写着"禁烟学校"。就在我们在门卫处填登记表的时候,另外一个参观团也进来了。

学校工作人员把我们带到一间教室。她让我们随意坐下,然后在黑板上写上"know"(已经知道)和"need to know"(需要知道)。

我们自由发言,一人至少一句,重复的地方不板书。我们已经知道了基于项目的学习、21世纪学生应该掌握的技能、批判性思维、以学生为中心、问题解决的方式等,我们需要了解的是学生如何管理时间、如何合作、如何评价等(如图1-16所示)。这种方式让我耳目一新。对参观者"已经知道"和"需要知道"的了解,有助于学校给参观者提供有的放矢的帮助。我在上海数学期间,每年会有来自中国各地的学习者到我们学校交流学习,我通常的做法是请他们提前告诉我需要听什么讲座、听什么课,然后,我再根据他们的

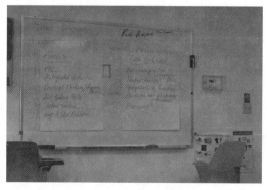

图1-16 创新技术高中的"已经知道"和"需要知道"

要求做准备。可见，中国模式与此也有异曲同工之妙。但是，我的做法往往不能使我听到每位参观者的心声，很难关注到具体的需求。当然，这与中国的实情有关。这次我们到创新技术高中的只有七人，而通常到上海来参观我们学校的人数一般在 50 人左右。而且，他们来自很远的地方，日程排得很满，每一个时间节点都要计算准确。

创新技术高中根据我们想了解的情况，把我们带到相关教室。

这是一间很大的教室，里面有六个学生，一起在讨论什么。老师看到我们进来，很热情地跟我们打招呼。这六个学生对陌生人的反应比我见到的传统的美国高中的学生要成熟。其中一位女生向我走来，询问我需要什么帮助，其眼神中的稳重和落落大方让我惊讶。我问他们在干什么，她说他们在研究如何运用几何原理设计新型实用的健身器材。在我的刻板印象里，女孩子一般对动手技术有畏难情绪。我问她怎么看待，她说，她从小喜欢技术，觉得很有趣。上初中时，她的成绩不太好，老师一讲课，她就想睡觉。但自从选择了这所学校，她的学习热情高涨，因为这是她喜欢的学习方式，这里很有趣。我又问老师是怎么指导他们的，她说，老师和他们有专业关系，老师更像是"身边的向导"，而不是掌控一切的权威人士。当他们把产品制作出来后，还会与企业联系，向商务人员做书面陈述和口头演示，或许还能从中拿到基金。学校很强调培养他们的软实力，包括合作、沟通、创造、解决问题的能力和毅力。

之后，我们又到了另外一间教室，墙上贴有一张创新技术高中的校规（如图 1-17 所示）。

图 1-17　创新技术高中的校规

创新技术高中的校规具体明了：友爱善良、彼此尊重、不旷课、不随便玩电脑、分享思想、不玩手机、把握机会。

在其他教室里，我注意到许多有趣的项目。

以"本地生态圈"项目为例，研究问题是"作为一个研究本地动物园的新手，如何为本地野生动物园重建动物的自然栖息地做贡献？"

全班同学"头脑风暴"，从"已经知道"和"需要知道"两个视角罗列（如表1-6所示）。

表1-6 第一次"头脑风暴"列出的内容

已经知道	需要知道
• 需要更多的动物	• 怎么制作野生动物园地图
• 没有足够的空间	• 要不要画草图
• 本地地理和地图	• 野生动物园现有多少动物
• 生态学	• 动物园（zoo）和野生动物园（animal park）有什么区别
• 栖息地	
• 犀牛	• 项目截止日
• 河马	• 能不能再引进两种以上野生动物
• 野生动物园	• 动物们是不是需要特殊的气候条件
• 月底结账	• 评定成绩的标准
• 网站的改进	• 项目开始时间
• 创建交互式地图	• 一共要多长时间
• 创建一个栖息地	

学生在得到老师和本地动物园工作人员的一些答复后，继续做第二次"头脑风暴"（如表1-7所示）。

表1-7 第二次"头脑风暴"列出的内容

已经知道	需要知道
• 改善网站	• 如何获得关于动物的信息
• 他们需要一头犀牛	• 如何改善网站
• 他们有点想要一头河马	• 项目截止日
• 整个项目都跟动物有关	• 有没有测试
• 那里已经有动物了	• 是一个人工作吗
• 想到了为犀牛建立栖息地的办法	• 我们能不能自己挑选小组成员
• 关于野生动物	• 对我有什么要求
• 动物是危险的	• 犀牛的栖息地需要多大空间
• 他们下个月的关闭时间	• 我们为什么要做这个项目

续表

已经知道	需要知道
• 有新动物 • 检查我们的网站 • 研究野生动物 • 空间有限 • 我们要制作地图	• 是不是有机动截止日 • 除了犀牛还有其他动物吗 • 我们能不能在家里完成一些内容

这所学校名为创新技术高中，那么他们又是如何探究人文科学项目的呢？在一个教室里，我看到黑板上写着"头脑风暴"。具体内容如表1-8所示。

表1-8 "头脑风暴"

背景	一个风雨交加的夜晚
情节	吉姆航海周游世界，发现了加拿大
人物	吉姆、聪明人、厨师、水手、老板大卫、花花公子
冲突	大卫要偷吉姆的船，失败了
剧本长度	6页纸
演出准备时间	两周

特别有趣的是，我们竟然发现有一个研究项目是"古代中国"（Ancient China）。

项目展示图的左上方有一条褐色的龙看着红色背景、黄色公鸡形状的中国地图。项目的具体内容如表1-9所示。

表1-9 "古代中国"项目内容

成就	政府	宗教	经济
• 长城 • 丝绸 • 天文学 • 汉字	• 帝国秦国 • 强大的领导者秦始皇 • 接着有一个一个朝代	• 相信天堂 • 种族主义、儒家思想、佛教	• 大多数人是农民 • 与东亚、南亚、希腊有贸易往来
有趣的事实	• 有泥人战士兵马俑 • 用建筑工人的身体填长城 • 厕所里没有纸！！！		

我看到这个项目时哈哈大笑，美国高中生对古代中国的了解基本上是准确的，但是，"种族主义""用建筑工人的身体填长城"，这是什么地方得来的观点？可见，我们需要加强宣传，让更多的美国人正确地了解中国、理解中国。还有加了三个感叹号的"厕所里没有纸"，现在我们大多数公厕里依然没有纸，这是与每个人息息相关、很小又很大的问题，能解决吗？

参观结束后，我们七人又回到了开始的教室。这一次除了给我们写"已经知道"和"需要知道"的那位老师外，还多了四位学生。那位老师问："通过参观，你们'需要知道'的问题得到解决了吗？或者是否又产生了新的问题？下面由这几位学生解答。"

我们问了许多问题。

"你们与老师有合作吗？"

"当然有。我们的教室里有两个老师，他们拥有不同的资格证书。一个偏重于知识，另一个偏重于实践。"

"你能举个例子说明你自己是怎么从事研究项目的吗？"

"我刚刚完成了一个项目，通过在州议会里推出方案，把美国历史与英语课程结合在一起学习。我们也把数学和科学整合在一起。"

"你们的学习有多少学分？"

"学校与企业和大学的联系都很紧密，我们毕业时可以得到大学承认的12个学分，这很棒！"

"你们学校算技校或职业学校吗？"

"不是，我们只是利用基于项目的、跨学科的学习方式，我们对学科知识像传统学校一样重视。由于在项目中运用了学科知识，我们的知识掌握得更牢固。"

"你们的生源怎样？"

"我们的同学有初中的尖子生，也有面临退学的。无论基础知识如何，我们选择这所学校，就是因为它强调动手和实践，这是我们感兴趣的地方，这种方式激发了大家的积极性，并鼓励大家超越现状，关键是我们在这里很开心。"

与学生坐在一排的那位中学老师说："基于项目的学习不是新事物，许多学校都做了力所能及的尝试，比如重点发展了跨学科项目和动手项目，尤其是STEAM课程。但是，现状是传统教学方式和观念依旧盛行，很多学校在大多数时候都遵循传统道路。高科技高中彻底打破学科藩篱，从课程设置、教师配备、评价方式等方面都做了彻底改革和颠覆。"

对高科技学校，我的研究还不多，不能作更多评价。在中国的中小学，现在也有很多跨学科项目，在每年的"明日科技之星""英特尔创新大赛"

中，都能涌现很多有价值的、实用的学生项目，这说明中国与美国一样，都在探索课程改革、关注科技教育。但是，创新技术高中最后由学生回答参观者问题，这是非常自信、非常大胆的做法，在中国我没有见到过这样的场景，这个做法值得我们思考和借鉴。

7. 在纽约给上海学生授课

淑芳对我的指导和影响之一体现在她使我对在线教育产生了浓厚的兴趣。我阅读了她的博士学位论文《实时在线课堂中的教师调控和学生参与》(*Teacher Moderating and Student Engagement in Synchronous Computer Conferences*)[①] 以及她在科特兰分校的许多研究成果，尤其对她成立"科特兰分校同步在线学习中心"(Cortland Center of Synchronous Learning, C^2SL)的设想和努力赞赏有加。教育因为互联网正发生着翻天覆地的变化，全球教育资源也因互联网有了重新整合和利用的机会，这在教育界是多么激动人心的事！

在中国，以"云计算"、移动互联、大数据技术等为代表的互联网技术正深刻影响着人们的生活方式。"互联网＋教育"风生水起，数字化学习资源提供了校内校外、共建共享和持续化的生态环境。政府支持下的强校和弱校之间建立互联，发达地区与落后地区之间的公共服务平台快速搭建。翻转课堂(Flipping Classroom)、电子书包（Digital Backpack）、网络教研等基于信息技术的项目促进了教学资源的有效利用和研发。

我一直在思考一个问题——如何利用美国师资和在线教学模式，以英语为工具，为中国学生提供优质教育资源？在对这一问题的思考中，"课程目标""技术工具""美国教师的中国化教学""课程管理""学习效果"是我的关键词。

课程目标中，我需要回答我为什么要开设这种课程？通过学习，学生能获得什么，获得哪方面的进步？不可否认，英语是世界普通话，至少现阶段是这样。中国人要了解世界、在世界上发出自己的声音，英语便成为必备工具。中国课程有自己的特点，注重基础知识、基本技能，全国或各省市使用统一课程标准。它的好处是整齐划一，重视均衡教育；不足是缺少个性关注，尤其在公立学校，班级学生差异较大，使得优秀生吃不饱，学困生跟不上。因此，提供优质外教和原汁原味的课程，满足中国家庭和学生的个性需求，为他们未来的升学、就业、走向国际舞台助力，这便是我的课程目标。

[①] Shi, S（2005）. Teacher moderating and student engagement in synchronous computer conferences（unpublished doctoral dissertation），Michigan state University，East Lansing，MI.

我认为学英语需要原汁原味的课程，因为成熟的课程经过了很多母语专家的研发。我们要做的是，根据中国学生的知识储备和外语教学心理学的特点做教学策略的改变。我跟一些美国小学老师和大学生交流过，他们普遍反映在美国Raz-kids分级阅读很流行。我从网上得知，美国有一万多所小学把它作为课后阅读材料。我购买了课程，做了认真的研究，发现这套分级读物涉及面广，从自然拼读到文学、历史、地理、科学、数学的阅读，再到写作练习，一共有29个级别，每个级别大约80本书，总共1000多本书。每月有书目更新，网站上有音频，有自我录音打分，很实用。于是，我选定了这套电子版分级阅读作为基础阅读材料，同时根据中国学生的年龄，配以苏斯博士（Dr. Seuss）、艾瑞·卡尔（Eric Carle）等作家的经典绘本，年龄大些的孩子可以读《魔法树屋》（Magic Tree House）、《夏洛的网》（Charlot's Web）、《查理和巧克力工厂》（Charlie and the Chocolate Factory）、《动物农场》（Animal Farm）之类的章节书。

我认真研究了Skype和其他三四十种可用于教学的网络工具，我需要的第一个功能是"分享屏幕"（Share Screen），这样，学生才能看到老师展示的教学材料；第二个功能是板书，老师需要实时书写；第三个功能是录课，便于学生课后复习。经过研究和尝试，我发现这些网络工具大同小异，只要使用者慢慢熟悉和习惯就可以了。

网络工具仅仅是一个平台而已，优质教师才是实现课程目标的关键所在。当时，我上海的同事的几个孩子组成了五人小班，他们的年龄都是五岁，需要网络外教，我把这一机会给了我的美国妈妈谢莉尔（Sheryl）的孙女艾玛。艾玛毕业于科特兰分校当代语言系，毕业后在伊萨卡某小学当老师，有五年教龄，是学校里的优秀教师。但是，即使是艾玛，教英语是母语的学生与英语是外语的学生也是不一样的。我和艾玛进行过一次试验，她当老师，我当学生。在我认为不妥的地方，便请她停下来。比如，她提了一个问题，我说："你的问题里至少有三个单词孩子们听不懂。你最好换简单的单词，或者用谷歌图片展示，或者通过你的身体语言使他们明白。"艾玛说："我并不知道学生哪些会、哪些不会。"我说："你要通过视频观察学生的课堂表现，如果不确定，就直接问他们懂不懂。"然后，艾玛给五位学生试上了一节课，主要是互相认识、简单了解，并讲了Raz-kids A级别中的一本书。

正式开始上课的时候，我全程跟踪听课，且一边听课，一边做记录。

• 复习旧课阶段：重视读音，让孩子一个一个朗读，纠正读音，并结合上节课学过的自然拼读规则，复习发音，如将face分解成f—a—ce发音。注意拓展，如根据图片拓展了"他的头发是什么颜色的？（What color is his hair?）""这个男孩戴着帽子（The boy is wearing a hat)。"学生不明白时，她戴上帽子，学生就明白了。这个复习步骤无可挑剔，体现了老师对学生发音和文章理解两方面的重视。学生的复习工作也做得很好。

• 学习新课阶段：老师先整体教学，通过朗读使学生对全书内容和句子读音有整体了解。然后，孩子一个一个地读，老师个别纠正读音，同时，加强对课文的理解，并补充新的单词，如 chick－chicken、cub－lion、calf－cow、kid－goat、lamb－sheep、foal－horse。并且，用图的形式出现，这种做法非常好，因为在孩子不明白英文意思的情况下，看到图片就明白了。对小动物长大后名称的补充，是本课的亮点，也是败笔。亮点是，孩子天长日久吸收进去，词汇量将会突飞猛进；败笔是太难了，母语孩子才知道成年动物的名字，中国孩子不知道。不过，学生基本能通过图片猜出。这里需要提醒艾玛降低难度。补充动物歌，这是为活跃课堂气氛设置的，但是，由于当时网速不够流畅，声音效果不好，不知道在唱什么，建议取消。

• 操练巩固阶段：操练新句型，提供图片，替换单词，让学生进一步熟悉句型；巩固整本书，通过朗读、纠正发音，使中国孩子在学语言的最佳时期习得地道的美式发音。通过这一环节的学习后我们明显发现，经过一节课的学习，学生能够正确朗读了。

总之，本课是一节好课，完成了教学重点和难点，重视语音和文章的理解。但是，由于中国幼儿园中班孩子处于初学英语阶段，要结合孩子的年龄特点教学。我对艾玛的课提出了以下改进建议："第一，不要补充，学生能读出幼崽动物名称已经很好，不能加成年动物的名字。第二，尽量少板书，因为那样既浪费时间又无趣，可以直接从 www.bing.com 上找图片，一张一张出示幼崽动物图片，学生一个一个说出，反复操练。或者，用动物的叫声，比如，老师叫，学生说出该动物的名字，或者一个学生叫，另一个学生说出该动物的名字。第三，降低语速，在你的纸上写上'慢'（slowly）、'清晰'（clearly）。"最后我总结说："老师的身体语言、图片和录像的运用，再加上对学生活动的组织，是英语课堂的重要手段，能增强课堂的趣味性，充分调动学生的积极性。"

我一共跟踪了艾玛十节课，渐渐地，她对教中国孩子有了自己的认识和体会，她还自己创新了一些做法，比如，教平衡运动时，她离开屏幕远一些，让孩子们看到她在房间里走平衡木，惹得孩子们咯咯大笑。线上课程与线下课程一样精彩！孩子们都说，如果将来有一天他们去美国，一定要见见他们的艾玛老师，他们现在是艾玛的粉丝呢！

除了指导美国年轻教师上课，我自己也给上海中学生上在线课程。

上海市的英语教材是《牛津英语》，学生从小学一年级一直读到初中毕业、高中毕业，整天在题海里摸爬滚打，有些学生课外还上了很多补习班，但是，中高考成绩并不理想。我认为学校训练中，学生缺少阅读整体英文原版书的能力和写作能力。我想借鉴美国课程，与中国国情相结合，做一次尝试。

我工作的中学有初中也有高中，平时英语课程是每天一节课，每周五个课时。我选中七年级一个班，这个班的特点是全班英语基础比较均衡，成绩中等。我们把课时改为3+1+1。这个班的英语老师孙咪咪上三节课《牛津英语》，我上一节名著阅读——《夏洛的网》，科特兰分校的瑞秋上一节英文写作课。

下面以《夏洛的网》为例来说明我在科特兰分校的学习对我的课程产生的影响。那段时间我住在学校宿舍，认识了当代语言系的一位大四学生瑞秋，她在小学实习，带她实习的导师指导她给学生教了这本书。她提供了有价值的资料，并与我一起准备了第一课时。

我俩先确定本课教学目标：第一，了解作者怀特（E. B. White）；第二，了解书后面的故事，比如作者为什么写这本书，怎么写成的，有什么意义；第三，学习第一章，认识单词和句型，理解文本结构和意义。通过理解培养学生的批判性思维，这是阅读的重点。瑞秋给我提供了一个简单、明晰的叙事文本框架图（如图1-18所示）。

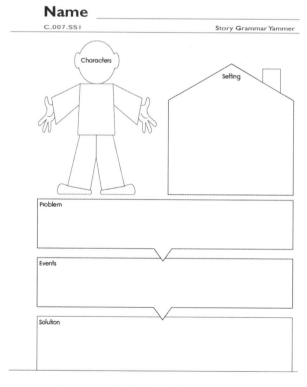

图1-18　《夏洛的网》第一章文本框架

第一章　家园般的学校和别样的课程

学生读完第一章，填写文本框架图，包括小说发生的背景（setting）、人物（characters）、问题（problem）、事件（events）、解决问题的办法（solution）。

除了完成此表，瑞秋还帮助我设计了一些问题。

- 在小说的开始，芬妈妈同意芬还是芬爸爸养小猪？你是怎么知道的？（At the beginning of the story, did Mrs. Arable agree with Mr. Arable or with Fern about the pig? How do you know?）
- 文中有什么证据可以证明芬是意志坚定的人？（What evidence from the text supports that Fern was strong-willed?）
- "芬爸爸的脸上露出奇怪的表情，他似乎要哭出来。"从这句话，你可以推断出他是个怎样的人？（What can you infer about Mr. Arable from these sentences in the text? "A queer look came over John Arable's face. He seemed almost ready to cry himself."）
- 根据芬爸爸的决定，你可能得出什么结论？（What conclusions might be drawn about Mr. Arable based on his decision?）
- 芬哥哥如何看待芬养了只小猪当宠物？（How did Fern's brother feel about Fern getting a new pet?）

这些问题很注重细节、证据和推理，对培养学生的逻辑思维能力很有帮助。在我以前教《夏洛的网》的时候，我关注文字的优美和情感的体验。我带着学生一遍一遍朗读，颇有中国人"书读百遍其义自见"的做法。在与瑞秋交流后我发现，在记叙文教学方面，东西方的侧重点不一样。

学习了瑞秋的设计理念和教学法之后，我给上海学生上在线阅读课。上海的教室里有无线网络和广角摄像头，这样，我能清楚地知道课堂里发生了什么，学生在哪些方面表现好，哪些方面还欠缺。但是，给超过40人的班级授课，在线教学的不足是课堂上互动很少，课后很难关注学生。

要解决这两个问题，就必须与这个班级的英语老师合作。我作为线上教师，主要是保证课堂质量。瑞秋把她在小学学到的那一套教给我，我结合该班学生的特点上课。负责这个班日常英语教学的孙老师则要完成我在美国无法完成的部分。我会提前把教案发给孙老师，她拿到教案后，利用课余时间或在家长微信群里带着学生预习生词和小说里难以理解的句型。然后，再请家长督促学生在家做到会朗读、会默写。第二天到学校后，孙老师又会给学生默写，确保他们扎扎实实解决词汇和句法问题。

写作课也是这样落实的。我把上海市初中升学考试英语试卷和每一年各区的模拟试卷收集在一起，挑出作文题，按照记叙文、说明文、议论文进行分类，一共挑选了60个题目。瑞秋作为写作课老师，使用了美国流行的思考图（Thinking Map）指导写作。比如，记叙一件事情时，分成三大部分（如

· 37 ·

表 1-10 所示）：第一部分介绍时间、地点、人物、事件；第二部分是主体部分，按照事情的先后次序进展，再分成三个小部分，每一小部分都有细节描写；第三部分是结尾。

表 1-10 记叙文的写作结构

项目	写作内容	
第一部分 开头	时间、地点、人物、事件	
第二部分 主体	最初发生了什么事情	细节
		细节
	接着发生了什么事情	细节
		细节
	后来又发生了什么事情	细节
		细节
第三部分 结尾	感受或其他	

学生利用这个表格，很容易有话可说，条理也很清晰。当然，每个学生所叙之事不一样，用词、句型不一样，即使是同样的思路，写出的文章也各有千秋。

在写作《改变》（Change）这篇作文时，瑞秋给了我另一个表格（如图1-19所示）。

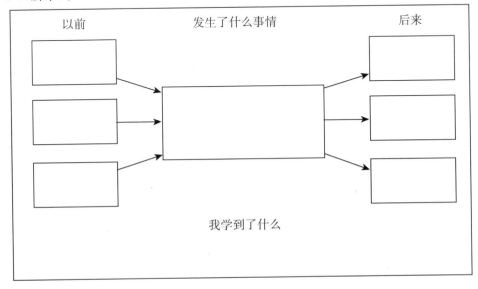

图 1-19 《改变》的写作结构

瑞秋还写了一篇范文给中国学生，以便他们学会使用思考图的方法，并能顺利写出短文。

范文如下：

> 小时候，我认为作业很容易写，很快就能完成。我总是把它们拖到截止日前的晚上才开工，在写作业前一整天，我都是懒洋洋的。上了高中，英语老师给我们布置了10页纸的作业，我像往常一样拖到最后。我努力写那10页纸，可是难以准时完成，因为实在太多了！于是，我得了较低的分数。从那件事情后，我认识到了早点开始完成长作业很重要，要不然，你会迟交并得低分。现在我是位较好的学生了。（When I was young, I thought that writing was easy. I quickly wrote my homework assignments. I always left my homework to the night before they were due, and I would laze around all day before then. When I got to high school, my English teacher gave us a ten-page writing assignment. As usual, I left it until the last day. I tried writing ten pages, but I could not finish on time. It was too much! I got a bad grade. From this mistake, I learned that it is important to start writing long essays early. Otherwise, you will hand them in late and get a bad grade. Now I am a better student.）

瑞秋上完作文课后，孙老师要求学生也写《改变》，并把学生作业收集起来，一个一个批改，还把最好的两篇作文发给瑞秋，以便她了解中国学生的水平，并在下一节课开始时讲评。如果学生只听瑞秋的作文课，没有练习和批改，不可能有大的进步。事实上，经过九次训练后，这个班的学生的作文水平已经成为年级最好的，意想不到的收获是听力也是年级最优，这里面凝聚了瑞秋的智慧和孙老师的线下落实。

从我们的经验来看，在线课程的管理需要线上线下"双师"的共同完成，两者缺一不可。线上教师精彩的课程设计和课堂讲解与线下教师课后的督促、检查、批改作业、反馈，甚至是共同讨论备课，珠联璧合，才能达到好的教学效果。

第二章

教室之外的景致

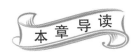

从"我"(仲丽娟)的视角介绍了课堂之外的纽约州立大学科特兰分校的人和事。户外教育是大学生涯的重要组成部分,我亲历了一次拉奎特湖户外教育,对其教育宗旨、学生活动的开展有深刻的体会。本章还记录了美国大学中的一些会议情况。中国大学往往有固定的会议时间,美国大学则根据当下需要,开展各种会议,解决迫切的问题,会议见缝插针地安排于忙碌的学校生活中。校长也许是一所学校的灵魂,即使在教授治校的美国,也可以见到校长的作用和作为。我亲眼看见了科特兰分校的比特鲍姆校长在黑人学生会议上的慷慨陈词和在荣誉学生表彰大会和国际学生晚宴上的平易近人。在拜访过程中,他赞扬我的著作,关心我在上海的教学工作和生活,他送给我的礼物周到细致、犹如雪中送炭、非常实用。国际中心主任玛丽是科特兰分校对外交流的窗口,她对待国际事务和国际学生的及时到位和同理心给我留下了深刻的印象。本章还介绍了淑芳的教学、科研和服务概况。在本章的末尾,把科特兰分校学术教师的晋升标准作为补充阅读材料呈现给读者,以便中国教师进一步了解美国教师的考核和评价要求。

1. 群山之间的湖区户外教育活动

科特兰分校有好几个户外活动中心,其中,最激动人心的是位于安迪朗达克山(Adirondack)中心的拉奎特湖(Raquette Lake)。这里风景如画,是纽约州著名的旅游胜地,美国金融大鳄摩根家族曾在此地居住达50年之久。

从纽约州立大学科特兰分校网站提供的地图(如图2-1所示)看,拉奎特湖户外教育中心(Outdoor Education Center at Raquette Lake)在科特兰的北边,沿81号公路开车,然后转到其他高速公路,最后再转入林间小公路。从1948年发展到如今,湖区户外教育活动已经是非常成熟的学校项目。户外教育活动的基本宗旨是:"培养所有学生欣赏和保护国家自然资源的态度,使之获得与自然世界相关的知识和经验,以便更好地为未来的环境决策做准备。"①不同系和不同专业的活动侧重点不一样,比如,教育专业侧重于未来教师的素质;地理专业侧重于环境与水文、地貌;历史专业侧重于历史环境。该中心有三个营地设施,分别为安特勒斯(Antlers)、亨廷顿营(Camp Huntington)和科比营(Kirby Camp)。①

图 2-1 科特兰和拉奎特湖在纽约州的位置

我的两个导师系主任金布利·荣贝和淑芳给了我极大的支持。美国学校的每一笔开支都需要详细的明细账,学生和老师都需要为此项目交付一定的费用,但金布利免去了我的费用。淑芳不仅推荐和提醒组织者把我放进带队教师团队,而且还在生活上无微不至地关心我。每位教师和学生需要根据活

---

① http://www2.cortland.edu/off-campus/outdoor-education-facilities/raquette-lakel,(访问时间:2016年1月5日)。

动要求的行李单（Packing List）准备去山区的行头，来自上海的我，一件不厚的羽绒服是我最重要的保暖衣。于是，淑芳给我带了睡袋、毛毯，还有挡风防雪的裤子。淑芳的先生卡尔（Karl）给我准备了非常厚实的羊毛衫、围脖和手套。海英给了我厚绒裤。我自己有一双雪地靴，那是刚来纽约时买的。以前来纽约的时间都是夏季和秋季，没有经历过严冬，我虽然知道纽约的冬天很冷，但没想到北方湖区会冷得这么"兴师动众，轰轰烈烈"。

苏姗给我们发了纸质的行程表，她的细心在我们一起去附属托儿所搞中国新年活动的时候我就很有体会。我认真研究了行程表，具体内容如表2-1所示。

表2-1 2016年春拉奎特湖行程表

2月9日（星期一）	2月10日（星期二）	2月11日（星期三）
7:15，科特兰分校最大的停车场集合	8:00，餐厅早餐，厨房值日人员名单（略）	8:00，餐厅吃早饭，并把中饭打包，各人选择并签名，厨房值日人员名单（略）
• 10:30，到达安特勒斯，取下行李，走过湖面，到达亨廷顿营，入住宿舍 • 11:30，卡尔森教室培训 • 12:15，厨房巡逻员（Kitchen Patrol）到达厨房，其他的值日成员12:25到	• 9:00—10:00 A组：团队建设（三位教师参加） B组：准备安迪朗达克或亨廷顿戏剧和歌曲表演 • 10:00—11:00 A组：准备安迪朗达克或亨廷顿戏剧和歌曲表演 B组：团队建设 • 11:00—11:45，休息，并为下午的行程做准备	8:45—10:15，带笔和纸参加最后一次集合，反馈本次活动的经验、体会 A组卡尔森教室（三位教师） B组（两位教师）拍集体照
12:30，在餐厅吃中饭厨房值日人员名单（略）	12:00，餐厅吃中饭厨房值日人员名单（略）	10:15—10:45，全体成员打包行李、清理宿舍
13:30—15:15，卡尔森教室。全体成员观看并收听由营地专职教师播放的录像和讲解，实地参观营地了解拉奎特湖教育中心的历史（六位教师同时参加）	13:00—14:00，为T小学活动做最后准备	11:00，徒步走过湖面，上车回家

续表

2月9日（星期一）	2月10日（星期二）	2月11日（星期三）
• 15：30—17：15，卡尔森教室。全体学生以游戏的形式开展"在做中学" • 17：15—17：45，休息	• 14：10，徒步穿过湖面到安特勒斯 • 14：45，到达T小学 • 15：25—15：50，小学体育馆集中 • 16：00—17：00，教学活动 • 17：00—17：30，打扫卫生，与小学师生、家长交流 • 17：35，离开T小学 • 18：10，徒步走过湖面返回亨廷顿营	希望15：00左右到达科特兰分校
18：00，餐厅吃晚饭 厨房值日人员名单（略）	19：00，餐厅吃晚饭 厨房值日人员名单（略）	
• 19：00—19：30，讨论去T小学开展活动事宜 • 19：30—20：30，游戏 • 20：30，篝火晚会	• 19：00—20：00，安迪朗达克和亨廷顿戏剧和歌曲正式表演，淑芳主持 • 20：30，篝火晚会	

一切准备就绪后，我就掰着手指一天天盼着去拉奎特湖的日子。

临出发的周一早上，气温骤降，天气很冷。我把自己包裹得严严实实，赶紧进入淑芳的车，我俩提前到了停车场。学生们的私家车一辆辆陆续来了，但大巴还没到。又过了大约20分钟，大巴终于来了。30多位学生和6位老师，是大巴坐不下的；苏姗开了自己的小车，两位老师和一位学生坐她的车走了。我很高兴又遇到苏姗的学生——培养出优秀学霸儿子的"哈佛妈妈"，我们曾经在科特兰分校附属托儿所一起过中国新年。故友重逢，实在太开心了。我一直以为她是印度人，好久以后才知道她是孟加拉国人。我俩坐在大巴前门的第一排，这里可以看到车前的风景。我们一路相谈甚欢，我很喜欢她。

大巴从科特兰往北开，一路上，雪花纷飞。81号公路边，棕色的树林和小山都挂着白雪。过了锡拉丘兹，大巴进入茂密树林中的小路。雪下得更大了，如鹅毛般漫天飞舞。大巴行驶了一个半小时后，按照规定，司机必须停车休息。我们全部在加油站下车。加油站里有吃的喝的，还出售各种纪念品、运动衣。休息了20分钟后，大巴继续往北开。三个小时后，终于到了湖边的安特勒斯。

司机说："大家都下车，你们需要徒步走到亨廷顿营。"我问为什么不开车去，外面实在太冷了。有人回答我："汽车本身就很重，如果再加上所有人的重量，恐怕会有危险。"我们把行李从大巴上拿下来，放到小车上。小车开过湖面没问题。

我们下车的地方叫安特勒斯，目的地是位于拉奎特湖中间的亨廷顿营。几辆载着行李的小车在我们前面先开到湖中的亨廷顿营去了。我们开始了徒步穿行，需要半小时才能到达营地。风非常大，尖利的、刺眼的、无法形容的冷！图2-2为大雪中大家徒步走过冰冻的拉奎特湖的情形。大概走了一刻钟后，风更大了，"呼呼"地在耳边响，刺得额头生疼。比特鲍姆校长送给我的帽子盖住了我的额头，卡尔的围脖遮住了我的脖子、下巴和嘴。风的方向在我们背后偏右，身体基本能挡住风，在一定程度上，减轻了寒风刺骨的感觉。我和"哈佛妈妈"一边走一边聊天，说话时哈出的热气结成冰霜。我们聊各种话题。来美国前，她的家庭曾居住在澳大利亚，她的儿子出生于悉尼。她和她的丈夫都是学经济的，且都拥有名牌大学的硕士学位。那时，他们都在投资银行工作。后来，她的丈夫到美国读博士，他们一家就移民美国了。为了两个孩子，她在家当全职主妇。等到儿子进哈佛大学念书后，她才重新走出家庭，恢复工作。但是，找专业对口的工作很难，由于带孩子多年，她自学了一些教育学、心理学知识，所以就到科特兰分校附属托儿所应聘。在工作中，她发现自己缺少系统的训练，于是，又辞职到科特兰分校读儿童教育专业。这把年纪，重新成为一名学生无疑压力很大，记忆力没有年轻人好，而且她是外国人，读专业书也比较吃力。但是，我看到她是所有学生中最主动、最努力的一位。现在，她的丈夫是科特兰分校经济系的教授。我说："你

图2-2　大雪中徒步走过冰冻的拉奎特湖面

这个学生是本校教授家属呢。"她笑笑说:"是的。"我问她:"你和你的丈夫原来事业不相上下,但现在差距比较大了。你后悔过这些年在家带孩子吗?"她说:"不后悔!孩子的健康成长、学业有成,就是我的事业。在美国,有硕士、博士学位的家庭主妇并不少。"我说:"在中国这种情况极少极少,如果有博士在家带孩子,别人会认为可惜了,是浪费人才。"她说:"我在家教育孩子与在学校教育孩子是一样的。为什么在学校就是事业,在家就不是呢?"

说话中,我们不知不觉快到目的地了。放眼四周,白茫茫一片。湖边的山丘上,深棕色的树干上落满了银白的雪,别有一番韵味。

终于到了亨廷顿营。各种各样咖啡色的小木屋透着年代感,木屋之间是笔直的树木。可以想象盛夏时节,青藤爬满木屋,绿色的树、绿色的湖,还有鸟鸣虫吟,那是另一番景致了。

装满行李的小车早早地停在了光秃秃的树丛中。营地工作人员指挥我们取下各自的行李,然后,用一个像长盆一样的雪橇拖着去宿舍。幸运的是,我、淑芳和"哈佛妈妈"同住一个房间。学生和老师的宿舍是分开的,但是,由于"哈佛妈妈"的年龄大了,又是教师家属,所以,她和老师们分在一个房间,算是照顾她吧。

我忽然发现,白人学生选择住同一个房间,有色人种学生选择住同一个房间。呵呵,真有意思!以前听一位生活于加州华人区的白人朋友说:"孩子们在小学时,没有种族感。到了初中,开始同样种族的人在一起。到了高中,基本是白人和白人玩,黑人和黑人玩,亚裔和亚裔玩。"我问他为什么会有这种现象,是不是种族歧视。他说:"是不是种族歧视我不知道,但是,肯定跟文化有关系。同一种族的人在文化背景上接近,因此也就有了心理舒适区。人人都愿意生活得舒服。"我问:"那你怎么喜欢跟亚裔交朋友?"他说:"我也奇怪。我出生于保守的南方,我的父母和姐姐们都只跟白人交朋友,他们常好奇地问我跟亚裔朋友在一起玩什么。而我呢,跟亚裔在一起很舒服,他们工作努力,为人诚实,也喜欢我。后来,我干脆搬到亚裔多的加州。我的女朋友是中国人。"我惊讶地问:"你算白人中的另类吗?"他说:"其实,无论是同种族的人在一起,还是不同种族的人在一起,他们总在寻找自己的心理舒适区,满足个体的心理需求。"可能他的分析是有一定道理的。

来到亨廷顿营时,我们把自己的行李搬进房间。房间很小,像军营一样,有两张上下床,一张靠窗,另一张靠墙,可以住四个人(如图2-3所示)。床上有垫子、毛毯、枕头,还有淑芳给我准备的用品,再加上屋里有暖气,感觉还不错,虽然房间简陋了些、小了些。

按照行程安排,11:30大家要在卡尔森教室集中。营地专职主管罗伯特(Robert)给我们讲注意事项。吃过中饭,休息片刻,13:30—15:15又到卡

图 2-3　简陋的亨廷顿营宿舍

尔森教室。全体老师都参加，看关于营地历史的录像。罗伯特提醒学生仔细看，第二天要表演节目，可能会用上录像里的史实。然后，贝斯（Beth）老师带领学生实地参观营地。每间小木屋都诉说着一段历史。有一间木屋的墙上写着 1870 年，意思是这栋房子已有近 150 年的历史了，房间里陈列着打鱼的小船、鹿角等饰物，整个木结构保存得很好。还有一间木屋的时间是 1900 年，是员工宿舍，里面的卫生间却十分现代，浴缸、抽水马桶、洗漱台面都很漂亮；小木棍编成的桌子细致、精美；窗帘的图画上展现着湖区的四季风情，小船悠悠荡漾在夏日的湖面上，冬天则被安放在木屋边，冻得结结实实、纹丝不动。

参观完毕，回到教室做游戏。这是我预先没有想到的一种教育教学形式。

第一个游戏叫迷宫——一种无声的合作游戏（The Maze—A Silent Cooperative Game）。以五至十人为一个小组，在地上铺一块画有方格的深蓝色帆布，按照要求顺利走完安全通道就是赢了。具体做法是：（1）学生们报数，确定走迷宫的顺序。（2）确定一个监护人，此人不参与走迷宫。他/她的任务是设计一个秘密而安全的迷宫路线图,叫安全通道。如果走迷宫的人在同组成员的共同判断和提醒下,一直走在安全通道上,就没问题;反之就要离开迷宫,另一个组员要从头开始。监护人不能把安全通道告诉任何人。
(3)小组第一个开始的人要从监护者的对面开始,一次走一个方格,走向监护者。可以向前、向左或向右直走,但不能走斜线,不能跨越格子。每走完一步,监护人将对帆布上的选手点头或摇头。点头表示继续,摇头表示离开,那就走到队伍的最后去,下一个组员从头开始。一旦有人走过了所有的安全通道,就表明游戏结束了。走迷宫的过程中,小组的齐心协力(Collaboration)、共同智慧(Collective Wisdom)非常重要。图2-4为迷宫游戏图。

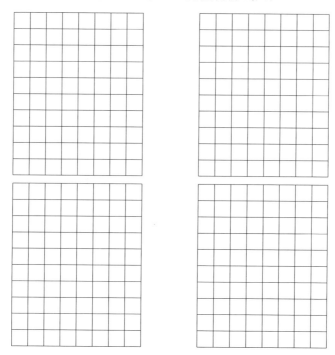

图 2-4　走迷宫游戏图

第二个游戏是每两人一组,他们的手用活绳结捆在一起,红色的长绳把所有人都圈在里面。大家需要互相帮助,所有的人才能被"解救"到红绳子之外。我玩了这个游戏,看似简单,实际操作时不容易,游戏者不仅需要智慧,而且还要心灵手巧。图2-5为大家玩解绳子游戏的场景。

第三个游戏是留神。玩家从手机APP里下载游戏后,里面有各种内容,比如动物、人物、电影等。玩的方式很简单,把手机放到头顶,屏幕朝上,点"开始"之后,会出现一系列词组,由你的队友用语言或动作进行解释,队友不能说出与要猜的词相同的词汇。玩家猜出后可以向下翻转手机获得下

图 2-5　解绳子游戏

一个词汇,如果实在想不起来,玩家可以把手机向上翻转"忽略"此题。比如,玩家在屏幕上看到猴子,队友用语言描述或做猴子的动作,拿手机的人要判断出是猴子,如果说错或时间到了,就"忽略"此题进行下一题。大家玩得不亦乐乎。这个游戏要互相配合,描述的人语言要清楚、动作要到位,猜测者也要很聪明地做出判断。玩家的知识面还要广,比如,碰到一个摇滚歌手,若你不熟悉音乐领域,无论队友怎么比画,玩家也没法猜到。

做完游戏,老师问:"游戏对教学有什么启发?"我举手发言:"我们还可以用卡片或PPT。比如,全班读完一本书,老师把人物做成卡片。一个学生把卡片举在头顶上,下面的同学描述人物或表演人物在小说中的经典动作,拿卡片的同学猜测,这样会加深大家对小说的理解。"大家都认为我这个方法很好,简单易操作,效果与用手机一样。

这三个游戏给我的启发有两点:一是要小组合作才能完成任务,通过这些游戏以及后面的小组戏剧和歌曲表演,我看到的只有团队,没有一个人到舞台中间独唱或独舞的;二是用游戏的学习方式,让学生理解"合作"的教育原理,对未来教师而言,他们需要根据教育原理设计新的游戏,要尊重学生的天性,在游戏或活动中产生学习体验。

晚上8:30是篝火晚会时间,淑芳问哪些人愿意去跳冰湖,并且去桑拿。他们管这叫"北极熊跳水"(Polar Bear Dipping)。我有此想法,但想到如此冷的天,跳到刺骨的湖水中,不冰个半死才怪呢,于是放弃了。我和"哈佛妈妈"一起去看热闹。我们在黑灯瞎火中从营地走到湖中,走到一个小池子边,外面下着雪,水面积了一层薄冰。原来,下午就有人用专门开冰的大锯锯开了一个有两个乒乓球台大小的冰窟,准备他们每年一度的传统节目"北极熊跳水"。我用手试了下水温,很冷,冷彻心扉。一个男生用装在竹竿前的网把冰捞出来。我们又去桑拿房看了看,那里倒是热气腾腾的,十几个女生坐着蒸桑拿。一会儿,有几个女生穿着游泳衣冲出来,边跑边喊,我们也赶紧跟着。她们在露天池子边犹豫了一下,然后勇敢地跳了下去,边跳边尖叫,可以想象有多冷!跳完后她们立即从冰水里出来,冲向桑拿房。我们也跟着去桑拿房。淑芳在那里,她在鼓动学生们:"如果你们还去,我就去!"我有些担心,希望她不要去,毕竟她不是年轻学生,岁月不饶人。池子离桑拿房不远,我们又到池边看还有谁继续跳。转身看到淑芳和五个女生跑来了,毫不迟疑地跳进冰冷的水池,然后又冲进桑拿房。我的天,她们真勇敢!我问淑芳为什么要"跳湖",她说:"这是每年的常规项目,为了磨炼意志!"据说有时学生还玩"冰雪天使"(Snow Angel)——从冰水出来后在雪地上打个滚儿。

第二天一早,我很早就起来了,因为今天我要与另一位老师以及六位学生当厨房巡逻员(Kitchen Patrol,KP,其实就是值日生)。我们到饭厅集中,师傅们已经准备好早饭,我们的任务是每人负责四张桌子,铺上桌布,摆放餐巾、刀叉、盘子、杯子、面包、色拉、咖啡等。当学生们入座就绪后,我们要汇报自己负责的四张桌子的情况,还要从食堂负责人的手上抽一张纸条读出来。纸条上的文字很有意思,有名人名言、谚语等,都是激励人上进的话。

开始吃饭了,大家开心地聊天,有需要的人可以添加饮料和丰富的食物。学生们离开后,作为值日人员,我们要把各个桌上的刀叉、杯子等送到厨房。食堂负责人问:"谁愿意洗碗洗碟子?"两位女生举手,于是,她们到一个巨大的洗碗机前,先冲洗碗碟,然后把它们放进洗碗机,再拿出来摆到指定的地点。其他人的任务是把剩余的食物放进冰箱,再把洗好消过毒的餐具归类并摆放整齐。

在劳动中,我看出美国学生一点不娇气。他们很顾及自己的公众形象,也能吃苦。

早饭后,学生们的任务是排练节目,每一组需要配备一位指导老师。苏姗问我去哪一组,我说随便。有个女生招呼我:"到我们组来吧。"于是,我就跟她们走了,去另一间小木屋排练。

我走在学生们的后面,一路欣赏风景。只见咖啡色的小木屋静静地站立在光秃秃的林子中间,湖面白茫茫的雪在玫瑰色的霞光中透出柔和的紫蓝色,美得摄人心魄。我们进屋后,我发现墙上挂着一块牌子,上面写着"纽约州立大学科特兰分校户外教育中心 50 周年庆典纪念"(SUNY Cortland Outdoor Education Center 50th Anniversary Celebration 1948—1998)(如图 2-6 所示)。

从 50 周年庆典纪念牌上我们可以看到,纽约州立大学科特兰分校户外教育中心成立于 1948 年，首任负责人是哈伦·G. 梅特卡夫（Harlan G. Metcalf）。他对户外教育的定义是："户外教育因其亲身经历，它不是真实生活的替代品，它就是真实的生活。"（Outdoor education, with its direct firsthand experiences, is not a substitute for the real thing, it is the real thing.）牌子上还有 50 年间另外四位户外教育中心负责人的名字和任职年限，并有一段文字："感谢那些致力于大学户外教育中心的有天赋的人的辛勤工作、奉献精神和远见卓识，他们永远感动着所有曾在这里参观和学习的人。"（In appreciation of the hard work, dedication and vision of these talented individuals whose commitment to the College's Outdoor Education Center has forever touched the lives of all who have visited and studied here.）

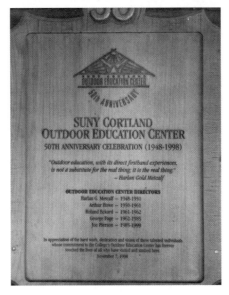

图 2-6 科特兰分校户外教育中心 50 周年庆典纪念牌

旁边还有一块牌子（如图 2-7 所示），哈伦·G. 梅特卡夫又对户外教育做了富有诗意的赞美："作为教育者，我们对未来的孩子负有责任。因此，我们必须让他们呼吸到新鲜的空气，喝到干净的水，闻到芳香的气味，听到白桦林树梢的微风和红云杉顶的充满魔力的歌声，寻找到和谐的人群和居住地。"（As educators, we have a responsibility to future generations; therefore, we must bequeath to our children the exuberant joy of being able to breathe fresh air, to drink clean water, to scent trailing arbutus, to hear breezes in the top of a grove of white pines and the magic of the song of a hermit thrush in cathedral towers of red spruce, and to find men living.）

从两块牌子可以看出哈伦·G. 梅特卡夫是户外教育的热情倡导者、实践

图 2-7　科特兰分校户外教育中心"户外教育"标牌

者,他希望学生们不做书呆子,要到户外体验大自然的美妙。

就在我研究两块牌子的时候,学生们已经抵达指定的地点,正在积极排练。她们把苏姗提前给大家的一张纸给我,只见题目是"安迪朗达克喜剧和歌曲活动"（Adirondack Drama and Song Activity）。纸的正面是亨廷顿营历史纪实,反面是安迪朗达克州立公园纪实。要求学生分成六组,三个组结合亨廷顿营至少八个事实写短剧"亨廷顿营短剧"（Camp Huntington Drama）,另三个组结合安迪朗达克州立公园的至少八个事实写"安迪朗达克州立公园之歌"（Adirondack State Park Song）。剧本和歌词要让观众感到有创意、有趣、愉快。创作、排练结束后要进行表演活动。后来,我知道这是传统项目——户外活动最后一个晚上的创意表演和娱乐（Great Finale）。

亨廷顿营纪实（短剧素材）

- 亨廷顿营是安迪朗达克山区最大的营地,也称作派恩诺特（Pine Knot）。
- 1877 年,威廉姆·杜兰特建立了派恩诺特。
- 1895 年,威廉姆·杜兰特把派恩诺特卖给铁路拥有者和金融家科林斯·亨廷顿。
- 1900 年 8 月,科林斯·亨廷顿去世,享年 79 岁。随后,他的家人没有再来过派恩诺特,此地闲置了近 50 年。
- 科林斯·亨廷顿的儿子阿彻·亨廷顿继承了派恩诺特。
- 1947 年,纽约州立大学科特兰分校的两位教授——从事娱乐休闲研究的哈伦·G. 梅特卡夫教授和从事生物科学研究的华特·瑟伯教授,在一次乘独木舟去安迪朗达克山区的旅行中,发现了荒芜的派恩诺特。哈伦·G. 梅特卡夫教授调查了派恩诺特的产权,与居住于纽约市的阿彻·亨廷顿建立了联系。

• 1948 年 2 月 4 日，在纽约州汉密尔顿县，州立法机构通过、批准了纽约州立大学可以接受土地赠予。

• 1949 年 1 月 11 日，哈伦·G. 梅特卡夫教授把派恩诺特和周边名叫长角（Long Point）的地方赠给科特兰分校，签字合法生效。

• 1965 年 1 月 15 日，科特兰分校在拉奎特湖的西岸购买了 5 英亩土地。这个叫安特勒斯的地方是夏天的度假胜地，有游艇码头，游客可以乘船到对岸亨廷顿营和长角。

• 1986 年 9 月 11 日，派恩诺特营被纽约州登记为历史纪念地。

• 2004 年 8 月 18 日，派恩诺特营被命名为美国国家历史名胜。

安迪朗达克州立公园纪实（歌曲素材）

• 安迪朗达克（Adirondack）是来自于印第安人联盟易洛魁（Iroquois）的派生词。在美国殖民史中，纽约上州的 6 个印第安人部落——摩和克人（Mohawk）、奥奈达人（Oneida）、奥农达加人（Onondaga）、卡尤佳人（Cayuga）、塞尼卡人（Seneca）和图斯卡罗拉人（Tuscarora）组成了联盟，这个联盟称为易洛魁，他们在 17—18 世纪法国和英国争夺北美的战争中起到过重要作用。

• 1892 年，纽约州建立了安迪朗达克公园。

• 安迪朗达克公园大约 600 万公顷。

• 安迪朗达克地区有 3000 多个湖泊。

• 安迪朗达克地区有 48000 多千米（3 万多英里）的河流和溪流。

• 每年有 13 万人居住在安迪朗达克地区。

• 安迪朗达克州立公园是纽约州最大的州立公园。

• 马西山（Mount Marcy）是安迪朗达克州立公园内的最高峰。

• 伐木业以前是该地区最主要的产业。

• 大多数景观形态形成于冰川时代。

• 安迪朗达克州立公园有 70 多种本地树种。

我们组选择了"亨廷顿营短剧"表演。学生们除了运用以上史实，还结合第一天看过的录像资料，一起头脑风暴编写剧本。我们的故事是这样的：金融家科林斯·亨廷顿穿着休闲装在视察他的铁路运营状况后，赶回华尔街看他的财务报表。从财务报表上，他看到赚的钱越来越多，很开心，就带着家人到风景如画的安迪朗达克山区登山，走着走着他来到了派恩诺特。此地群山环绕，湖泊如绿翡翠般镶嵌其中，他喜欢上这个地方，就买了下来，作为度假营地，改名为亨廷顿营。他去世后，他的儿子阿彻·亨廷顿获得了继承权。但是，阿彻·亨廷顿喜欢繁华的大都市，一直居住于曼哈顿。直到 1947 年的一天，亨廷顿湖边出现了两位学者模样的登山者，他们是纽约州立大学科特兰分校的哈伦·G. 梅特卡夫教授和华特·瑟伯教授。哈伦·G. 梅特卡夫教授视这里为无价之宝，于是，他联系上阿彻·亨延顿，买下了这块土地。1948年，哈伦·G. 梅特卡夫把亨廷顿营以象征性的一美元卖给了他服务的大学，建立了户外教育中心。之后，每年都有学生到此进行营地活动。学生了解大自然、热爱大自然，并与自己的专业学习相结合，从事相关的研究项目。我们这组学生把以上故事以押韵、轻快的说唱（RAP）风格展现，既体现了戏剧的表演元素，又有音乐的节奏，也体现了美国学生善于创作的风格，很出乎我的意料。

下午2：00—7：00，我们的任务是再次徒步走过拉奎特湖面，到附近镇上的T小学进行实地教学。风依然很大，比来的那天更尖利刺骨。风吹得我们睁不开眼。有个男生竟然没有戴帽子，我戏称他是铁头，淑芳和"哈佛妈妈"说这个描述很是传神。大风中在大雪地里行走很艰难，我们一边走一边聊天，若不是与一群人一起走，一个人很难在如此艰苦的环境中坚持走到对岸。

到了T小学，我们发现学校里校长、部分老师、家长和学生在，但没有班级在上课。这次实习活动，相当于课后辅导，与到小学跟班教学不一样。淑芳介绍了校长和其他老师与我认识。这时她看到了以前的学生和男老师K。淑芳说，K老师的信息技术非常娴熟，而且与数学学科教学结合得很好。K老师带我俩走进他的教室。

我环顾教室，只见教室后排和右墙各有一排书橱，琳琅满目（如图2-8所示），粗略统计有1000多册书。我问K老师这些书是谁买的，他说大部分是学校从网上购买的，少数是学生从家里带来的。当时，我想我的教室里哪怕只有200册英文书也好啊，学生读书只是为了追寻他们感兴趣的故事或知识，与学语言无关。我研究了两排书橱里书的分类，主要分为虚构类（Fiction）和非虚构类（Non-fiction）。前者有小说、神话、诗歌、科幻等，后者有动物、天文、地理、数学、历史、自传等。我还在社会科学分类里看到了一本爱国主义教育的书，上面有对国旗宣誓："我宣誓效忠国旗和它所代表的美利坚合众国。这个国家在上帝之下，统一而不可分割，人人享有自由和正义的权力。"（I pledge allegiance to the flag of the United States of American and to the Republic for which it stands, one Nation under God, indivisible, with liberty and justice for all.）在《多变的三角形》这本书中，作者把三角形拟人化，三角形变成了一个美丽的小姑娘，一会儿变成四边形，一会儿又变成六边形和八边形，还可以变成各种建筑物上的图案。《奇妙的表格》这本书也很有趣，讲了生活中很多与统计有关的场景，比如，食品店里哪种口味的比萨最受欢迎，加油站的油价变化波动等。

图 2-8　T 小学教室的后墙

我想起国内有位家长问我:"美国学生有分级读物,小学生一般读什么级别的书呢?能给我们提供个书单吗?"从我已经去过的学校看,美国学生在认识了字之后,便博览群书,尤其是自己感兴趣的书。我也想起我自己在小学二年级时,偶然得到一本《钢铁是怎样炼成的》,便囫囵吞枣地读下来了,接着读了《林海雪原》和《红楼梦》,这是我最初读过的三本小说,印象极深。那时,我不认识所有的字,但这并不影响我了解故事情节,我还在午休时光把故事讲给同学们听,大家都盼着每天中午我的"下回分解"。再后来,我不仅读小说,还读《当代》《十月》《收获》等文学刊物以及《大众电影》等娱乐杂志,遇到我喜欢的词语和句子就抄在本子上,写作文前拿出来看看有没有能用得上的。我也曾问过一位美国小学二年级的学生读了些什么书和杂志,她提到《夏洛的网》《精灵鼠小弟》《吹小号的天鹅》《查理和巧克力工厂》《动物农场》《美国国家地理》等。我比较了她和我在二年级时读过的书,一个共同点是在我们认识字后,就可以进入大量阅读阶段,无须分科、无须分级(当然,对班级整体来讲,需要分级),想看什么就看什么。当国内家长还在纠结孩子怎么学英语,对花费了大量人力、财力但收效甚微感到无奈的时候,我想说,只要让孩子在小学低年级迅速进入大量阅读,学好英语就是水到渠成、指日可待的事情。美国教育家约翰·杜威说:"教育本身并没有什么目的,只有人——父母、教师才带有目的性。"可悲的是,在中国,许多父母和老师并没有透彻地明白这一点,怀着"多读书"的目的,把孩子训练成了阅读的被动接受者。

离开小学后,大巴把我们放在拉奎特湖边,我们又开始徒步穿越湖面。时间约是18:30,天渐渐黑了,地面上的白雪虽然反射出一些亮光,但是,一两米以外的人影就模模糊糊了。好在卡尔有经验,来前他给了淑芳一顶有矿灯的帽子,她头上的灯光给我们照亮了前面的路。这是一次更为艰难的徒步。天黑、风大、饥饿、疲劳,但我们只能忍着前行。半个多小时后,终于到了亨廷顿营。我们又一次战胜了困难。

晚饭后,我们又精力充沛了。根据日程安排,需要表演上午排练的节目。整台节目由淑芳主持。我们组表演的亨廷顿营说唱很受欢迎。其他组也各有特色,围绕规定的八个事实进行了合理的想象和创作。老师们也上台表演,她们很放得开,风趣幽默,载歌载舞,引得学生们哈哈大笑。

淑芳与学生演出自编自导的滑稽小剧,她扮演学生,学生扮演教授,夸张性地模拟学生司空见惯的抱怨,模拟带队教授们平时上课时的口头禅和表情手势,在整个演出开始前活跃气氛,引得大家哄堂大笑。

有时,演出结束时带队老师还要象征性地评出各种奖,给每个演出小组象征性地发"奖状"(如图2-9所示)。获奖类别诸如最具创意(Most Original)、最有趣(Most Interesting)、排练遍数最多的(Most Rehearsed)、史实最准确的(Most Historically Accurate)、最佳服装与道具(Best Prop)、最搞笑的(Funniest)。这些活动看上去都很随便,学生们乐在其中,但其实都在潜移默化中培养了学生的创造性,同时增进了学生和教师之间的了解。

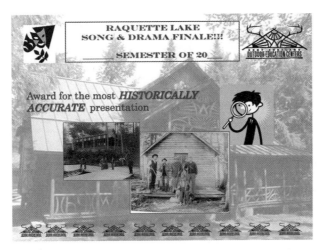

图2-9 教授们给演出小组颁发的象征性"奖状"[①]

---

① 象征性奖状由苏姗娜博士(Dr. Susana Davidenko)设计。

最后一天早上，我、淑芳还有六位学生在餐厅值日。这是我第二次值日，轻车熟路，不需要别人指点就知道要干什么。首先我们洗了手，然后把薏米粥、红提果、葡萄干等水果送到桌子上，再送培根、三明治和冰水。大家用餐完毕后，我们收拾桌子，把盘子、杯子送到厨房。然后，两个学生倒掉没吃完的饭菜，把碗碟放进洗碗机里清洗。我们用浸泡在消毒水里的纸巾擦桌子。另有一组值日师生打包中饭，用牛皮纸包好，装上刀叉和餐巾纸，然后每个人根据自己的口味选择打包的中餐并签名，食堂工作人员把所有打包的中饭装进一个大纸箱子，送到大巴上。

8:45，学生到达指定的教室，参加营地最后一次称为"反思"（Reflection）的短会。学生带上纸和笔，对营地活动进行反思和体会交流。

老师在黑板上写了八个题目，大家一个一个发言、讨论。

- 这次活动最有价值的部分是什么？
- 你从自己身上学到什么？
- 你从同伴和老师身上学到什么？
- 列出三个你将来在你的教室里可以使用的办法。
- 你从T小学里你教过的学生身上学到什么？
- 当你在T小学当老师的时候，你从自己身上学到什么？
- 作为未来的老师，为什么说富有挑战的、紧张的训练是重要的？
- 为了提高营地活动质量，你有什么建议？

学生在纸上写自己的答案。接着，主持的老师让大家围成一个大圈，先请人举手讲有哪些收获，然后，每个人都用一个词高度概括这次活动，大家的回答有"令人惊奇""挑战""分享""享受"等，我的回答是："珍贵的经历"。我觉得这个方法很好。一是当场写下来，趁热打铁，如果回家写可能就会忘记一部分。二是用嘴巴说一遍，彼此之间有分享，气氛也很活跃，又锻炼了口才。美国学生的口才就是在不停地说话、讨论和表演之中得到提高的，相比之下，中国学生的口才训练还远远不够。

最后，我们到雪地里拍集体照，然后又徒步穿过拉奎特湖，坐大巴回科特兰分校了。

三天的营地活动真是一次难忘的经历啊！

2. 各种主题的教授会议接踵而至

淑芳和系主任金布利·荣贝一起邀请我参加了学前和小学教育系每隔一周的教授会议，其实就是圆桌会议。金布利·荣贝直接进入正题，请每个教授讲了具体需要讨论解决的事情。

首先谈到的是期末成绩问题。有一个学生无数次不上课，不交作业，尤其是小组作业，据说这个学生有抑郁倾向。如果让该学生通过期末考试，会对其他学生造成不好的影响，以后他们也旷课不交作业怎么办？如果不让该生通过，出了事怎么办？与此学生有关的教授共四人，各教一门课。其中，两位教授说这个学生会通过他们的课，还有一位教授没有在公开场合表态，但私下里说这个学生通不过。前两位老师跟这个学生谈心。学生却说："我的作业都做了，但系统交不上。"事实上，这个学生说的不是事实。第四位教授明确表示这个学生通不过，但迫于前两位教授的压力，难以激烈反对，但她表示还是要找该学生谈心。

发现有学生在办公室门口张望，大家才发觉下午的课快开始了。系主任金布利·荣贝拿出事先准备好的比萨，一人分了一块，还有一杯可乐，这就是中饭。大家匆匆吃完后，各自忙活去了。

每学期快结束时，各系都会召开课程会议，讨论上学期课程实施状况和下学期课程。今年照例是这样。

上午10:00至下午2:00，系主任召集教授们开课程会议。学前和小学教育系女教授占绝大多数，那天，只有一位男教授参加。

会议由课程委员会主持，共七个议题，大家一个一个讨论。主持人念出一个议题，全体老师逐个发言，谈自己的观点。对常规事务，大家举手表决，看多少人同意，多少人反对。但对教育思想方面的讨论大家则比较慎重而有趣得多。

以"儿童教育观"这一议题为例。主持人要求教授们自由分为三组，每一组集体合作，以画作的形式表达本组的观点。我参加了淑芳和林琳这一组。组员们头脑风暴，谈论儿童教育应该是怎样的。为了表现我们的观点——儿童应该拥有健康完整的童年，林琳先在纸中间画了一个孩子和两只手，大家纷纷把自己的见解写上去，如反对偏见（Anti-Bias）、有意义的科技整合课程（Meaningful Integration of Technology）、以问题为导向的学习方式（Problem Based Learning，PBL）、艺术（Fine Art）、自然环境（Natural Environment）、没有污染（No Factory）、老师要像园丁（Gardener）等。我写了一个中文"玩"字，表达"玩中学"的儿童观。图2-10为我们组的儿童教育观画作。

三个组都完成之后，每一组派代表到黑板前讲解本组的画图想表示什么，体现了各组对儿童教育的理解。

我在中国经常做教师培训，往往是以我讲为主，少数学员参与互动。像这样以小组合作、全员参与的形式还没有做过。起初我认为这种模式有点小儿科，像学生一样。但当我亲自参与后，我产生了别样的体会。第一，培训形式自主。领导基本不说话，只在关键时表态。全部由教授们自己设计和主

图 2-10 我们组画的儿童教育观

持,自己头脑风暴,自己到台前讲述。第二,标准/评价先行。在活动前,主持人颁布规则。第三,每个议题后都附有范例,然后教授们针对范例讨论下一学期的课程。第四,教授们在讨论时兼顾各人碰到的问题。

我的访学研究项目是关于数字时代教师的专业发展,当淑芳告诉我教育学院有在线学习(Online Learning)研讨会的时候,我毫不犹豫地参加了。教授们的时间都排得满满的,所有会议只能见缝插针。

这个会议的时间是下午12:30—14:00。内容由三位教授主讲,他们的主题分别是"发展在线课程"(Developing an Online Course)、"通用设计与在线学习"(Universal Design and Online Learning)、"确保在线课程的质量"(Assuring Quality in Online Courses)。三位教授的讲座给了我很多启发。从她们提出的宏观视角和微观问题,我看到美国教师在数字时代的专业发展。

接着是自由发言时间。每次碰到这种机会,我总会不失时机地介绍中国的情况。我认为我不仅是来美国学习的,而且要让他们多了解中国的教育现状。于是,我介绍了中国的在线学习状况(Online Learning in China)。下面是我发言的片段。

> 在线学习在中国非常受欢迎,主要集中在学前教育、中小学教育、高等教育、出国留学、语言学习和职业教育等领域。
>
> 举一个例子说明。有一个教育机构,通过北美教师向中国 5~12 岁的少儿提供在线英语培训。2014 年,公司获得 500 万美元的投资,2015 年又获得 2000 万美元的投资。公司拥有 1000 多名北美小学教师,他们利用业余时间训练中国孩子。该公司以美国共同教育大纲 CCSS 为基础,研发了标准化的教学体系。
>
> 另有一个例子是我身边的。我的一些同事的孩子本来跟着我们学校的外教面对面学英语。外教后来回到了纽约市,孩子们就采用在线学习方式。他们用的教材是美国很多小学里都使用的电子教材 *Raz-Kids*,同时,我帮他们加进了上海的教材内容,这样,他们的学习效果就更好了。后来,外教发现纽约市有学中文的需要,于是,我们学校的汉语老师也通过网络向他们提供汉语教学。
>
> 还有一个例子是纽约老师对中国公办学校的在线课程——"关于欧美名著阅读和英文写作"。课程由中美老师共同设置,美国老师上课,中国老师对课后作业跟踪、落实,效果很好。
>
> 最后,我的结论是:(1)在线教学非常好,方便、有效,资源丰富;(2)关于教材,可以用原版教材,也可以自己编写,但一定要适合学生;(3)要对教师做培训,标准化和个性化相结合;(4)需要"双师"管理模式,线下教师与线上教师同样重要。

我的介绍令大家很惊奇,原来在线教育在中国有这么大的需求。

淑芳后来跟我说:"在线教育非常重要。我在 2000 年做博士论文时就开始涉及这一领域,这么多年来我们一直在探索和实践中前行。在纽约州立大学基金的支持下,我联合网上教学方面的专家,组成一支阵容很强的团队,申请美国国家科学基金项目。虽然没有成功,但这个过程使我成长了不少。许多教授的暑期课程也是在网上授课,这样方便了学生。学生放假希望能自由地去不同的地方,并能接受优质教育,拿到学分。"

傍晚时分,淑芳提醒我参加黑人学生联合会。大约 17:00,我到了山顶上的老主楼(Old Main)。正当我东张西望寻找具体的开会地点时,突然发现两个高大的黑人学生走进一楼关着的门,我也立即跟进去,里面果然坐满了人。平时我看到的黑人学生很少,怎么一集中就有这么多?再仔细一看,会议室里也有许多白人学生,而且,淑芳和其他许多教授也在。科特兰县是典型的白人地区,黑人学生大多数从外地到这里求学。

我看到有个黑人学生在前面慷慨陈词,还有黑人学生在演讲中突然哽咽。他们的主题是种族、偏见和歧视(Race, Bias and Discrimination)。黑人学生的团结和激情真让我感动!有几个教授上台回答学生们的问题,他们设身处地，从黑人学生的角度启发学生。校长埃里克·比特鲍姆最后上台回答学生的问题，他在陈述自己的观点时坦言："设身处地地听到同学们关于个人挫折和困惑的讲述，我能回应大家的就是，我们需要团结一致，人与人之间也需要更大程度的相互尊重。"（In the midst of student narratives about personal frustrations, as well as the questions and responses from the audience, the themes of unity and the need for greater mutual respect were prominent.）校长接着说："作为一个学校，我们有责任反对种族主义的消极无知和一味恐惧，要用积极的相互理解取代消极抱怨和逃避的做法。在校园里，我们要通过共同努力，消融明显的种族界限，从而达到多样与多元文化的融合。我们会做出实实在在的行动，以便为未来的改善提供重要的方向。"（As an institution of teaching and learning, we have a responsibility to combat ignorance and fear, replacing the negative with a positive mutual understanding. By collectively identifying specific barriers to diversity on our campus we can provide important direction for concrete ways to improve in the future.）校长站在台前，高大而清瘦的身材，显得既有书卷气又精明能干。他雄浑、磁性而真诚的声音赢得了全场掌声。

3. 小聚餐，大世界

家常便饭（Potluck）指聚会时每人带一份自家做的菜肴或甜点，大家彼此分享。（A potluck is a gathering where each guest contributes a dish of food, often homemade, to be shared.）它最早出现在16世纪的英格兰，19世纪末20世纪初，家常便饭聚会在美国（尤其是在美国西部）开始流行起来。现在，因为这种聚会形式简单、氛围温馨，方便人们联络感情，因此风靡全美。

圣诞节前夕的家常便饭是教育学院的传统聚会，一般在圣诞节前一周的周二举行。我带的是自己烘烤的巧克力小饼。我进门的时候，有四位老师坐在门边的沙发上，已经开始吃饭了，我给他们每人一块小饼，两位老师接受了。然后，我就把小饼送到系办公室里间大家放食物的地方。哇，有色拉、甜饼、意大利空心粉、紫薯、炒饭、香肠、烤肉、面条等，真丰富啊。总之，我原以为美国人的家常菜很简单，没想到如此丰富，只因为我的见识有限，不了解而已。纸盘子、塑料刀叉、饮料放在菜肴的旁边，方便大家自取。老师们根据桌子的大小围成了几个圈子，聊天、吃饭，很是开心。这个形式大概相当于中国的学校在节日时食堂多加几个菜，大家吃自助餐。但是，美国学校没有经费，而又要有团聚的氛围，所以，以每人带一个菜的形式呈现。

同事们在这个时候非常放松，有两三个人倚沙发而坐，有七八个人围坐圆桌，还有十几个人围坐长条桌的，甚至有一两个人站着。这个场合是公开的，但有时也会看到同事之间私密的关系。

我很喜欢这种简单温馨的聚会，后来，我不仅参加过集体聚会，而且还参加过许多次朋友们组织的家常便饭，包括印度社区和孟加拉国社区。可惜的是，我不太会做菜，我的菜只有少数人问津。后来，朋友们说你不要带了，你只要来参加，我们就很高兴，因此，我想如果一个人能学一两个拿手好菜，对今后的社交也是有好处的。读书真的不应该是学生的全部。

国际学生晚宴在校友楼举行，这是一幢精致的独立别墅。一群漂亮的男孩、女孩走过来，我不能判断他们是否是国际学生。经询问后得知，他们都是国际学生。

一进门，天哪，几个男生比我高两头，以致我觉得自己简直是从小人国来的。再往里看，是一群女生，也比我高一截，她们正兴奋地聊天。好不容易看到一个黑头发、个子跟我差不多高的女生，我很高兴，满以为是中国人，可一转头，还是一张外国脸。她友好地对我笑笑，问我从哪里来，我说我来自中国上海。她旁边的高个子男生说，他知道北京。然后这个男生问我，中国的首都是北京还是上海，我说北京。随后的聊天得知他们是夫妻，土耳其人夫人，也是访问学者。丈夫是安哥拉大学的老师，博士；妻子毕业于土耳其语和英语的翻译专业，现在是公司的秘书。他们很友善。我看到整个大厅里就我一个东亚面孔。我自然地与土耳其夫妇走到一起了。这时，校长走进来了，他认识土耳其夫妇，和气地与他俩聊了一会儿，又问我的情况，我说我叫 Lisa。他奇怪地问："你怎么不叫中国人的名字？"我说："我的中文名字叫丽娟，为了便于美国人记忆，我才会用英文名字。Lisa 的第一个发音 Li 与中文的"丽"一样，所以，我才取这个名字。"校长恍然大悟说，他知道我的名字和院系，还知道淑芳是我的导师。我惊讶地发现，校长记得很多访问学者和留学生的名字。他的记忆力真好！

美国人的饮食很简单，人们根据自己的所好把肉、小饼子和蔬菜夹了放在一个盘子里就坐到桌旁吃饭。

同一桌子还有另一个土耳其女孩，现在正读本科，学的是商科专业。他们三人来自同一个国家。这个女孩坐在我的右边。接着陆续来了四名男生。爱尔兰男生坐在我的对面。他和土耳其男生都有点秃顶，留胡子，两人就笑侃头发。我说："在我们国家有句话叫'聪明绝顶'。"爱尔兰男生说："我们也有'智者无发'之说，动脑筋多了才掉头发。"土耳其男生说，两年前他的长发披肩，就是念博士后成了秃头。大家哈哈大笑。德国科隆的男生坐在我的左边。他问我是哪个国家的，我说你们猜猜吧。于是，他们猜我是韩国、日本的，就没有说中国。土耳其人笑了说："你们为什么不猜中国呢？"德国男生对我说:"你的气质像日本人或韩国人。"我说:"这就是不同民族审美观的差异。"德国男生继续问我:"你去过 Long Wall 吗?"我不解地看着他:"Long Wall?"爱尔兰男生机灵地嘲笑他:"The Great Wall。"我明白了:"你说长城啊,我当然去过了。"我又问他们谁去过,结果没有一个人去过。德国男生又问:"你们上海有按摩吗?"我说有。他说:"德国很贵,半小时要 60 美金。"他问我上海多少钱,其实我也不清楚,就估摸着说 10 美金。他无限向往地说:"我以后到中国去按摩,又舒服又便宜。"

这时,校长发言,感谢留学生们给学校带来的文化多元性,也希望留学生们多宣传学校。然后,国际中心秘书宣布优秀留学生名单,并颁发证书。我们桌上个子最高的男生因篮球优异拿到了证书,他说要拍卖他的证书,问谁买,大家一阵哄笑,有的说一美元,有的叫他自己留着纪念。又聊了一会儿,大家就散了。我和土耳其翻译互留了电子邮箱,拍了照片。我们说:"如果没有电子邮箱,我们将在这世界永远找不到对方了。"我们互相邀请对方到自己的国家做客。我们还请一个漂亮男生给我们拍照留念。

后来,淑芳来了,带我到另一桌。我们一起聊天、讲笑话。一位女教授说,她到澳大利亚的一个小镇,突然有个人叫她的名字,她惊呆了,原来那个人曾在我们学校进修过。另一个研究印度历史文化的女教授讲到她在印度的经历。她说穿着当地的服饰,特别漂亮,长袍让人感觉自由、舒服。有位印度裔男教授说,虽然他的家族都在美国,但还有一些亲戚住在印度,他很喜欢印度,怀念印度。正好我的先生到印度谈生意,给我发来他的照片,我拿给印度教授看,他说那是孟买。

这时,刚才帮我们拍照片的漂亮男生走过来,淑芳介绍说:"这是国际学生处的领导,常组织学术活动。"我对着他大笑:"哈哈,刚才请您帮忙拍照片时就觉得面熟,原来我去过您的办公室,真是有眼不识泰山。"

这个晚宴如此美好,各个国家的人互相交流,既有作为人的共性,又有不同种族的差异。

4. 拜会校长和国际中心主任

我和淑芳与校长办公室秘书约定下午 1:30 拜见校长。校长办公室在米乐楼(Miller Building)四楼的最里面,外间是秘书台。淑芳与秘书打了招呼,秘书热情地告诉我们校长在哪里。淑芳打招呼道:"埃里克,你好!"校长热情地招呼我们坐下。其实,我已经在其他公共场合见过校长好几次了,只是这次是正式拜访。

校长办公室没有我想象中的豪华或威严,与其他教授的办公室相比,他的办公室更大些。靠墙是一长排书橱,书橱前是办公桌、沙发和茶几。墙上有很多与各国或各地的人见面的合影,看上去很温馨。

我和淑芳坐在长沙发上,校长坐在我旁边的单人沙发上。我们的谈话就这样开始了。

淑芳先简单介绍了我的情况,校长饶有兴趣地听着,显得很高兴。我说:"能到这里做访问学者是我的荣幸,也是我非常明智的选择。在这里我很开心。"

校长是犹太裔研究鸟类的专家。据说他把新遇见的人在脑子里与某个鸟儿相联系,去记忆他们的名字。有此秘诀,难怪校长几乎记得所有人的名字。教授们有时会开玩笑,问校长把哪种鸟儿与自己相联系,校长说这可从来不会告诉他们。校长很聪明、务实,所以我也尽量汇报得有条理、有数据。

第一,我听了一些课。虽然现在是学期末,主要是学生的展示,但看得出这是老师平时训练有素的结果。比如,淑芳的教学设计非常精致、完美,学生根据她的指导,选择合适的信息技术工具来学习。林琳的课也很棒,评价表简易可行,把学生都卷进课堂,全面参与。当代语言系的三位老师的课各具特色,他们的语法课、写作课、实习课都展示了英语作为第二语言的独特性。

第二,图书馆查阅文献,了解最新动态。除了在线学习,我还阅读了四本专著,尤其是《数字时代的教师教育》(*Teacher Education in Digital Age*),受益匪浅。

第三,参加学校的演讲。参加了在线学习的圆桌讨论,我介绍了中国的在线学习现状。参加了国际学生学者聚会、黑人学生联合会、科特兰学生音乐会。

第四,与同事们一起实地考察高中。我们去了位于锡拉丘兹北部的创新科技高中。

第五,做义工。我去教堂为无家可归的流浪者缝被子,去科特兰医院为工作人员提供早饭;为失忆老人读书;去失能老人护理中心帮助他们。

第六,了解学校外面的社会,参观了纽约中部地区历史中心和科特兰县历史博物馆;我还每天关注电视新闻和报纸上的事情。

我还告诉校长自己正在写两本书:一本名为《美国小城:亲历纽约上州》,记录我在科特兰、伊萨卡、宾汉姆顿和锡拉丘兹四个纽约小城的生活以及当地的社会文化状况;另一本名为《美国春秋:成为学者型教师》,这是淑芳和我合作完成的,记录了与科特兰分校有关的人和事,以及教授们的教学、科研和职业服务情况。我很喜欢这所以师范教育闻名的大学,教师们都毕业于名校,素质非常高。我还提到截至2015年,中国在国外的留学生人数大约是47万人,其中28万人在美国。美国的外国留学生中31%是中国留学生。

校长说，他也欢迎更多的留学生到科特兰分校来学习。校长还问我在中国任教的学校情况，我说我任教于上海交通大学的附属中学，上海交通大学相当于美国的哥伦比亚大学。我的工作是教学和教育研究。他还问我的先生是做什么工作的，我说原来是上海交通大学的老师，现在从事风险投资行业。校长问我的先生是否想念教书时的生活，并表示他自己很喜欢教书，现在还上课呢。我说我的先生也喜欢当老师，现在是两所大学的MBA兼职教授，每年都作为全国大学生创新大赛的评委在各地工作。

校长让淑芳再带我参加学校的一些工作，如担任助教，与学生谈心，到结对子的学校听课，向大家介绍中国的教学情况等。他还希望我多向约翰·苏亚雷斯（John Suarez）老师学习，了解和参与大学生的社会实践工作（Civic Service and Internship）。

临走前，校长送了两件礼物给我：一是有学校标志的羊绒帽子，灰色的顶，红色的边，绣着白色的校名，我很喜欢。上海的冬天不冷，我从没戴过帽子。可是，纽约的冬天很冷，这顶校帽陪伴了我一个冬天。校长真是善解人意、雪中送炭。另一个礼物是红色的真皮行李扣，也刻着校名。我也送了一份礼物给校长，是我写的一本书《教师专业发展的叙事研究》。淑芳说："拍张照留念吧。"我俩一起手捧着我的书，淑芳为我们拍下了这张照片（如图2-11所示）。我问他我可以把照片用到我们的新书上吗？他说"当然可以"。

图2-11　在校长的办公室，校长和我手捧我的书

走出校长的办公室,我发现风景特别美。雨过天晴,褐色的远山、蓝天白云、近处树叶碧绿,空气清新,真像风和日丽的春天。我的心情愉快欣然。

后来,我又与校长有过几次接触。在学校的迎新大会上,校长总结上学期工作,展望新的学年,尤其在教学、学生管理、学校财政、国际生、种族平等问题上做了重要阐述。在中国农历新年这一天,校长通过学校邮箱给所有的教职员工发来庆祝中国新年的贺词。

学校每年有两次大型活动——4月份的荣誉学生表彰大会和5月份的毕业生典礼。在4月份的表彰大会上,学校会对前5%的荣誉学生进行奖励。虽然是学生活动,但学校非常重视,校长写信从各学院邀请一名取得显著成绩的、令人尊敬的教师举旗,这年淑芳有幸得此殊荣。图2-12为校长写给淑芳的参加荣誉学生表彰大会的信件。

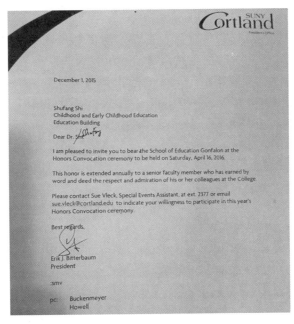

图 2-12 淑芳得到校长的邀请参加荣誉学生表彰大会的信件

荣誉学生表彰大会那一天,很多家长从外地赶来,整个校园像过节一样充满了喜庆的氛围。在演讲中,校长赞扬这些学生不仅努力学习,而且在社会工作上也取得了优异的成绩。校长和教授们都穿着传统的博士服,以表达对活动的重视。淑芳作为教育学院的旗手出席了会议,这是一份荣誉,证明了淑芳在学院的突出表现。我和她的先生卡尔也一起出席,共同见证和分享了这份荣誉。图2-13为活动那日我们三人的合影。

图 2-13　卡尔和我一起分享淑芳的荣耀

初夏时分，学校举行音乐会。教育学院老师林琳和家人带我参加。音乐素养高的美国人很多，虽然这是一台社区和学校共庆的小节目，但精彩纷呈。中途，校长也到台上友情客串，全场响起了雷鸣般的掌声。可见，校长不仅是一位严谨的科学家，而且随和有趣，在学校的很多事务上亲力亲为，这与庞大的综合性大学非常不同。我很庆幸当初的选择，融入这所家园般的小学校。

学校国际中心主任玛丽·施拉布（Mary Schlarb）是位很负责任的老师。在我去美国之前，由于各种因素，我需要延期到达美国，她给了我极大的理解。在学校各种国际师生活动中，我都见过她的身影。她忙碌、细致、内敛、兢兢业业，给我留下了极深的印象。

圣诞假期过去后没多久，我的房东突然去世，我不愿意一个人住在那里，需要找新的房子。正好那是新学期的第一次全校教师聚会，淑芳和我一起把情况告诉了玛丽·施拉布。她立即表态，会以最快的速度处理这个问题。

第二天，她给我写来一封信，主题是慰问和支持（Condolences and Offer of Support）。信件的部分内容如下。

> 我对你的房东的去世表示诚挚的慰问，很遗憾你昨天经历的痛苦。在任何情况下，这种经历总是很难熬的。如果你有什么需要，请尽管告知我。比如你要长租或短租房子，我可以与房产处联系，看看有没有合适的。保重，丽娟！你的经历我也很难过。你的房东也是我们学校国际学生和学者的朋友。

玛丽·施布拉真是善解人意，给了我极大的帮助。她雷厉风行，与房产处联系，帮我租到一套物美价廉的公寓。于是，我从荷马路的居民区搬到学校专门给访问学者的公寓里。

第一次住在学校里，与住美国社区的感觉完全不同。一种久违的校园活力散发在我的周边。公寓很大，设施一应俱全。厨房里有大冰箱、微波炉、电磁灶、烤箱、盘子、刀叉等。餐厅里有米黄色的长方形餐桌，四张白色的餐椅。客厅里有书橱、长沙发、单人沙发、电视机、吸尘器。房间有衣柜壁橱、电熨斗和长条桌子、双人床、硬度适中的席梦思、被子、枕头。卫生间有淋浴器、储藏室、洗脸盆等，旁边还有很大的储藏柜。公寓楼的马路对面，是学校新落成的体育中心，游泳池、健身道、篮球场、各类健身器材应有尽有。据说这是美国东部高校最大的学生体育中心，每年6月初，纽约州的老年人运动会也会在这里举行。在公寓楼一楼的公共大厅里，我经常与大学生们一起看电视、打台球；在公寓对面的体育馆，游泳是我最爱的运动项目。淑芳也经常和我一起讨论教学研究，多少次，我们把交流内容录下来，再修改。无论是在生活上，还是在学业上，淑芳都给了我很大的关怀和照顾。在我生日那天，淑芳和学生们一起来为我庆生，他们就像我的家人一样，陪我度过了一个难忘的生日。而拥有这一切，我不由得感谢玛丽·施布拉的细致、周到和及时。

5. 淑芳谈教学、科研和服务

在纽约州立大学科特兰分校，教授们勤奋工作，对学生高度负责。他们没有政治学习，可是，每位老师都像陀螺一样连轴工作，任劳任怨。他们说，抱怨即意味着你不喜欢这份工作，不喜欢就会没有工作激情，没有激情学生就会不喜欢你，学生不喜欢你就会给你打低分，也不会选你的课，这就意味着你可能失去这份工作。以此推理，每位老师任劳任怨工作的原因，往小里说是保住工作，往大里说是在工作中获得成就感。

淑芳说，教授们的工作主要包括三个方面——教学、科研和服务。

在小学校里，教学是十分重要的工作。淑芳任教信息技术学科，她的课程名称是"关键媒体素养：价值观、教育和社会"（Critical Media Literacy: Values, Education and Society），其目标是教学生一些有用的技术工具，比如，如何使用电子白板，如何制作班级网页，如何使用Google的一些功能，然后，把技术工具与学科教学结合，使师范大学生——未来教师的课堂和班级管理更高效、更有趣。淑芳说："我的工作既具有挑战性又有回报。我的连任评估要求我反思在教学、学术研究、职业服务三个方面应该具有什么能力，而这些都是我的专业能力的重要考量。"她在教学中遇到过一系列挑战，但是，她通过自己一步步的努力，成为一名卓越的学者型教师。每年，淑芳都会设计和改进自己的教学大纲，以适应不断变化的技术和小学教育的需求。2012年，淑芳开始与同事一起开发信息技术课程中的移动学习。面对不断变化的挑战，她致力于高质量的教学设计、与时俱进的信息技术课程内容和细致耐心的学生辅导。淑芳经常会收到一些组织和毕业后学生的来信，赞扬她的教学热情和善良的品质。作为一名教师，她不仅向学生传授了知识，也传授了自己的教育理念和对教育的忠诚与激情。

淑芳的科研能力很强，可以说是硕果累累。她发表过许多学术论文，在国内外学术论坛做过很多次会议报告。早年在中国上海交通大学的教学和科研经验以及后来在密歇根州立大学教育学院的博士研究训练，为她的学术研究打下了坚实的基础。她已从一位稚嫩的教师成长为信息技术领域的成熟学者，为该领域做出过大家公认的贡献。她的研究方向也从在线教育扩展到信息技术与学科教学的整合。

淑芳秉承的教育理念是服务于所从事的职业，服务于母校以及所在社区。她不选择轻松的工作，而是从小事做起为学生服务。比如，她作为教师代表，参加大学学生会的工作，持续一年，每周参与会议，这对繁忙的教授工作来讲是非常耗时的，但对学生的成长来说很有价值。另外，她成功地将研究、教学与服务结合起来。比如，她与辛西娅·萨瓦博士合作主办了"21世纪领导力论坛"。来自纽约中部25个学区的中小学的校长和技术协调员济济一堂，来到学校共商大计。最突出的一个贡献是淑芳促成了纽约州立大学科特兰分校与中国曲阜师范大学成为姐妹学校，每年两校交换学生和教师。无论是"21世纪领导力论坛"还是中美两个大学之间的深层合作，为学校带来的教育价值和宣传意义都是巨大和深远的。在她为科特兰分校服务期间，绝大部分年份都得到以绩效为依据的校长嘉奖（Discretionary Salary Increase，DSI and Professional Development Award，PDA）。

我问淑芳是不是每位教授都需要在教学、科研和职业服务方面努力，她说是的，学校在这方面有考核要求。这引起了我巨大的兴趣和好奇。淑芳帮我找来《纽约州立大学科特兰分校学校手册/学术教师的晋升标准》。该标准从晋升总则、晋升要求、晋升标准、晋升申请、晋升外部审查过程五个部分展开，对学历、教学、科研、服务有明确的要求，但又有一定的弹性范围。我认真阅读，并对比中国一些著名大学的教授评价标准，发现中美两国的评价标准有许多相似之处。

另外，本书第三章至第五章将以淑芳为案例，详细介绍美国教授是如何在教学、科研和职业服务中努力拼搏、尽心尽力工作的。

6. 阅读链接

《纽约州立大学科特兰分校学校手册》第230章——学术教师的晋升标准

230.01 晋升总则

讲师职级以上的任何晋升都是对个人功绩的承认形式，从而加强系、学院和大学的职能。关于个人功绩，晋升应被视为一个人已经实现所寻求的卓越的专业水平和质量认可，并且在未来的工作中，此人能够维持和改善这种水平。因此，晋升需要提出具体原因，说明为什么应该提升该教师，而不是仅仅询问是否存在不应该提升他/她的理由。鉴于这些考虑，并不是所有的教师都能获得升职。

230.02 晋升要求

（1）除下文第三条外，教师必须具有下文第二条所涵盖的博士学位或同等学力的条件，才具备晋升资格。

（2）本文件中所说的"学位条件"指的是：

①传统意义的博士，如教育学博士、体育学博士等学位。

②相当于由纽约州立大学机构承认的同等国外学位。

③社会广泛认可的专业最高学位（例如法学博士学位、美术硕士学位、图书馆学硕士学位、工商管理学硕士学位）。

④其他由学术事务委员会颁发，适用于职称晋升的学位或教育资格证书。

学位颁发机构应由正规认证机构或纽约州立大学机构所认证。

（3）在特定情况下，不符合学位要求的教师，可以提供同等的独立学术成就或具有创造性的成就，证明教师在该学科领域有所建树，足以胜任晋升职位。上文所指的学术成就通常包括在学术期刊上出版的专题作品或系列文章论文。从事表演、艺术或相似学科的教师，可以提供一个具有创造力的成果作品，但必须得到大学教师指南中的个人专业认可。教师本人和推荐部门要对其真实性负责。

符合第230.03条第8节规定要求的教职员可免除第230.03条第3节、第4节和第5节所规定的教育资格。

230.03 晋升标准

在本文件中，标准是指为评估晋升候选人而制定的标准。

任何符合上述学位条件，或符合下一个更高级别标准的教师、助理教授或副教授均有资格晋升。

助理教授晋级标准应包括：

（1）证明以下能力：

①在教学方面能够以理性有效的方式组织和执行教学课程；

②能以专业方式为学生的教育发展担负起责任义务。

(2) 证明开展过具有潜在创造力价值的知识探索、研究或创造性工作。

(3) 表明愿意接受和履行本部门、学院或社区的服务责任。

副教授级别的标准应包括：

(1) 具有继续发展的能力。

①在教学方面能够用理性有效的方式开展教学活动；

②以有效的方式为学生的教育发展履行责任。

(2) 已证明有能力承担并成功地开展过富有成效的研究项目，并有成果体现。

(3) 提供为所在系、学院、大学或社区服务并做出重要贡献的证明。

教授级别的标准应包括：

(1) 具有并能持续发展以下能力：

①拓展教学领域，在促进学生学习方面卓有成效；

②为学生的教育发展做出实质性的贡献。

(2) 具有明显的承担责任的能力，且成功执行了一个正规的具有创造性的项目，包括智力调查、研究或创造性工作，并对知识、学术或艺术界做出贡献。

(3) 向所在部门、学院、大学或社区提供证明，证明正在进行的服务，为该机构及其所属社区的整体做出重要贡献。

第3—5节所述的标准不意味排除像有助于在学术活动、教学和大学服务领域取得成就或任何卓越功绩的贡献。

对于用上述标准不能合理调整的学科，其等效标准应由有关学科或部门确定，并由指定的教师机构批准。在所有情况下，标准等同的举证责任在于有关原则或部门。

不符合上述标准的人在特殊情况下可能有资格晋升。这种特殊情况包括有在教学和服务领域成就的特殊记录，以及具有说服力的学术活动的记录。证明此类成就的真实性和特殊性的责任在于教师本人和推荐部门。

230.04　晋升申请

在本文件中，推荐一词是指书面陈述，其中传达了：

①推荐人关于人事事项的决定或推荐决定；

②决定推荐或推荐的具体理由；

③支持推荐或决定推荐的证据和其他相关数据。

建议提供应该晋升该同事的具体原因和证据。依据本节的目的，"推荐人"应定义为由学院政策和程序中规定的有义务提供人事决定或建议的人或委员会。

在所有的推荐证据中，即在学术、教学和服务方面取得成就的领域或范围，应首先考虑自初次任用或自上次晋升以来最新的项目。

推荐人应了解候选人或推荐部门提供的所有支持性证据。下面列出了在每个领域通常被认为适合做证据类型的例子。（注：与学院的使命和战略计划相一致的活动属于专业义务范围内的活动，应根据适用于具体活动的人事行动表格进行评估和输入。）

这些名单不应被当作排除未具体提及的其他成就的证据。虽然一些类型的证据可能比其他证据更重要，但是判断每个证据项的分量和质量是推荐者应承担的职责。

A. 教学

学生对课程和实地工作的评价
学生建议
同事观察
同事认同
学生独立学术成就
总课程开发
校外认可
学术建议和咨询
对制度改进的贡献
跨学科教学
教学中的荣誉和奖励
课程开发
与学生组织合作
开发教学材料
研究生学生表现
课程大纲
国际化和全球化
教室外和各种环境下的教育
发展服务学习课程，以及将教学与服务相结合
本科研究的整合，包括社区研究
参与学习社区
多元文化主义、多样性和包容性
公民教育
可持续性

B. 学术、智力和创造性成就
书籍、专著、经编辑的书籍
论文和研究报告的介绍
完成未发布的工作
百科全书条目
独奏、表演、表演和展览展示的艺术成就
编辑服务的学术期刊
社区研究
评论学科中的手稿和书籍
授予奖学金和奖学金
信件、引文、评论和其他能够证明的同事之间的声誉
参与诉讼或学习社会
咨询工作或机构研究提高学生的学术水平
演讲、研讨会、陈述发言
服务于专业和学术界
包括作为研究学者和教学法而促进学生发展的学术工作
对教育学的研究和发表
研究和关于课程发展的出版物
融合教学或服务的学术成就

C. 对本部门、学院和整所大学的服务
行政工作
教师管理
对校外人群的服务
对制度改进做出的贡献
制度研究
与社区的合作,包括社区研究
外界评论
服务与学术或教学的集成

D. 使用上述标准,所有建议应基于对学术活动、教学和大学服务领域的定性定量考虑。除第 230.03（8）节规定的以外,①应对学术活动和教学领域给予主要但不唯一的权重;②在确定评估候选人工作是否要推荐时,所有推荐人都提供有关学术活动、教学和大学服务的佐证,所有推荐

人都应在考虑范围，所有建议应明确处理以下问题：候选人过去的工作是否达到了适合所申请的职级的水平和质量？候选人是否表达了未来继续发展的承诺？（由琼斯校长批准，1978年2月6日）

230.5　晋升外部审查过程

1. 一般体系的定义和陈述

如本文所使用的，外部审查将参考对来自纽约州立大学科特兰分校外部的合格专业人员对第230.04节中概述的学术、智力和创造性成就的评估建议。除非另外说明，教授或图书管理员是指高于副教授或助理图书管理员的职位，即全职教授或全职图书管理员。

外部审查促进程序仅适用于2009年8月15日之后开始在纽约州立大学科特兰分校任职的个人，以及正在申请从副教授或助理图书管理员晋升为教授或图书管理员的人。此外部审查过程将由教师参议院①（Faculty Senate）在其首次申请后六年内进行评估。

在审查过程中的个人应该牢记纽约州立大学科特兰分校的使命，包括在董事会政策中的专业义务的定义、学科和部门实践的多样性，以及曾实践的重要性，包括外部审查。推荐机构（即部门人事委员会、学校人事委员会）和个人（即部门主席、图书馆馆长、院长、教务长和校长）应注意不要对外部审查人员的信函给予过度重视。它们不作为决定性依据，只作为候选人的晋升申请过程中的额外参考。外部审查过程是考虑到候选人、人事审查委员会和在学院推荐个人的利益而为候选人的晋升申请提供的另一个视角。

2. 晋升外部审查流程要求

每个部门都必须制定自己的外部审查政策，以纳入其人事政策。部门政策应符合以下参量：

外部审查政策仅适用于申请从副教授或助理图书管理员晋升为教授或图书管理员的个人。

候选人将有责任选择审查者，征求和接受外部审查信，要有审查这些信件的能力，以及将它们纳入晋升申请的责任。

为了提供审查的背景，应向外部评估员提供《纽约州立大学科特兰分校学校手册》的第230章：促进学术教师的标准（包括第230.01－230.05节）的副本。

根据外部审查政策的规定，信件不得超过三封。各部门可以在晋升政策中规定只需要一封信即可。

为了使读者准确了解晋升标准，特附上《纽约州立大学科特兰分校学校

---

① 大学里的一种委员会，详见第五章第8节介绍。

手册》第 230 章——学术教师的晋升标准的英文原文。①

> ### 230.01 COLLEGE GUIDELINES FOR PROMOTION
>
> Promotion to any rank above that of instructor serves as a form of recognition of individual merit and thereby strengthens individual departments, the College and the University. With respect to individual merit, promotion should be regarded both as recognition that an individual has achieved and maintained a level and quality of professional excellence appropriate to the rank sought and as a judgment that the individual is capable of maintaining and improving that level of work in the future. Recommendations for promotion should, therefore, provide specific reasons why a colleague should be promoted rather than merely ask if reasons exist why s/he should not be promoted. In light of these considerations, not all faculty members should expect to receive promotion to senior ranks during the course of their career at the College.
>
> ### 230.02 EDUCATIONAL QUALIFICATIONS FOR PROMOTION
>
> A. A faculty member must possess the doctoral degree or its equivalent as defined in section B, below, in order to be eligible for promotion beyond the rank of instructor, except as provided in Section C, below.
>
> B. As used in this document, the term "appropriate degree" shall refer to:
>
> • the conventionally defined Ph. D., Ed. D., D. P. E., or similar academic degree.
>
> • foreign degrees ruled equivalent by the appropriate SUNY agency.
>
> • degrees widely recognized as terminal in a given profession (e. g. J. D., M. F. A., M. L. S., M. B. A.)
>
> • degrees or other educational qualifications defined by the Academic Faculty Affairs Committee suitable for the purpose of rank-to-rank promotion.
>
> Degree granting institutions should be recognized by the appropriate accrediting bodies or a SUNY agency.
>
> C. Under exceptional circumstances a faculty member lacking an appropriate degree may offer an equivalent body of independent scholarship or creative work in order to demonstrate a mastery of subject matter sufficient to be considered for promotion. Such a body of scholarship would

---

① http://www2.cortland.edu/offices/publications/handbook/part-two/#chapter230(访问时间：2017 年 3 月 17 日）。

ordinarily include a published monographic work or a series of articles or papers in scholarly journals. A faculty member in the performing or fine arts, or in a comparable discipline, may offer a body of creative work that has received independent College Guidelines for Faculty professional recognition. In all cases, the burden of proof that the body of work is truly equivalent rests with the faculty member and with the recommending department.

The educational qualifications set forth in paragraphs 3, 4 and 5 of section 230.03 may be waived only for those faculty members who satisfy the requirements set forth in section 230. 03, paragraph 8.

230.03 PROMOTION CRITERIA

As used in this document, the term criteria shall mean the standards established for evaluating candidates for promotion.

Any instructor, assistant professor, or associate professor who meets the educational qualifications set forth above and who satisfies the criteria for the next higher rank shall be eligible for promotion.

Criteria for rank of assistant professor shall include:

A. A demonstrated ability (i) to organize and carry out courses of instruction in a manner that is intellectually sound and effective in terms of student learning, and (ii) to assume a broad range of professional responsibilities for the educational development of students.

B. A demonstrated ability to undertake a potentially productive program of intellectual inquiry, research, or creative work. (The completion of the appropriate degree will normally satisfy this criterion.)

C. A demonstrated willingness to accept and discharge service responsibilities within the department or the College or to the community.

Criteria for the rank of associate professor shall include:

A. A demonstrated and continuing ability (i) to develop areas of instruction in a manner that is intellectually sound and effective in terms of students learning, and (ii) to discharge in an effective manner a broad range of professional responsibilities for the development of students.

B. A demonstrated ability to undertake and successfully carry out a productive program of intellectual inquiry, research or creative work and to do so with a degree of intellectual or creative excellence.

C. A demonstrated and continuing service to the department and the College, the University or community in a manner that makes a significant contribution to the overall excellence of the institution and to the community of which it is a part.

Criteria for the rank of professor shall include:

A. A demonstrated and continuing ability (i) to develop areas of instruction in a manner that is intellectually excellent and significantly effective in terms of student learning, and (ii) to make a substantial contribution to the educational development of students.

B. A demonstrated and continuing ability to undertake and successfully carry out a serious and productive program of intellectual inquiry, research or creative work and to do so in a way that makes a contribution to the intellectual, scholarly or artistic community.

C. A demonstrated and continuing service to the department and the College, the University or the community in a manner that makes a significant contribution to the overall excellence of the institution and to the community of which it is a part.

The criteria contained in paragraphs 3—5 should not be interpreted to exclude any meritorious service not mentioned that contributes to the achievement or excellence in the areas of scholarly activity, teaching and university service.

For disciplines to whose activities the above criteria cannot be reasonably adapted, equivalent criteria shall be determined by the discipline or department in question and approved by a properly designated faculty body. In all cases, the burden of proof that the criteria are equivalent shall rest with the discipline or department in question.

A person who does not meet the criteria described above may be eligible for promotion if exceptional circumstances are judged to warrant advancement. Such circumstances could include an exceptional record of achievement in the areas of teaching and service, combined with evidence of a satisfactory record of scholarly activity. The burden of proof that such achievements are of truly exceptional quality rests with the faculty member and with the recommending department.

230.04 APPLICATION OF PROMOTION CRITERIA

In this document the term recommendation shall refer to a written statement conveying (a) the recommender's decision or recommended decision concerning a personnel matter; (b) the specific reasons for the recommended decision or decisions; (c) the evidence and other pertinent data supporting the decision or recommended decision. Recommendations shall provide specific reasons and supporting evidence justifying why a colleague should be promoted. For purposes of this section "recommender" shall be defined as that person or committee obliged by the College policies and procedures to provide a personnel decision or recommendations.

Evidence of accomplishments in scholarship, teaching and service, since the time of initial appointment or since the last promotion, whichever is more recent, shall be given primary consideration in all recommendations.

Recommenders shall take into consideration all supporting evidence presented by the candidate or by the recommending department. Examples of the types of evidence ordinarily considered appropriate in each area are listed below. (Note: activities that are consistent with the College's mission and strategic plan are legitimate activities within the scope of profesional obligations. They should be evaluated and entered under whichever categories on the personnel action form are appropriate for the specific activities.);

These lists should not be taken to exclude any evidence of meritorious accomplishment not specifically mentioned. While some types of evidence may be more important than others, it is the function of the recommender to judge the weight and quality of each item of evidence.

A. Teaching

student evaluations of courses and field work
student recommendations
colleague observations
recognition by colleagues
independent student scholarship
curriculum development
off-campus recognition
academic advisement and counseling
contribution to institutional change
interdisciplinary instruction
honors and awards for teaching
course development
work with student organizations
developing instructional materials
postgraduate student performance

续表

course outlines
internationalization and globalization
outdoor and environmental education
development of service-learning courses, and in the integration of teaching with service
integration of undergraduate research, including community-based research
participation in learning communities
multiculturalism, diversity and inclusion
civic education
sustainability

B. Scholarly, Intellectual and Creative Achievements

books, monographs, edited books
presentations of papers and research reports
completion of unpublished work
encyclopedia entries
artistic achievements as demonstrated by recitals, shows, performances and exhibitions
editorial service for scholarly journals
community-based research
reviews of manuscripts and books in the discipline
grant awards and fellowships
reputation among colleagues as demonstrated by letters, citations, reviews and other honors
participation in proceedings or learned societies
consultative work or institutional research enhancing one's scholarship
speeches, workshops, presentations
service to professional and learned societies
scholarly work that involves developing students as scholars
research and publications on pedagogy
research and publications pertaining to curricular development
scholarship that integrates teaching and/or service

C. Service to the Department, College and University

administrative work
faculty governance
service to off-campus populations
contribution to institutional change
institutional research
work with the community, including community-based research
external reviews
integration of service with scholarship and/or teaching

D. Using the criteria set forth above, all recommendations shall be based upon qualitative as well as quantitative considerations in the areas of scholarly activity, teaching, and university service. Primary but not exclusive weight shall be given to the areas of scholarly activity and teaching, except as provided in paragraph 230.03 (8). In evaluating a candidate's work to determine whether a favorable recommendation is warranted, all recommenders shall consider and all recommendations shall explicitly address the following questions and provide supporting evidence with respect to scholarly activity, teaching, and university service, unless promotion is sought under the exception established in paragraph 230.03 (8):

Has the candidate's past work achieved a level and quality of excellence appropriate to the rank sought?

Does the candidate demonstrate promise of continuing growth and continuing excellence in the future?

(Approved by President Jones, Feb. 6, 1978)

230.05 EXTERNAL REVIEW PROMOTION PROCESS

1. Definitions and Statement of General Philosophy

As used herein, External Review will refer to the solicitation of an evaluation of the scholarly, intellectual and creative achievement as outlined in Section 230.04 by qualified professionals from outside SUNY Cortland. Unless otherwise indicated, the term professor or librarian will refer to the rank beyond associate professor or associate librarian, that is, the rank of full professor or full librarian.

The External Review Promotion Process applies only to those individuals who have begun their tenure-track academic appointment at SUNY Cortland after Aug. 15, 2009, and are applying for promotion from associate professor or associate librarian to professor or librarian. This external review process will be evaluated by the Faculty Senate within six years of its first application.

Individuals in the review process are expected to bear in mind the broad mission of SUNY Cortland, the definition of professional obligation contained in the Policies of the Board of Trustees, the diversity of disciplines and of departmental practices, and the weight significance of past practices when including external review in their processes. Recommending bodies (i.e., departmental personnel committees, school personnel committees) and individuals (i.e., chairs of departments, the director of libraries, deans, provost and president) shall take care that undue weight is not given to letters from external reviewers. They shall not be regarded as determinative, but as providing additional data for the candidate's promotion application. The goal of the External Review Promotion Process is to provide another perspective on the candidate's promotion application for the benefit of the candidate, personnel review committees, and recommending individuals at the College.

2. External Review Promotion Process Requirements

Each department is required to develop its own external review policies to include in their personnel policies. The department policies will conform to these parameters:

The external review policies are required only for individuals applying for promotion from associate professor or associate librarian to professor or librarian.

The candidate will have the responsibility for selecting the reviewers and soliciting and receiving the external letter(s) of review, ability to review those letter(s), and responsibility for including them with the promotion application.

To provide context for their review, external evaluators shall be provided with a copy of Chapter 230: Criteria for Promotion of Academic Faculty (inclusive of sections 230.01—230.05).

No more than three letters shall be required under the provisions of this External Review policy. Departments may stipulate as few as one letter be required in their promotion policies.

第三章

讲台前的磨炼

  "讲台"常常作为"教学"的代名词。对一名新教师而言,站稳讲台意味着他/她经过"备课""授课""作业""辅导"和"评价"各个环节的训练之后,得到了学生的认可。每位教师都需要经过艰辛的磨炼,才能成为游刃有余的教师。教学是纽约州立大学科特兰分校教师最重要的工作之一,本章真实地记录和反映了"我"(淑芳)作为一名华裔教师在美国大学的教学工作状况。我没有在美国读过小学,却要教美国大学生如何成为小学老师,自然遇到了一系列巨大的挑战,比如,课程大纲的动态制定、教学中的伦理问题、优秀生的学术成长、与后进生的纠结关系等。在美国,做个好老师不容易!幸好,在这个过程中,我的同事、邻居、家人给了我极大的支持,帮我渡过了一个个难关,而我也从一个只有招架之力的生手成长为一名优秀的学者型教师。

1. 教学：从零开始

对于美国中小学教育经历，我既没当过学生，也没做过老师；可是，我却要教美国人如何去当好小学老师，这对我无疑是一个巨大的挑战！

初到科特兰分校，我教本科生教育技术课和研究生研究方法课。研究生课上，我的学生大多是在职老师（In-service Teacher），他们到大学来进修，以便成为更优秀的老师。此刻，我遇到了第一个挑战，我甚至到了崩溃的边缘。因为事实上，他们的小学教学经验比我丰富。我面临的第一个挑战便是：我的研究生学生们的教学经验远远胜于我这个教师。课堂上讨论行动研究，当我认为学生的研究报告需要改进时，我提出来供学生修改和参考的方案却往往并不具体可行。本科生的教育技术课是信息技术和小学课程的有意义的结合。我在读博士时，虽在美国的小学里做过观察研究，但自己没在美国上过或教过小学课程，指导学生为小学课堂设计教学活动时显得力不从心。

第二个挑战来自学科知识本身。我本科和研究生攻读的专业都是英美文学，毕业后在上海交通大学教大学英语。到美国想申请的博士专业是儿童早期识字和阅读，可是，由于我没能申请到全额奖学金，只能成为密歇根州立大学教育学院教育心理学系的信息技术方向的博士——一个与之前专业关系甚少的专业，坦白地讲，也并不是我由衷喜爱的专业！虽然博士如期毕业，但仍觉得学好信息技术不是件容易的事。一个人如果从事的不是能让自己有激情的工作，难免会觉得辛苦。

第三个挑战来自对教学法的学习和应用。受到五年博士训练后，我更注重研究，注重理论和逻辑，重视实证。但在科特兰分校这个小学校里，学校更加看重专业教师的教学。我十分希望有人能在教学上给我指点。虽然学校内部也有教师专业发展中心（Faculty Development Center，FDC），经常为教师举办一些讲座，但远远不能满足我的需求。

第四个挑战来自学生。虽然信息技术课是专业必修课，很重要，但是，有的学生认为将来担任小学英语、数学之类的学科老师，教好自己的科目就行，即使在自己的科目里完全不用信息技术，也照样可以站稳讲台，教好学生。我就启发他们，如果你自觉运用信息技术，你的学科课堂会更生动，你的学生会更感兴趣，你就会更受学生欢迎，成为学科领导，会比别人走得更稳更远。如果你在教学中不运用信息技术，你的学生就不能得到来自最新科技成果方面的帮助。更为重要的是，在信息技术时代，现今以及未来的孩子从一出生，就成为"数字原住民"（Digital Natives），不可避免地浸染在科技生活中。现在的孩子从小就玩电子产品，他们的信息技术水平简直达到无师自通的境地，如果他们的老师仍然不会使用信息技术，怎么能让未来的学生信服并喜爱自己的课堂呢？所以，把信息技术课程学好是十分必要的。

第五个挑战来自家长。作为教育信息技术老师，我培养小学教师，教会他们运用各种教育技术工具（Tools），但是，部分小学生家长和老师不允许学生上网，因为他们认为网上有不适宜学生的内容，而且上网浪费大量课余时间，容易导致学生无法自律，沉迷网络，不能完成功课和学业。但是，这样"一刀切"式的"堵"使得学生失去了很多学习机会。我认为学生们不仅是教育技术的消费者，同时也是教育技术的创造者和贡献者。我们需要引导学生，而不是控制学生。

我擅长搞研究，但在教学方面，说实话，有点儿心虚（图3-1为我在上课）。在家里，我跟先生卡尔和儿子月箫讲述我在教学中遇到的挑战。我的先生卡尔说，你可以放下研究，把精力放在教学上，因为教学是你的饭碗。于是，我开始想方设法去中小学课堂听课。

图 3-1　我课堂上教课

当时小学里开始使用电子白板（SMART Board），我的学生需要学习这一技术，以便到小学授课时使用。可是我自己还不会用，更不知道怎么把电子白板与学科教学有机地融合。当时网上资源不像现在这么丰富，我找不到多少很实用的在小学课堂里运用电子白板的范例。幸好我有个很要好的同事苏珊娜，个性率真，助人为乐。得知我的苦恼后，她说："我会找人教你的。但你不一定总是那么谦虚，跟别人说你这不会那不会，人家认为你是博士，是大学老师，理所当然应该会。"我想起别的美国朋友向我提过，不少美国人有个特点，总是展示自己强大的、积极的一面。同事说她认识小学老师C，教数学很有一套，一直在用电子白板。这所学校里还有个老师D也很不错。同事认为这两个人都很好，让我选一个。我想，当时，我的学生已经在D那里实习了，考虑到我的学生和我自己的面子，我不能去D的教室。

同事考虑问题很周到,她把我推荐给小学校长,这样就是官方行为。我跟小学校长说,我是教教育信息技术的老师,请帮我推荐一名老师,以便让我进行课堂观察。结果,校长推荐了 C 和 D,他还补充说:"D 是我们这里的模范教师!"

我先观摩了 C 的课堂。C 的口号是"处处有数学"(Math is everywhere)。他教四年级的孩子,他的课堂很灵活有趣。比如,通过看温度表几度、滑滑梯的个数、家里的房梁有几根等来教数数;他把每个问题都做成视频,通过读哈利·波特的书,整本书共读了多少页,前面已经读了多少页,来学减法;家里养小狗,每天喂几次食,每次喂多少碗狗粮,来学乘法。C 课堂上的所有东西都是通过电子白板呈现出来的。我从 C 那里学会了如何把电子白板与数学教学相结合,我也教会了他网站制作。后来,C 把他的数学网站变成了收费性网站,他的智慧得到了相应的回报。

D 是个很喜欢运用信息技术的英国人。我在 D 的课堂里,看到他把电子白板技术运用得非常纯熟,他提供给我各门学科运用电子白板的范例,数学、英语、科学都有。回想起来,直到现在,如何把信息技术与学科课程相结合,我从他身上学到很多。比如,教授创意作文,他拿一张图,图上画两个小孩,他把两个小孩投影到电子白板上,要求学生根据要求,写创意作文,想象两个孩子之间发生了怎样的故事,可以自由发挥,写成对话或小故事的形式都可以。D 在教我的同时,我也在教育技术上给予了他很多帮助。我教他的学生 VoiceThread[①],小孩子学得很快,回家把朗读绘本、做游戏等活动都用 VoiceThread 展示出来,增加了孩子们学习的趣味性。我还教了他用 Wikispaces[②] 制作网页(现在用 square、weebly、wix 等技术发展很快)。他给每个学生都创建了自己的个人主页,学生可以自行编辑、修改、上传、美化和充实自己的网页。家长课后也经常和他在网页上交流孩子的学习和生活情况。他教得那么好,有很多值得我学习的地方,我就想用我的专业所长来回报他。每天早晨,他负责校园广播,以前他只能用很传统的、老套的广播系统,现在他在我的帮助下改用新技术来播放。我又帮他创建了一个班级网站来辅导管理班级,为网站取名 Amazing Grace[③]。我得到了电子白板与学科

---

① 北卡罗来纳州立大学开发的一款应用软件,能将多种媒体文件,如文本、图像、声音、视频整合于一体的媒体聚合器,其丰富的评论方式为教学提供了新思路。

② 一个协作性的网站,提供无限量的使用者和页面以及可视化的页面编辑工具,因其简单易用,在美国中小学、高校和企业界得到了广泛的应用。

③ 为什么取这个名字呢?我在科特兰有个朋友 Jamie Yaman,吹得一手好萨克斯,对东方文化尤其是印度文化很欣赏。有一次请我吃饭,为我吹奏了一段音乐,我觉得非常优美、很感动,感触颇深,从此我就喜欢上 Amazing Grace 的曲调。后来我知道,这是一首非常著名的乡村福音歌,全世界的基督徒都会唱,中文翻译为《奇异恩典》。

教学相结合的应用知识,他学到了网页知识和网页制作的方法,我们互相学习,共同进步。

为了使我和 D 的合作更深入、更常态化,我对他说:"我真诚地邀请你到我的教室为学生讲授如何把信息技术与学科教学融合在一起的实践知识。大学生们的确很需要获得这样的知识。我们甚至可以合作申请课题,争取科研经费。"D 欣然赞同我的想法。

但申请课题并没有成功。

我认为我与 D 的合作是小学校长推荐的官方行为,而且,每次去小学听课,我的学生也在那里实习,见了校长打招呼时,校长的反应也非常热情。可是,我觉得校长太忙了,不想再打扰他,给他添麻烦,所以并没有与校长建立工作关系。而且更重要的是,校长是兼容并包的美国人,我的学生说他亲切和蔼,D 说校长尊重老师,我印象中他热情友善。鉴于以上种种原因,我认为校长理所当然会支持这个项目,因此并没有到校长办公室汇报我和 D 的合作计划。直到有一次,D 送了一些瓜苗种子给我。在我的精心照料下,瓜苗长大了,我又回赠给了 D。那次是放学时间,校长在外面,D 正好不在,我于是请校长转交给他。但是,我看到校长脸色马上变了。后来我推测,校长肯定在想,你跟我们学校的老师私下里搅和在一起干什么?在美国,工作关系不宜与私人关系搅和在一起。由于我与这位小学校长缺少沟通,没处理好和他的关系,最终影响了我们在学术研究上的合作,真是件非常让人遗憾的事情。

同时,我任教的大学这方面也出现了问题。我们学校各个院系的教师教育方向的学生都要到中小学去实习,大学里也设置了学生实习办公室(Filed Placement Office)这个专门机构,负责与各中小学校长直接联系,统一安排实习。假如我直接与小学老师联系上,对教授(我自己)、实习大学生、小学在职教师都是很便捷的,但是,学生实习办公室当然不愿意,说这样会影响他们的正常工作秩序,其实是饭碗问题。你们都自己联系上了,还要学生实习办公室干什么。但我当时不懂这些潜规则。大学里有一位管理教师教育的老师,既懂业务也懂管理,能力强,权力大,负责科研经费的批准和发放。申请课题必须经过她的批准。我找到她,给她讲了我的研究计划,得到她充分的肯定,并且说很快就能得到经费支持。平时申请课题有严格的步骤:先是教师申请,然后学术委员会批准,但这个过程中她是关键人物。几天后,她打电话跟我说:"你的课题情况比较复杂,我无法兑现承诺。抱歉!"

这件事对我的研究和教学没有太大影响,至多不能与 D 合作了,但是,它对我的为人处事方式影响深远。我出生于中国山东的一个农民家庭,个性简单直接,始终不谙复杂的社会规则,有时也对他人的感受缺乏周到的考虑。这件事教给我一些做人的道理:第一,工作之事是公事,公事就是公开之事,从此以后,凡是与工作有关的事,我一定要通过邮件发送给所有相关人员,事实上,美国人都是这样操作的;第二,要多与人沟通,不要怕麻烦别人,沟通才能获得信息,才能得到对方的支持和谅解;第三,研究并不是单纯的研究,需要协调各方关系,得到各方支持;第四,要多考虑别人的感受和利益,别人才能为你敞开方便之门。

在后来的这些年里,我一直想与伊萨卡地区的小学建立关系,一方面我可以体验小学日常教学,另一方面,伊萨卡地区的学校在应用信息技术方面很前卫。但要到中小学课堂听课很难,因为人们不愿意把自己的课堂展示给外人看。怎么办?唯一的办法是与之建立信任关系。可是,这也很困难,人家为什么要信任你?而且你还是说话有口音的外国人!要获得就得先给予。我能给予别人什么呢?那我就去当志愿者,用我的教育信息技术为他人服务和提供帮助。

我的邻居贝蒂是个善良、热情、真诚的退休小学老师。我们虽然年龄相差近三十岁,但却成了忘年交。我们一起读书、散步、看戏、做点心。我是搞技术的,经常会拍照或录像,然后做成多媒体小故事。贝蒂说她给我用的围裙是她妈妈传下来给她的,我觉得很珍贵,就把这些多媒体小故事发在脸书(Facebook)上。贝蒂把我做的许多这类多媒体小故事与她的朋友们分享,并把我介绍给朋友们,告诉大家我很愿意到小学教室里帮忙做多媒体小故事。传出去后,有个小学五年级的老师凯瑟琳说我可以到她班上来。我跟她说,我是来学习和服务的,别把我当成博士或大学老师。于是,我成了班里的志愿者,哪个学生需要帮忙我就到哪里。我还把凯瑟琳教作文或数学的课堂活动用 VoiceThread、iMovie[①] 等信息工具做成多媒体小课件,她很喜欢,说可以给没来上课的孩子用。我用 Evernote 把做成的小软件放到网上,类似一个网页,并把长长的链接做成凯瑟琳易记的链接,她需要时可以用,不需要也用不着打扰她。我是老师,当然理解当老师是多么忙!

每年的春节,我会为凯瑟琳的班级组织庆祝中国新年的活动,让美国学生了解中国文化和习俗。除了年画、剪纸,我还在家做了煎饺。别忘了中国红包!我到店里买巧克力硬币,放进红包。心灵手巧的中国同事林琳帮我用红纸折叠了二十多个折纸红包。各种好东西装了满满一大篮子。

新年活动的内容丰富多彩,最后凯瑟琳的学生展示了他们用跟我学到的知识做的多媒体小作品《我眼中的中国新年》。我们一起讨论什么是多媒

---

① 美国苹果公司最受欢迎的 APP 之一,用来制作小电影。

体作品，凯瑟琳的学生给出他们自己的定义，多媒体作品包括图、文、录音或音乐。他们将作品通过班级的 Edmodo（被誉为"小学教室里的脸书"）进行分享。这样，读者或观众就不仅仅是他们的老师一个人，而是包括家长在内的很多人。我让我的学生看五年级孩子的创作，他们受到鼓舞，知道在不久的将来他们要教的孩子是怎样的。这些努力使我与凯瑟琳建立了良好的理解、信任和工作关系，凯瑟琳把她的课堂敞开给我。我每周一次到她的课堂里，了解她如何管理课堂，如何设计课程，如何"哄"学生，汲取了珍贵的营养。

后来，我逐渐与凯瑟琳的同事以及校长也建立了良好的关系，最终促成了我系与此小学的专业发展关系（Professional Development School Partnership），该小学接受我系学生观摩和实习。这是我在学习如何做好老师时的附带成果之一。图 3-2 为我和儿童教育系的同事们的合影，中间手持画的是青岛老乡林琳博士。

图 3-2　我与学前和小学教育系的同事[①]

回想我初到科特兰的日子，前三年压力最大、挑战最多，我曾得到过许多人的帮助。没有他们，我的日子将会雪上加霜。我找到 2007 年给同事们写的一封感谢信，多少往事历历在目，让我感慨万千。有一句谚语叫作"It takes a village to raise a child"（需要一个村庄养大一个孩子），这句谚语多么生动形象！科特兰就是我的村庄、我的社会资源，我愿再次感谢那些充满挑战的日子，感谢那些曾给予我温暖的同事们，他们是我成长之路上的贵人。以下是我的感谢信的节选。

---

① 照片由同事 Tony Lee 拍摄，我 2008 年下载于纽约州立大学科特兰分校网站。

安德莉亚·拉常斯（Andrea Lachance）第一个向我伸出援助之手。当我初来乍到，在科特兰寻找新住处时，她慷慨提供了栖身之所；在我努力成为更加博学的老师时，她给予我无私的帮助和支持。贝丝·克列温（Beth Klein）给予我工作上的指导，令我受益良多，她甚至还无私地同我共享她教技术课程的各种资料和方法，并与我在研究课题上通力合作。苏姗·斯特拉顿（Susan Stratton）集慷慨和善心于一身，当我刚来到这个小镇时，不论是在我的车子难以适应伊萨卡山区道路时，她表现出不失时机的机智幽默，还是对我的教学方法形成过程中所表现的热忱善意和学术支持，她都竭力帮助我解决了燃眉之急。林琳对我的热心和珍贵的友情让我深为感动，我们彼此提醒、相互交流，在一起欢乐地分享只有中国人才能心有灵犀一点通的玩笑。金布利·荣贝总是无私、公开地贡献她所拥有或知晓的资源，为我答疑解惑。盖尔·图克（Gail Tooker）分享了她的教学经验，让我受益匪浅。苏姗娜·戴维当克（Susana Davidenko）为我提供了私人和学术上的资源，协助我申请了课题资金。希瑟·布里奇（Heather Bridge）和弗吉尼亚·达珍（Virginia Dudgeon）与我共享和领略当地生活与文化的奥秘，是我的良师益友。在我需要鼓励和指导时，系主任辛迪·本顿（Cindy Benton）的简短评语（例如，"你需要的不是受学生喜欢，而是赢得尊重"）让我茅塞顿开。洛里·格兰多（Lori Crandall）、帕特·品脱（Pat Pinto）和芭芭拉·康拉德（Barbara Conrad）这三位认真负责的秘书，对我在教学上的要求总能妥帖地回应。希拉亚·科恩（Shelia Cohen）在文化问题上兴趣浓厚，也是我的挚友。而爱米莉·酷德拉（Emilie Kudela）拥有一种令人难忘的工作精神：她身上具有专家学者所表现出的"事必躬亲"的处世哲学。乔伊·莫瑟（Joy Mosher）和汤姆·力克拿（Tom Lickona）总能开诚布公地交流看法、观点、质疑和提出建议。其他的教师同人也同样对我帮助有加。艾米·亨德森-哈尔（Amy Henderson-Harr）展现出一种强烈的职业道德，在协助我申请资金时，她那乐于助人的品格充分展现出来。朱迪丝·格奥莱特（Judith Ouellette）无私地奉献出她宝贵的时间与我共同探讨我的研究课题。教务长伊丽莎白（Provost Elizabeth）甚至还挂念着给我寄来房产资讯，对我的交通罚单寄予了同情之心。我的导师唐娜·威德多（Donna Videto）总是竭尽所能地帮助我。人事部主任乔安妮·巴里（Joanne Barry）和她的同事们自从我接受工作，办理签证和移民手续以来，充分展示了她们的职业道德。亨利·斯特克（Henry Steck）和其他纽约州立大学科特兰分校的同人一样，为我的研究提供了网络资源。罗斯·波顿（Ross Borden）在法律和市政问题上分享了他的心得与智慧。图书馆员罗琳·梅丽塔（Lorraine Melita）总能为我的研究和团体教学及时提供支持和帮助。技术援助人员，如洛伦·伦纳德（Loren Leonard）、詹姆斯·杜尔（James Durr）、黑利·劳夫（Hailey Ruoff）、薇琪·海斯（Vickie Hess）、克里斯·

> 威多（Chris Widdall）、克里斯·普尔（Chris Poole）、史斯夫·马歇尔（Steve Marstall）等都曾为我提供过及时的技术援助，甚至堪比最优秀的消防人员。在此，我由衷地对洛伦·伦纳德表示深切的感谢，他在网络设计方面的技术无人能及，而他助人的善心更是无可比拟。我的导师——来自印第安大学的柯蒂斯·邦克（Curtis Bonk）在学术和教学上给我高屋建瓴的指点。我的朋友诺拉·尚（Nora Shang）和她的家人，安娜（Anna）和赫尔曼·莫拉兹（Hermann Moratz）和其他一些邻居也给予了我珍贵的情谊，帮我照顾孩子，还有许多未言及的帮助，我不胜感激。

2. 项目：一直行走在路上

我们的学生需要修很多门基础课。教育信息技术不仅是基础课，而且是必修课，说明这门科目很重要。教育信息技术课的初级目标是学生会学、会选择和应用一些教育技术工具，高级目标是把教育技术工具与未来的小学学科教学有机结合。

我的信息技术课的名称是 EDU315——Critical Media Literacy：Values, Education and Society（教育信息技术：价值、教育与社会）。为了使自己尽快熟悉学生，也使学生尽快熟悉课程，在第一节课结束时，我请学生在手机上回答下列选择题和简单题。

> EDU315 课程大纲速览
> 1. 你的家乡在哪里？
> 2. 课程网站是什么？
> 3. 石淑芳博士的办公时间哪些适合你？
> （1）周二 10：30—12：00；
> （2）周三 15：00—17：00；
> （3）周五 11：00—12：30；
> （4）上面每一个时间都行；
> （5）需要预约。
> 4. 不可无故缺席。
> （1）对；
> （2）错。
> 5. 如果不得不缺课，你该怎么做？
> 6. 可以与石淑芳博士协商考试成绩吗？
> （1）可以；
> （2）不可以。

7. 本课程作业到期期限都是标记当周周日的晚上12点吗?
(1) 是的;
(2) 不是。
8. 当今使用率最高的第二大网站是什么?
9. 当今使用率最高的第一大网站是什么?
10. 如果早上上课前在我们的计算机教室播放一首歌,你想播放哪首歌曲?

2016年春季EDU315学生需要学习并完成五个课程项目(如表3-1所示)(每学期都会对项目进行调整,与时俱进)。

表3-1　2016年春委EDU315学生需要学习并完成的课程项目

项目序号(Project No.)	项目名称
1	来到悬崖边(Come to the Edge)
2	电子档案袋(ePortfolio)
3	电子白板(SMART Board)
4	小学课堂观摩与反思(Practicum)
5	移动学习(Mobile Learning)

五个课程项目会随着信息技术的改变和实习小学的需求而改变。比如,第三个项目有时是电子白板,有时是学习理论角色扮演舞台剧,有时是Google用于教学。

下面分别谈谈这些项目。

第一个项目是"来到悬崖边"。这是一个松散定义的项目,主要目的是培养学生对纷繁的信息技术工具的探索能力。在最初的几个课时里,需要给学生解读课程大纲(Syllabus),包括本课程是如何设置的?课程目标是什么?整个课程学什么?并建立学习社区(Learning Community)。我教三个班,但我没有用班级(Class)这个词,而是用学习社区,意思是我们生活在一个家园里,积极主动学习技术,应用技术,在试错中学习;我们资源共享,互相学习。

伦理守则(Ethics Code)也必须提前让学生知晓。做基础教育研究,难免会碰到小学生的照片问题。没有学生就没法开展活动,但一旦有了学生,其照片就不能随便用,因为稍不注意家长就会有意见,像走钢丝一样。任何人用别人的照片都需要得到对方同意,使用之后要表示感谢(Credit)。到小学去听课,不能随便给学生拍照,除非事先得到学校和家长的许可;将来当了老师,自己班级小学生的照片也不能随便用,除非得到家长许可的回执

(Permission slip)。孩子将回执带回家，家长要回复同意（Consent），或者家长没有递交回执，有些学校作为默认同意（Passive Consent）。如果家长不同意，他们会明确回复"不允许"。也有人说可以用小学生的侧面照和背面照，让人认不出来就可以了，但还是要小心为妙。所有文章中都要求保护和尊重他人隐私，不能提及别人的真实名字。对别人劳动成果的公布也是伦理的一部分。根据全国或全州的教师教育标准，附件和链接中的文本、录音、录像都要对读者公开说明出处，署名要清楚，影像和文字资料要真实有效。你的文章或课堂得到谁的帮助，哪方面的帮助，都要有说明和致谢。引用别人的学术观点或资料，哪怕只是一张图片，也要交代来源。如果是大段摘录，或者改头换面而没有明确交代出处，都是不道德的，属剽窃行为。

　　也有一些与伦理有关的观点处于争执之中，老师们的观点不一样，直接导致学生的行为也不一样。比如，关于学生作业。中小学生是未成年人，其作业不可公开，这是定论。课堂上，老师可以评讲错题，但不可以点出是哪位学生的错误。如果老师公开学生姓名，老师便违反了未成年人保护法和教师职业操守。但大学生作为成年人，他们的作业是私人的（Private）还是公开的（Public）？如果认为是私人的，便不可以全班分享，反之则可以。保守的老师认为大学生作业属于学生个人的，不可以公开。有个教师资格证书的考试叫 edTPA，也认为大学生作业要保护，不能公开。另一些教师则认为师范大学的学生作为未来的教师（Pre-professional Teacher），他/她的工作应该对家长和社区公开。对于教育信息技术老师，这个问题则更为尖锐，因为学生作业公开或不公开，意味着要选择不同的作业工具。不公开作业的作业工具往往要付费，学校和老师都没有这笔开支，势必需要学生买单，这样，就牵涉一些人的利益。美国大学生绝大部分都自己打工挣学费和生活费，没有富裕到可以对这笔开销无所谓的地步。但是，如果他们的老师认为作业不可公开，学生自己也认为是隐私，就只能购买技术工具了。在同一个院系，教相同一门课的老师观点不一样，可以拿到系教授会上去讨论（Debate），最后由全体教授投票决定。我认为开放和分享很重要，这样才能互相学习。你向别人公开了，别人也会向你公开，大家就能取长补短，共同进步。如果抱着隐私观点，学生互相之间没有分享，只是完成作业而已。退一步讲，如果你认为是隐私的东西，你就不要放到网上作业里。我在教学生制作电子档案袋时曾需要在两类网页制作工具中做选择。一类是如 Task Stream[①]，系里惯用的收费工具，有密码保护。另一类如 Weebly 等，都有公开和免费的选择。在系大会上，我先表明我的观点是大学生的作业可以公开，再由大家投票，结

[①] Task Stream 和 Weebly 都是制作网页的工具。

果我的主张最终通过了。现在美国很多教师资格考试机构做了调整，为了取得考试证书，教师和学生在许多方面只得迎合他们的观点。关于大学生作业是不是隐私，到现在也没争执出个结果来。凡事都有利有弊，保护隐私和共享学习本身就是一把双刃剑。

在美国文化中，如果老师表扬了某个学生，那个学生也许会被孤立，因为他们更强调团队精神。但是，难免会有一部分学生想少做事情，拿好成绩。我希望他们像成群北飞的大雁那样，互相帮助，互相学习。图 3-3 和图 3-4 为我在课上向学生展示的大雁群飞场景和其相关介绍。我希望建立大雁群飞那样的学习团队。

图 3-3　大雁群飞场景

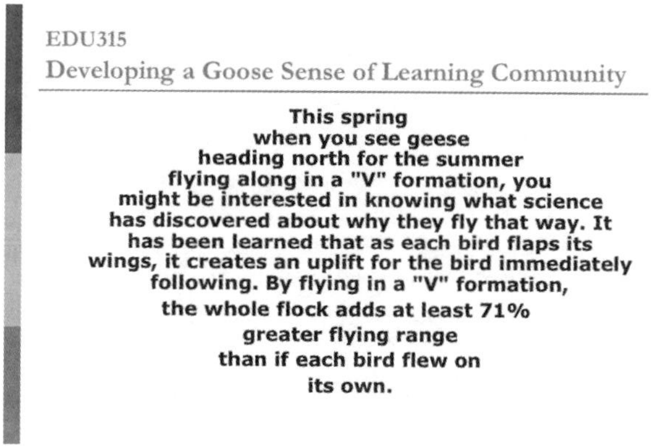

图 3-4　建立大雁群飞那样的学习团队

这是同事、好友林琳多年前跟我分享的她培养学生团队精神的经验和具体做法，我有时搬用到我的课堂，效果不错。我上第一堂课时常用这几幅图和文字。雁群排成人字在朝阳下飞翔，它们的倒影映衬在开阔宁静的河面上。我利用这几幅美丽的图画，向学生讲述一个关于团队协作的道理："当你看见成群的大雁为避暑飞向北方，以 V 字排开，你一定想知道他们那样飞的科学道理。每只大雁在震动翅膀时，产生的气流会帮助它后面的大雁。大雁成群以 V 字飞翔时，整群的飞翔力比单飞提高 71%。"同样的道理，人如果有共同的方向和目标，有团队精神，那么他们会更容易更快捷地达到目标。大雁的特点是如果领头雁累了，后面的一只会接着去领飞，大家轮班做领头；如果某只大雁掉队，它会奋力归队；当一只大雁病了或被猎人打中，立即有伙伴去保护它，直到它能够独立起飞或直至死亡。具体到我们，就是希望同学们在团队里轮流做带头人，既互相分担劳动，也相互公平对待。学习有困难的同学，首先自己要努力，主动寻求帮助。其他同学也要帮助他/她，不要让他/她掉队。我们要如群飞的大雁那样守候在暂时落后者的身边，随时给他们提供帮助。

授人以鱼不如授人以渔。信息技术工具发展很快，层出不穷，老师不可能教给学生全部的工具，关键是教他们学习方法。我认真挑选，给学生做了个短短的资源清单，分成几个大类，比如，关于备课的、课堂教学的、写论文的、学技术的。学生见识了教育技术大海的波涛澎湃，也领略了小溪流的清澈简洁。他们在里面摸爬滚打，探索嬉戏。

我给学生推荐了四个我最欣赏、日常追随的网站。Let's Build a Frame! 这个网站记录了一个小学老师在她自己的教室里具体做的事情。Tammy's Technology Tips for Teachers 是一个技术水平很高的小学老师为教师课堂技术应用培训班做的网站，在美国教育技术领域颇有名气。Classroom 2.0 Archives 是一个工具库，全球同步上线，每周六由一个教师主讲一个小时，分享他/她的课堂教学经验，全部录音录像备份。ednak.com 是一个思想深刻的人提供的极为丰富的技术和资源。

如果说第一个项目"来到悬崖边"是了解课程思想、教学设置、要求（至少学会五个新工具，并且与学科教学相结合）和各类资源，似乎把学生扔进信息技术的大海的话，那么，从第二个项目开始，我们就要开始重点学习具体工具和运用。

第二个项目是"电子档案袋"。学生在学校里学的任何课程都可以按照一定的结构放进档案袋。关于电子档案袋项目，有一段复杂矛盾的演变史。以前的电子档案袋有一个专门的工具，它的结构框架又大又全。好处是每个学生都可以把作业、照片、录像、活动、成绩等资料放在里面，到毕业的时候，就有了非常丰富的内容，易于进行完满的展示。学生无论继续深造攻读研究生或者找工作当老师，都可以给人家看自己大学里各方面的情况。弊端是这个工具是付费的，不交钱就不能使用。而且，由于它结构固定，限制了学生的创造性，也不易自主添加资料。后来我想选择新的并且免费的工具。我的依据如下：第一，学生要把技术与内容进行有意义的结合；第二，技术是为应用服务的；第三，终身学习。从这三个观点出发，说明电子档案应该是动态的。但是，原来的电子档案工具是付费的，如果弃用，势必导致有些人的利益会受损。于是，我写了一个报告，陈述原来工具的长处和短处，交由系教授会讨论。讨论结果是我可以改用新的工具。于是，我教给了学生许多网络设计工具，如 Google Sites、Weebly、Wix、Square、Wordpress 等，让他们权衡选哪一个，并说明理由。选择力是信息时代的重要能力。最终，大多数学生选择了免费的 Weebly，在技术上，它比较直观，上手快，是做电子档案和设计网站的好工具。

我的一名学生，毕业当了老师之后还继续用 Weebly，而且在网站上添加了其他东西，建立了班级网站，非常有价值。我还让后来的学生参考、学习他的做法和他的成效。

第三个项目是"电子白板"，要求学生设计 30 分钟的课，体现如何将电子白板与小学学科课程有机结合。举例说明：三个学生合作设计了三年级关于加减法的数学课。场景是杰克带了 75 美分到店里买糖。问题是能买几种糖？每种能买多少颗？老师的上课流程是：第一，复习纸币和硬币，把钱分类，1 美分、5 美分、10 美分、25 美分，总共有 75 美分；第二，去商店，店里各种价格的糖都有；第三，把糖的价格从低到高排列、分组；第四，根据糖的价格计算，凑满 75 美分。学生把电子白板和数学学科结合得很好，还结合 Google 地图，计算从自己家到商店哪条路最近。

后来，市场上出现了 iPad、iPhone，这又是新的挑战。许多小学已经开始用了。我就请小学信息技术老师到班级作演示。可是，家长和学生都说手机和平板电脑费用太昂贵，学校阻力很大。我没有立即跟风，而是看《地平线报告》(*Horizon Report*)[①]，预测在未来一年、三年、五年，有哪些新技术会出现，哪些会进入学校和课堂。当了解到 iPad、iPhone 已进入学校课堂并会逐渐得到普及时，我将 iPad 或 iPhone 作为此课的必备工具。因为有了 iPad、iPhone，我的课程就逐渐停止教授电子白板的技术了。但是，电子白板技术一直没有过时，有的老师天天使用，有的老师却还从没用过。学生在给我写反馈的时候，说小学里还在用，他们要学，这促使我继续教电子白板相关的课程。电子白板是硬件，也是软件，贵的五六千美金，便宜的两千多。

---

① 《地平线报告》由美国新媒体联盟发表，该研究启动于 2002 年，旨在勾勒出影响全球教育领域的教、学以及创造性探究的新技术。

第四个项目是"小学课堂观摩与反思"。这是近些年变化最大的项目,在上这门课时学校要求学生有60个小时的小学课堂观察,到各所小学去了解情况,观摩教学。这是实习(Student Teaching)前的预备实习。目标是要把大学里学到的知识与小学课堂相结合。我的学生要制作一系列的多媒体作品,比如数字故事(Digital Storytelling)是小的电子媒体软件,让人们便利地分享生活故事,包括音频、动画等,比平面图画和磁带里的声音更生动,既可以讲述故事,也可以展示想法。VoiceThread是数字故事软件中的一种,在教室里可以便捷运用,我在课程中提供100多个课堂运用方法。当然,实习生的技术用到什么程度还要看实习学校使用什么和指导教师的开放程度,以及实习学校是否鼓励教师创新等。总之,选择的所有技术工具都是为教学、班级管理和帮助小孩子成长服务的。

第五个项目是"移动学习"。这个项目是指选择合适的应用软件,以iPad和iPhone作为学习工具,学习形式是小组合作。该项目由四个部分组成:课堂软件应用(Apps in the Classroom)、模拟教学(Mock Teaching)、我最喜爱的软件应用(Top Apps)和反思(Reflective Statement)。下面我以课堂软件应用为例做介绍。小组成员每人每天学一个不同学科的应用软件,放在一起,一个小组就会学到有社会学、数学、科学等不同学科的应用。那么如何与别人分享呢?每个组员都要把内容贴到一个可以分享的地方,那个地方相当于QQ聊天室或微信群。一开始,我设计的课堂主题是"应用软件展示日"(An APP a Day),目的是让学生自主研究、探索软件。但是,他们容易从网上随便下载几个软件交作业应付了事,既不看软件的具体用途,更谈不上与教学相结合。后来,我改成了课堂软件应用,聚焦于教室里的运用。学生做这部分作业需要兼顾三个方面:(1)对应用软件的简介;(2)举一个在小学阶段如何应用的范例;(3)你在自己的课堂上将如何使用该软件。在这个项目中,我统计出最受学生欢迎的10个应用软件,它们分别是:Toontastic、Inspiration Map、Educreations、Tagul、Stripe Designer、VoiceThread、Edmodo、Twitter、Videolicious和Plotly。因为它们容易使用,所以与教学结合更密切。模拟教学是移动学习的最后一个部分。模拟教学要达到以下四个方面的要求:(1)有教案,并展示课堂步骤;(2)有充实的学习内容;(3)以小组探究的形式;(4)学生具备优秀的口头演示技巧,包括要有激情,有眼神交流,声音要抑扬顿挫,陈述要照顾到每一个人等。模拟教学反馈由同伴打分和自我反思相结合。自我反思要回答三个问题:(1)你在模拟上课过程中遇到怎样的困难?你使用了哪些策略克服这些困难?(2)你觉得在课堂里如此教授和使用技术最大的挑战是什么?(3)在你未来的课堂教学中,你怎样才能做得更好?

3. 读写：提升高度与境界

客观地说，我的学生写作任务很重。EDU315课程中，每个项目要写一篇文章，再加上期中、期末各一篇，共七篇文章。文章的评判标准如下：（1）论证和分析深度。要有理论支撑，有具体分析，要显示出你对课程标准的理解以及与你的学科紧密关联。（2）清晰度。写作框架要符合论文标准，遣词造句既要准确，又要精练。（3）没有大的语法错误，要有文献标准（APA）。文章的写法也有具体要求：①要从是什么（What）、为什么（Why）、如何做（How）三个方面写反思陈述。比如，学生写数字故事，要介绍用了什么技术工具、给几年级用、什么学科，还要进一步结合理论，阐述为什么你的设计是适合的、有道理的。②文章要有附件和链接，引用哪些资料？脚注是什么？③在写作格式方面，从题目到参考资料等都要有明确说明，这是基本标准。④附件要考虑不同的计算机之间的软件兼容问题，文章格式应设定成大多数人能打开的通用方式，比如PDF格式。⑤影像和申明强调伦理。影像资料只能在教育环境中应用，不能在其他环境中应用。这样做的目的是保护未成年人。⑥引文要说明来源。在做任何网页设计时，要从每位读者的角度去考虑，绝不允许剽窃。告诉学生怎样的行为算是剽窃，如何避免学生在写作中剽窃他人成果。对于学生最后递交的论文，我会按照上述种种要求分为三个等级：最好的评价是"有深度"，中等是"具备能力"，比较差是"需要大修大改"。

阅读和写作是学习的重要组成部分。我给学生指定了十篇必读阅读材料，是信息技术领域最重要、最有影响的文章、书和讲话，有的被引用了万次以上。下面简单介绍一下这些阅读材料。

《地平线报告》[①]是我推荐给学生的第一篇必读材料，它分为高等教育和基础教育两部分内容。它非常具有前瞻性，预测了迅速发展的技术给基础教育运用带来的巨大变革的趋势，包括短期、中期和长期三个时间段。通过阅读材料，学生能迅速对这个领域有比较深入的了解，不仅看到眼前，还能看到未来。长期，是指五年以后的变化，了解长期趋势之后，能重新思考学校是怎样运转的，如何把目前的学习转换到更深层次的学习状态中。中期，是指三至五年的影响趋势和动力，合作学习和创新素养最重要，所以我让学生把自己做的东西放在网上，这样，他们就不仅是技术的消费者和使用者，同

[①] Adams Becker, S., Freeman, A., Giesinger Hall, C., Cummins, M., and Yuhnke, B. (2016). NMC/CoSN Horizon Report: 2016 K—12 Edition. Austin, Texas: The New Media Consortium. Retrieved from https://www.nmc.org/publication/nmc-cosn-horizon-report-2016-k-12-edition/。

样也是技术的创造者。短期，是指一至两年，目前流行的是线上线下相结合的混合学习（Blended Learning）和STEAM学习。我根据《地平线报告》的预测，知道最近一两年内哪些技术会进入基础教育课堂，我要求学生至少学会五个教育信息技术工具，并围绕这五个技术工具各设计一项教学活动。同时，我还与图书馆的技术老师合作，请他们来给学生上课。为了让学生比较直观地了解可穿戴技术，我请来的专家在讲课时戴了时下最新技术谷歌眼镜（Google Glass），可以拍照、录像、分析数据，这项教学新式武器给学生带来不少惊奇。阅读材料不是读完就结束了，而是要与教学相联系，更直观地让学生体验为什么要读某本书或某篇文章。

《技术教学内容知识》（Technological Pedagogical Content Knowledge，TPACK）[1]是我推荐给学生的第二篇阅读材料。在当今信息时代，要做一个称职的好老师，需要集信息技术知识、教学法知识和学科知识于一身。TPACK讲的就是怎样把信息技术与学科知识融合在一起，是美国教育领域颇具影响的理论框架。

《0—8岁儿童早期教育项目中以信息技术和多媒体作为工具的互动》（Technology and Interactive Media as Tools in Early Childhood Programs Serving Children from Birth Through Age 8）[2]是我推荐给学生的第三篇阅读材料。这是美国儿童早期教育国家委员会出版的针对0—8岁儿童与技术和多媒体互动的指南。它的观点是：第一，有目的、有互动、合适地使用信息技术，对儿童的发展是有效的；第二，有目的地使用信息技术的时候，需要教育者和管理者对工具本身和信息资源很了解，即他们不仅要懂技术，还要知道技术会给儿童带来什么样的影响；第三，用技术和媒体时要有必要的限制，这点很重要，如屏幕使用时间包括校内、校外的总体时间；第四，儿童如何使用和学习信息技术以及给儿童带来的长期和短期的影响。

《用信息技术教学：为数字时代的早期教育做准备》（Teaching with Technology：Preparing Early Childhood Educators for the Digital Age）[3]是我推荐给学生的第四篇阅读材料。早期教育工作者要有丰富的知识，以便培养社交、情感、身体和认知方面全能的孩子，要知道如何通过信息技术对

---

[1] Koehler, M. & Mishra, P. (2009). What is technological pedagogical content knowledge? *Contemporary Issues in Technology and Teacher Education*，9（1），60—70。

[2] Copple, C., & S. Bredekamp, eds. (2009). Developmentally Appropriate Practice (DAP) in Early Childhood Programs Serving Children from Birth Through Age 8. *Natlonal Association forthe Education of Young Children*. 1313L Street NW Suite 500，Washington，DC 22205—4101.

[3] Donohue, C. & Schomburg, R. (2015). Chapter 4. Teaching with Technology：Preparing Early Childhood Educators for the Digital Age. In C. Donohue (Ed.), Technology and Digital Media in the Early Years (p. 36—50). New York & London：Rougtledge。

数字原住民这一代人产生积极的影响,还要储备足够的知识来回答家长的提问,支持和协助家庭在数字化时代养育孩子。文章提出了四个有效的教师培养策略。第一,平衡技术、教育学知识和学科知识的关系,以便为了全部和个别孩子的成长。未来教师需要思考如何把技术、教学法和学科知识交融在一起来达到设定的教学目标。第二,了解未来教师最基本的技术运用原则。第三,在真正的教室中接触真正的课堂、真正的老师,观察那些老师如何使用技术和怎样融会贯通到具体学科中去。第四,为教学选择最好的技术。未来教师需要有能力选择、使用、融合和评估哪个技术工具对于具体的孩子、具体的教学内容和具体的教室环境是最合适、最有效的。

杜威的书是美国教育乃至世界教育的典范,常读常新。现代教育工作者把杜威的观点与信息技术融合,提出了技术就是媒介,包括探究(Inquiry)、沟通(Communication)、建构(Construction)和表达(Expressions)。我让学生读杜威的书,并与各种场景相结合表演出来,拍成录像,在班级平台上分享。

另外,还要学习一些非常重要的网站资料,如http://www.iste.org/,http://www.naeyc.org/dap,http://www.nyscate.org/等,涉及国家、纽约州的法律、法规和专业标准,包括师范学生培养标准、小学教师专业标准、纽约州教师专业标准,等等。

写作是学生作业的必备技能,有的学生需要帮助,学校会付费请英语系专门学写作的高年级学生帮助他们。写作要求学生在期中和期末写作以及平时的五个项目写作中,引用我推荐的十篇阅读资料中的内容。这些文章在写作中可以重复使用。我先让学生粗略浏览资料,使他们对这个领域有大概了解。在做每个项目的时候,他们可以有目的地选最合适的文章引用,由此培养学生的独立选择和思考能力。

考试评价是学生十分看重的一个环节。我在开学初就明确告诉学生考试分数由三部分组成:课件和写作(Projects & Writing Assignments)、课堂参与以及协作精神。在课程大纲里,我有专门的一节课给学生讲评价概况,与他们讨论作业是怎样被评价的。在2016年春季期中评估的时候,我采取了新方法,目的是鼓励学生努力学习,不管基础如何,只要充分发挥自己的潜能,就是值得鼓励的。我希望学生有真才实学和创造力,希望他们在运用技术的时候,有足够的学术自信。基础部分满分为24分,只要完成项目就可以得到满分。我认为,如果老师对着学生作品,每犯一个错误都减分,学生可能会只关注细节,看不到自己从项目中得到了什么,而是只看到失去了什么。这是我不希望看到的结果。其中评估基础分给满分是给他们学习上打气,增加自信。另外,什么是好的项目?空讲没用,我要给他们展示具体的例子。如在用网页工具Weebly制作电子档案袋时,我给学生做示范网页,告诉他们什么样的内容是有理论依据、有意义的，什么样的网页设计是有美感的，如何与你未来的小学教学相结合。再如，三年级学生做了不同的活动和作业，你把这些东西放在一起，让小孩子建个材料袋，就可以用 Google Drive，这样小学生作业的观众就不只是老师一个人，而是包括老师、同学、家长等人。电子档案袋不仅记录学生学习成绩，更可以记录整个学习过程。学生自评占学期成绩的 7%，既量化，也需要自己附上自评的文字说明。

对学生评价，我也碰到过一些难题。比如，学生作业的附件和链接打不开，我就没法给分，学生就说是老师的责任。而有的学生明明是自己不诚实，没有完成作业，却说交了作业。网络不是有说不清道不明的系统问题吗？曾经有一个学生，说我没有给他改成绩，我说你没有交作业。他不服："春假之后我上载了项目，但在你评分时，项目不在那里了。我觉得你不给分数没有道理。"我回："我尊重和鼓励的是学生能够管理时间、诚实、勤奋。我建议你做出努力，创造出作品来弥补分数。你需要帮助，只要告诉我，我随时恭候。"我后来在课程大纲的评分细则里申明，要求修改成绩必须拿出证据。

4. 师生：搞好关系需要不同的招数

在中国，老师每天的日常工作中，几乎唠叨得最多的就是自己班上的后进生，他们既是班上的活宝，也是和老师打交道最多的一类学生。在美国也一样，处理好与后进生之间的关系也是一件非常棘手的事。后进生问题可以说是我在美国教学生涯中最痛苦无奈，也最束手无策的问题，后来经过很多努力，才慢慢理顺了与这类学生的关系。

我对后进生的看法经历了一个过程。咱们中国学生在学习上都讲究勤奋、刻苦、有毅力，所谓"勤能补拙""梅花香自苦寒来"。我高中毕业那年没考上大学，只得去读补习班。全班有 50 多人，开始我的成绩倒数，但我很用功。我们睡大通铺，很多人睡一个宿舍。半夜时分，我和好朋友一起在路灯下背单词，校园里静悄悄的，大家都熟睡了，只有壁虎在路灯照耀的屋檐下四处攀爬。功夫不负有心人，我的成绩很快冒尖了。我上大学时，大家都自觉学习，而不是依靠外界的表扬、鼓励，也不像现在一些学生只学习他/她认为有趣的部分，甚至要老师、家长宠着他/她学习。勤奋、有毅力才能取得好成绩，这是我对学习的看法。这个看法导致了我的教学观和对后进生的看法，我认为后进生多是懒惰造成的。学生与我有矛盾时，我总认为他们不对，甚至当学生因为不交作业或不满意分数时给我写信抱怨，我常认为他/她是在狡辩。

然而，现实是残酷的。在美国高校有学生给老师打分的考核机制，而且在我们这所以教学为主的大学，学生给老师打的分数很重要。比如，如果你得到的分数只有 80%，在评职称时就需要说明原因，并提出改进措施。而且，每位老师都希望得到学生的认可，分数不高总是件没面子的事，工作氛围也会不好。如何与学生相处得更融洽，成了我急需解决的问题。

一般来说，给老师打低分的大部分是后进生。他们成绩不好，容易把结果都归因于老师身上。比如，他们认为老师的教学有问题，上课讲不清楚，课后辅导不到位；课程作业太多，老师出的试卷太难，考的内容他们没学过；老师是外国人，英语有口音，他们听不懂。总之，他们认为他们成绩不好，老师要负全部责任。作为老师，我们只能面对、反思和改进。

学生 A 是一名后进生。她的作业经常乱做一气，错误率很高。一次刚下课时，我走到她座位旁，对她说："A，我们能否约个时间聊聊？"她低下头，眼中流露出不屑的神情，很不高兴地说："我惹了什么麻烦？"（Am I in trouble?）我在她旁边的空座位上坐下来。她粗鲁地问我："有什么问题？我一直完成作业。"（What's the problem? I have done my homework.）她的脸憋得通红，眼泪在眼眶里打转，但她努力不让它掉下来。其实，她做作业只是应付了事，根本没有看清要求。我希望和她建立良好的师生关系，以便帮助她，把她领上路，但她不合作的态度和责问的语气让我心生不快，不过我并没有表现出来。她接着说："你是不是认为我作业做得很差？"当时她的朋友在旁边等她，不时地看看她。她可能觉得在朋友面前面子过不去，也可能本身对信息技术课不感兴趣，还有可能是因为排斥我这个外国人（白人之间更容易沟通些）。她抱怨说："这个课程有这么多链接，把我头脑都搞蒙了！"她用了"I'm confused"这个句式，这是美国学生最常用的说法，意思是你没对我说清楚，你应该负全部责任。我耐着性子问："你认为把所有内容放在一页上会更清楚？"她说："不是，我的意思是为什么要从主页链接到 Google Doc 上？"我解释说，互联网站的特点就是分层链接。Google Doc 可以让学生直接参与并合作，这是学习的一部分。我知道讲再多的话也没用，只有带着她做一遍她才明白。于是，我花了半小时手把手、一步一步地教她具体怎样做。我本来要去开会，但是，宁可参加会议迟到，也一定要把她教会。

然而，她并不感谢我，临走的时候面无表情，眼神中甚至还有埋怨，径直开门离去。后来我想，我和一些中国教师一样，不停地推着学生走，告诉她"你要学！""你得这样学！"我只是一味地逼着她不情愿地学习，没有从情感上接近她，因此她并没有领会我的好意。改变学生要从情感交流开始，让学生接纳你、靠近你，他/她才会接纳你的建议，喜欢你教的学科，与所教课的班级建立融洽关系（The instructor builds rapport with students）是课程评估（Course Teaching Evaluation，CTE），即学生给科目老师打分中的一项。作为一名老师，我也应该学会换位思考，体谅学生的不容易，毕竟他们要学习五六门功课，而老师只需要教一门。

事后，我认真反思了学生 A 在与我的谈话中无意间表达出的网页太多、太麻烦的抱怨。我接受了她的建议，认真思考如何改进。在课程网站上，加上课程项目总体浏览页，把重要链接集中放在一页上，这样不仅一目了然，而且方便查阅。从学生的抱怨中接受有益的信息是改进教学的方法之一。

不交作业或作业质量差是所有后进生的通病。以前到了期中的时候，无论我怎么催促，总有学生不交作业。我批评他们，他们还生气。我很疑惑：他们为什么不交作业呢？不在乎成绩吗？后来经过调查，原来成绩差的人在逃避作业。他们就像鸵鸟，认为把自己的脑袋埋入沙土里，就可以成功地逃避一切问题了。那段时间读到一篇文章，其中一个观点是，教育不是修补缺点、弥补不足，而是发现学生身上的闪光点，从他/她好的方面入手，强化优势，这样比单纯、一味地批评他/她的缺点效果要好很多。补差当然也要，但更要强化优点。他哪里好，就点亮和强化他/她的优点，从那里开始改变他/她。对照我的教学，问题便显现出来。我总是把后进生与优秀生比较，想把他们拉到优秀生的程度，这是简单粗暴的方式。我的着手点和教学方式，都没有给后进生信心，没有以他们的基础为出发点。孔子讲因材施教，这在全世界都是具有普适性的真理。每个学生都以自己的方式闪光、成长。当我想通了这些之后，便换了一种教育方式，因为教育不是修补，而是从他/她的闪光点入手。

学生 B 经常迟到，也不交作业，我提示过她许多遍，她依然如故，没有任何改变。一次下课后，我找到她说："我们能约个时间单独聊聊吗？"她表面答应，但没有来。有一天下课的时候，我再次邀请她立即来我的办公室，她的脸红了，同意来我办公室。她坐在我对面，看上去稚气未脱。一开始，她沉默不语，后来话匣子渐渐打开了。她说她出生在美国，但父母是墨西哥移民。她的专业是西班牙语作为第二语言教学（就像我国的对外汉语专业一样），理想是做一名教西班牙语的小学老师，所以，还要学习儿童早期教育专业的课。有了上次的经验教训，我这次以拉家常的形式和她聊天，并不是一开始就谈论学习上的问题。我说，我儿子读高中时觉得健康课不重要，也不喜欢这门课，经常推说起晚了或者要写作业而逃课，最后这科不及格，导致高中差点没毕业。说到这里，B 也聊起了自己的情况。她说她这学期有的课可能会不及格，她的问题是不会安排时间，没有足够的时间学习。课余时间，她花很多时间打工赚学费，所以没有时间完成功课，只能逃避。她说她不是真的不喜欢学习，也不是偷懒不想做作业。说着说着，她默默地流下了眼泪。瞬间，我竟然也感觉眼眶一热，我对她产生了同情和理解。其实每位学业有问题的学生背后，都可能有一个让人心酸的故事。听了她的故事，我觉得我应该改变我的教育方式，不能简单地不问所以然就扣掉他们的分数，而是要了解他/她的不良表现背后的原因，给他们机会重做并重交作业。

后来，我给她单独补课，发现她做出来的功课质量都不错，说明她并不笨。从此以后，她每次都能够完成作业。在这一次的沟通和理解之后，我真正体味到教师的工作不是修补学生的缺点，而是找学生的闪光点。

有一年过圣诞节的时候，我们一家驱车从纽约州到佛罗里达州去度假，长途聊天中，我告诉先生和儿子我有一个改进与后进生关系的妙招："我要与每个学生见面！"我问儿子："作为一名学生，你认为这方法好吗？"他说："是个好方法。但是，你和每一位学生正式会面的目的是什么？"我说："互相熟悉，以便建立良好的关系。"儿子问："你见他们的时候，会谈什么呢？学生会不会认为是来训话的，就不敢或者不愿来？"我突然想到从中国带回来的茶具，灵机一动说："那我改为喝茶时光（Tea Time），给每个学生一杯茶吧。"

但是，我有那么多班级、那么多学生，一一见面忙不过来。我就先从人数最少的不到20个学生的班级开始。我把办公时间公开给学生，安排他们在不同的时间段来，像医生门诊一样，每人10分钟。但对我不利的是，我自己的时间会被分割开来。"我可以约你喝茶吗？"学生已经把喝茶时光当成了一个比喻，把"办公时间"（Office Hour）改成了"喝茶时光"。在中国，课后找老师问问题，勤学好问是好事。但多数时候，美国学生很要面子，课后很少主动跟老师见面。学业越糟糕的学生越不愿见老师，躲还来不及呢。自从改成了喝茶时光之后，想来的人多了。其他班的学生得知后，也来问我："能不能和您一起共享喝茶时光？"

要说起"喝茶时光"这一招的由来，是得到一个同事的启示。有一次，我在与同事楠丝·威尔逊博士（Nance Wilson）聊天时，说起教学策略，楠丝说她上在线课，在学期开始时与每个学生见面，没时间见面就视频见面。我觉得她的策略很好，人与人之间就是在接触中互相了解、产生感情的。我的学生C上课经常迟到，进教室从不打招呼。我约她见面，她总有借口推脱，不愿意来。下课时我喊住她，说约她喝茶，她只好跟着我来了。她告诉我，她结婚了，丈夫是巴拿马人，婚礼是2015年8月举行的，结婚时男方家只有她丈夫的妈妈从巴拿马乘飞机过来。他们现在与她的父母一起住在锡拉丘兹，她只有周二、周四来学校。我说手机里有没有婚礼照片呀，她给我看了她的婚礼照片。我觉得她性格还挺外向的，于是，我也和她分享了我与家人的照片，告诉她我远在中国的家人。通过这次"喝茶时光"，我和学生C相互了解了许多，觉得她也开始喜欢我的教育技术课啦。想不到一个小小的点子——把"办公/答疑时间"改成"喝茶时光"，竟然让师生关系拉近了许多！美国是崇尚英雄的国度，一般人们不会展示自己认为不好的一面。美国学生一般很要面子，遇到自己不会的问题时不愿意直接说，平时表现得一切都正常，到了考试时就赶鸭子上架。

第三章 讲台前的磨炼

我有时也和学生聊聊我自己读书当学生时的故事和我在中国的家人。有些学生知道我来自中国贫穷的农村,但是我刻苦学习,读了博士,成了大学教师。本来学生看老师就有距离,尤其我是外国人,一个从中国农村到美国大学当教授的外国人,距离感就更大了。有一次,先生卡尔跟我讲,强势给人距离,弱势倒是能拉近你与学生的关系,产生信任感。我觉得有道理,在学生面前就不避讳我的缺点和私事。我告诉他们,我第一年没考上大学,应该说是个笨学生呢。我给他们看我母亲在农村烧火做饭的照片,让他们知道我成长的环境。我小时候虽然家境贫穷,但是,父母和姐姐以及三个哥哥给了我很多关爱,因此,我的生活是快乐的。家里人很关心我。我上学的时候姐姐在磨坊干活。有一次,她从集市上买了烧肉,衣服没换就进城给我送来,临走时把她仅有的十几块钱也塞给我。姐姐转身离开的时候,我因看到她衣服后背布满的汗渍而感动得流泪。大哥也来学校看过我,用那老式的笨重自行车载着母亲。他的自行车很大,绑着一根棍子,让母亲扶着。看着他们离去的背影,我心里很难过,所以我学习劲头更足了。我现在的家住在伊萨卡,一个很幽静美丽的树林里。我的菜园里一定要种"猪耳朵"扁豆,因为我老家就种这个。这是一种思乡情结,一看到它们,我就觉得与山东的家乡贴近了。早上起来,看着猪耳朵扁豆开花了,觉得满园都是家乡的味道。

我的学生们与我的儿子年龄差不多大,绝大部分是土生土长的美国人,但是,人类的情感是相通的,我讲了这些故事,他们能与我产生心灵的共鸣。老师不仅要与学生分享你强势的一面,更要分享你弱势的一面。当你和学生的关系拉近之后,你们之间就会互相产生信任感。而学生呢?同学之间不怕展示自己的弱点、不足和无知,这样大家就敞开了,会乐意互相帮忙。学生处在舒坦和安全的环境中,就不会害怕别人笑话自己或认为自己笨,就会主动问问题,请求帮助并帮助他人,成绩也就自然而然地提高了。

我的课程中有个模块叫 EDMODO,我设计了一个框架,让学生展示自己的优点,与同伴分享。我还让他们写"自我介绍"的卡片交给我,既写优点,又写缺点。这样一来,我就知道在哪些方面可以帮助他们。

我经常跟我的也在读大学的儿子谈论学校和我班里的事,想听听他是怎么想的。他的确给了我很多启示。我的学生不做作业,我就实事求是地给成绩。我想,你没有分数或分数低就会去学习。但是,儿子说,有的老师会给他写邮件,问有没有需要帮忙的。他觉得这个老师很好。所以,我也用这样的方式给后进生写信。为了使学生及时交作业,我在第一节课就给他们这一学期的时间表,写上每节课作业内容和时间节点,并在每一次交作业前,用邮件、短信、班级网页等形式进行提醒。我儿子还说,他的教授下课后整理东西时,会有意逗留一会儿,以便学生跟他聊一会儿或问问题。有的学生觉得老师很忙，一般不想在课后麻烦老师，这时就可能会与老师打个招呼，聊一聊，拉近关系。儿子的话让我震惊，学生的心思是细腻的，他们也会照顾老师的感受。从老师这方面讲，不仅仅是"喝茶时光"，而且可以创造更多随意的沟通机会，关键是要把心思用在学生身上，而不仅仅在形式上。

我的学生作业都通过 Google Doc 交到课程网站"学生作品"（Class Work）这一版块。老师有权限设置学生的各种作业的查看方式，比如让学生只能看，或者可看可改、还可分享，或者只邀请某一组学生看，其他学生看不到。为了方便学生，我给了他们自由添加、修改内容的权限。一次，我发现学生 D 什么都没做，这项作业占整个分数的 24%。我准备给她写封邮件。写邮件前，我认真思考应该怎样表达比较合适。一种写法是表明我很失望；另一种写法是询问你怎样啊，我如何支持你，这是关心的方式。我选择了第二种，并约她见了面。她来了后，说两次缺课都是因为生病了，还说班上同学不理她。我跟她一起分析原因，大家都很忙啊，没时间帮你；或者同学看你在小组作业中不够投入，不能对小组有贡献，只能成为别人的负担。她说："老师你没有安排我加入小组。"我说："我没法强迫某个组要你啊。"那天，她不高兴地离开了。后来，我又给她写了封长信，请她再来我办公室。我从两个方面入手：一是把她要做的作业补起来，手把手告诉她具体怎么操作；二是把整个课程设置重新讲给她听，让她有宏观的了解。我还跟她谈了缺课问题。"要事先跟老师请假，老师才能安排补课，也才能把你安排到某个小组。另外，你自己要做好的参与者，大家都不喜欢与懒惰者组队。今天我给你讲了两个小时，如果班上有五个同学缺课，我就没法工作了。"记得我读博士的时候，有个老师一边与我谈话，一边写邮件记录，结束时他自己留一份谈话记录，也发给我一份。我现在给学生补课的时候，学生边听边做笔记，我也在电脑里记录，以防学生没记录下来，事后我以邮件形式把谈话内容发给学生。以前我认为后进生懒惰，现在我认为每个人都有不同的智能，比如我的体育运动好但不擅长花样跳舞，我会开车但是路盲。想想我自己的不足，就更加理解后进生了。学生 D 说想找个同学做私人老师教她。碰巧来了几个学生问我下学期是否需要助教。D 说她需要补课，并且愿意付点钱。等我找来要当助教的学生后，D 说起自己生病、学习速度慢、个性内向，我就问 D，为什么一开始没有退课？她说退了课会对全日制学生身份有影响，进而影响学习贷款。我问她有没有信心把这门课学会，她说有。后来我了解到学校有专门的组织提供帮助后进生的服务（Tutoring），我就想老师应该多了解、找到不同的资源帮助学生。我给要做助教的成绩好的学生写了封信，问她愿不愿意帮 D 的忙，她愿意按小时付费，每周一小时。就这样，我帮 D 找到了一个私人家教为她辅导功课。

关于招募和管理助教是我在帮助后进生时碰到的问题。我从上一届学生中招募志愿者助教帮助辅导下一届学生。老师的工作有好几个环节，比如备课、上课、批改作业、辅导后进生、出试卷、批改试卷。助教能帮老师辅导后进生，有时还能批改一些试卷。既然助教对我有帮助，他们也应该从我这里得到回报。一开始我想向系里要钱支付给助教，但觉得不现实。于是我对我的学生说，助教经历对你的成长有好处，你将来要做老师，你要学会教别人，这对你未来的教学和沟通交往都有好处；另外，我会给你写一封推荐信，证明你做助教的经历，详细介绍这个课程覆盖了什么内容以及你的学业和助教工作的表现，这可以美化你日后的简历。以前的推荐信是统一模板，由我签字，后来演变成我给每个助教写一个专门针对他的推荐信。

我工作生活非常忙碌，早上 8:00 上课，但我往往不到 7:30 就在教室调试各种设备，为上课做准备了。另外，我每周课时很多，还要阅卷和给学生反馈。我们学校有一门课叫实习课，40 学时为一个学分。学生要申请助教，需要在网上填表注册。后来好多学生想要当助教，虽然助教看起来是官方的，但我要花很多时间培训每一个只能做一学期时间的助教，还要花更多的时间为他们——写推荐信，这也成了我的负担。对我而言，助教成了一把双刃剑。

5. 学术节：为学生的进步而喝彩

每年春季四月的最后一个星期五，是学生研究展示日，也被称为学术节。在这一天，学生要展示他们的探究，要求要有原创性或创造性。

在十一月、十二月，学生开始递交评选材料，来年的二月公布获选结果，四月展示获选课题。我们学校文理学院展示的课题比较多，因为这两个学院的教授能拿到比较大的项目，学生参与机会较多。教育学院的学生参与课题则比较少，因为教育学院老师的课题经费都比较小，所以教育学院更多侧重于教学。我告诉学生，创造体现在很多地方，未必一定是庞大的课题。比如，在学生设计的电子档案袋里，如果能灵活地使用信息技术工具，创造性地设计小学课堂活动，这就是有创意。学生一听，明白了他们也能参与到学术节活动中来，展示自己的设计和创作，同时向别人学习。这些年来我教过的学生已经先后参与了五届学术节展示，并得到了不少好评。图 3-5 为 2017 年的学术节海报。

好学生也有他们自己的难处。学生 E 并不喜欢信息技术课，但是她学习很努力，成绩很优秀。在拉奎特湖户外实践时，有个活动是跳进冰冷的湖水，以磨炼意志。跳完湖后，大家再蒸桑拿，我也陪着学生们在一起，学生 E 恰巧坐在我身边。那晚她有些兴奋，又有些落寞，很奇怪的两种表现交织在一

图 3-5　2017 年的学术节海报

起。她说起她在情感和生活方面的种种挫折，我对她产生了同情和理解。这个学生很有创造性，与众不同。递交申请参与学术节的材料在十二月，但这个月也是学生最忙的时候，要准备期末考试和各种论文。E 特别刻苦，熬了很多夜，做了一学期的电子档案袋网页。但是，每位学生只有半小时的时间展示成果。究竟从哪里切入才能吸引听众？E 很迷茫。我要她先写个草稿，我再一遍一遍给她修改，培养她的学术素养。我看着帮 E 修改后的稿件，觉得非常好，很有味道。以前我总是与我做博士时的研究进行比较，看不上学生的研究。但在辅导学生的时候，我看着他们每一点滴的进步，很有满足感，觉得这才是老师应该有的心态和行为。

即使在成熟的教师生涯中，我也遇到过一些困难。比如，我在讲解演示时，有些学生却在自由上网不听讲，或者讲悄悄话，这样，轮到他们做课件时就出现问题了。我的对策是老师少演示，学生互相切磋，共同探索。我仍然在思考的问题是：学生修很多门课，又要打工，学业很重，能完成各门课就不错了。在学生项目都做完之后，如何让学生追求卓越，主动去做更多的课程项目，不是为分数，而是为学习效果？除此之外，我还有两点困惑。第一，如何分配老师的演示时间和学生的操练时间长度？学生想取得自己满意的成绩，得高分，但依据评分标准，他们还有很多不足。我应该引导学生看评分标准，来改善他们的项目，但这样做困难很大。演示多了，学生嫌烦，我行我素；演示少了，基础差的学生有意见。所以问题来了：根据某一学时的内容，老师精讲和学生探究的时间比例怎么把握？在技术层面里，有的过程很复杂，老师要在哪里停下，学生才能跟上？有时老师讲得太多，留给学生答疑辅导的时间就不够；有时老师讲得少了，基础差的学生还没听懂，他们抱怨说："我像是在自学，老师您没有给我提供足够多的帮助。"第二，怎样使学生愉快地接受批评，改善他们的课程项目质量？要提高就要修改，要修改势必要指出问题所在，但美国学生不喜欢听批评。比如，如果老师拿某个学生作品来直接展示，被展示的学生会不高兴，认为不尊重他。有一次接近期末，我准备给大家做的课程项目进行评价以帮助大家改进，我问有谁愿意拿自己的项目出来让我讲评。学生 W 说可以点评他的，让我尽管直说。项目要求用多媒体展示他们在实习时在技术应用方面的收获和反思。他用的是 VoiceThread，拍了一个教室，介绍了桌子、椅子放哪里等。我要求大家看我给的评价标准，不仅要知道事实，还要关注为什么这么做以及怎样做，要善于发现问题、解决问题，因为这是一种批判性思维的体现。我说你做的东西很肤浅，没有多少分析、反思和建议，而这才是项目最需要的东西。你的项目离标准差得远着呢。W 当时的反应是，还没下课就趾高气扬地离开教室了。课后，我反思：我的批评太直接，应该先肯定，找到容易接受的方式。在美国，老师极少批评学生，总是以表扬和鼓励为主。事后，我写了封邮件表示道歉，尽管我觉得他更应该对如此离开课堂而道歉。他本来一个学期的表现都很积极，最后学期末时因为我直截了当的批评，造成了这么不好的结果。

学生不愿意听批评也是我教学上的阻力，而且学生期末更忙、作业更多，遇到困难更容易敷衍。况且，我是个外国人，难以避免文化差异和中国口音。学小学教育的大多数是女生，很多人对信息技术课不太感兴趣。我观察到，得学生评价分数高的教师都有这样一些特点。第一，与学科有关系，比如科学老师，不仅案例和资源丰富，而且自信有经验，在教学方法中结合实验，小学生喜欢，大学生也欢迎。第二，性格温和，没有锋芒，绝不直接批评学生。第三，用各种方法与学生联系感情，让学生感到你是他们中的一员。第四，期末评分时，被打分的老师应暂时回避，但有的老师并未回避，让学生打完分放信封里，学生碍于情面，对老师的评价就有可能有水分。

多年用心于教学，我把教学问题和策略写成文章——《赋予"数字移民"能力：挑战及对策》（其截图如图 3-6 所示）发表于《帮助在职教师培训和职业发展》（*Facilitating In-Service Teacher Training for Professional*

Development）第十四章。① 它既是一篇科研论文，也是我多年教学经验的提炼、汇总。

Chapter 14
Empowering "Digital Immigrants":
Challenges and Solutions

Shufang Shi Strause
State University of New York at Cortland, USA

Sophia Tan
CEMSoL, USA

ABSTRACT

Contemporary research shows that a significant proportion of American K-12 teachers feel that they are inadequately prepared for the challenges of applying new and unfamiliar technology to existing curricula and using technology as part of their daily practice in classrooms (Tondeur et al., 2012). In this chapter, the authors examine how they motivate a group of in-service teachers to use emerging technology tools for teaching and learning through their educational technology courses. For a few semesters in their educational technology courses, the authors have experimented with different ways to help both pre-service and in-service teachers overcome their challenges. Through trial and error, the authors have found strategies to help these digital immigrants to "learn, unlearn, and relearn" (Toffler, 1973) their acquired misconceptions and habits regarding technology. This inquiry is a distillation of these strategies.

INTRODUCTION

Contemporary research shows that a significant proportion of American teachers feel that they are inadequately prepared for the challenges of applying new and unfamiliar technology to existing curricula and using technology as part of their daily practice in classrooms (Tondeur, Jo, et al, 2012). Rapid technological changes will inevitably divide students and teachers into two different groups:

1. Those who grew up with pop culture media – the type of technology and media the younger generation today are engaged in – and
2. Those who did not (Prensky, 2001; 2013).

DOI: 10.4018/978-1-5225-1747-4.ch014

Copyright © 2017, IGI Global. Copying or distributing in print or electronic forms without written permission of IGI Global is prohibited.

图 3-6　教学文章发表截图

---

① 编者 Kenan Dikilitaş & Ismail Hakki Erten，版权©2017 by IGI Global，www. igi-global. com。使用获得原出版社书面许可。参见 Strause, S. & Tan, S. (2017). Chapter 14 Empowering "Digital Immigrants": Challenges and Solutions. In K. Dikilitaş & I. Erten (Eds.), Facilitating In-Service Teacher Training for Professional Development（pp. 246—259），IGI Global.

6. 阅读链接

> **赋予"数字移民"能力：挑战及对策**
>
> **摘要**
>
> 当代研究表明，美国绝大部分 K—12（幼儿园—高三）教师认为自己在应对将新技术应用到现有课程，或把新技术融入日常常规教学这一挑战时，尚未做好充分准备。本章研究如何鼓励在职教师通过教育类技术课程把新兴信息技术应用于教学之中。笔者进行了几个学期的教育类技术课程试验，经过不断尝试，找到了一些策略来帮助职前教师和在职教师来应对信息技术的挑战。通过教学，在成败中摸索，笔者逐渐发现了帮助这些数字移民"学习、遗忘和再学习"的策略，让他们重新审视与信息技术有关的误解和习惯（Toffler, 1973），将信息技术积极地整合到相关领域。本章节将重点论述这些策略。
>
> **引言**
>
> 当代研究表明，美国绝大部分 K—12 教师认为自己在应对将不熟悉的信息技术应用到现有课程，或把新技术融入日常常规教学这一挑战时，日新月异的信息技术变革不可避免地将学生和教师分为两个群体。
>
> 1. 一出生就接触流行文化媒体的群体，包括当代年轻一代；
> 2. 没有接触流行文化媒体的群体（Prensky, 2001；2013）。
>
> 第一类群体主要是出生于 20 世纪 90 年代和 21 世纪初的学生，他们从出生起就接触流行文化媒体，普伦斯基称这类群体为"数字原住民"。第二类群体包括不太熟悉信息交流和社交媒体新文化领域的实习教师和在职教师，相应地，普伦斯基称之为"数字移民"（Prensky, 2001；2013）。两者的差距是现在教育制度中一个新的主要问题。帮助数字移民掌握多向、动态和交互式的 Web 2.0 工具，使他们能够通过技术和媒体吸引"数字原住民"，对教育发展至关重要。
>
> 在多数教师教育培训中，缩小这个差距很大程度上取决于为数不多的教育技术课程。笔者亲自观察到数字移民面临新技术和全新数字文化时表现出的犹豫不决的态度。许多参加信息技术课程的在职教师并不是心甘情愿地学习，也常常拒绝把新技术融入自己的课程内。作为数字移民，许多在职教师不熟悉 Web 2.0 技术（例如，博客、维基百科和视频共享服务），或对此表示出不适。为缩小差距，数字移民不得不放弃以前僵硬的、没有互动的、墨守成规的教学方式，克服自己的厌恶和恐惧感，而接受新的多向、非线性框架的教学方式。只有这样，教师才能熟练掌握数字原住民的交流语言，并能够对教授数字原住民展开适合的教学活动（Prensky, 2001；2013）。

面临挑战

当我们了解问题的成因后，便开始把注意力放在重新设计教师培训项目中的信息技术课程中。我们在这些课程里向教师介绍最前沿、资源最开放的信息技术。教师通过将课堂项目融入他们的学科教学中，来学习这些技术地道的用法。设计这些培训任务是为了适应日益变迁的现实社会需求。信息技术的习得需要强调互补的两个方面：既要从理论和概念方面理解教学技术；也要具备亲自应用技术操作的实践能力。

在最初的学期，学生有机会自己管理自己的信息技术学习，但在这个过程中可能会产生不少挫败感，甚至恐惧感和反感，结果缺少学习动力。这反映在调查反馈中，笔者发现许多学生感到对学习失去自我掌控感，难以圆满地完成任务。这与社会建构主义方法的基本原理不符，该原理主张当学生有机会掌控自己的学习时，学习者的参与度应该更高。

摸索对策

在其后几个学期的教育技术课程中，笔者试验了几种不同的方式，来帮助职前和在职教师解决这些问题。通过不断尝试，笔者发现了帮助数字移民"学习、忘记和再学习"的策略，以纠正他们对信息技术的已有误解和先在习惯（Toffler，1973）。本章节主要论述这些策略。

本研究基于体验式学习和社会建构主义理论。体验式学习通过练习时的不断反复体验进行学习（Kolb，2014），它侧重于个人的学习过程。通过亲自体验获知第一手资料而非只去感知他人的经验，学生才能有所发现。虽然学习是持续不断的过程，但真正有价值的学习体验需要某些因素的存在。Kolb 的理论认为，知识通过个人体验和环境体验才能不断获得。Kolb（2014）提到，从体验中获得知识需要以下几点要素：

- 学习者必须愿意并积极地参与体验过程；
- 学习者必须能够从体验中有所反思；
- 学习者必须拥有并能够分析体验，将体验概念化；
- 学习者必须拥有决策能力和解决问题的能力，这样才能使用从经验中获得的新想法。

社会建构主义理论认为知识是一种人类产品，在社会和文化的基础上得以构建（Palincscar，2005；Prat&Floden，1994）。个人通过与人相互交往和与环境相互作用，来创造出有意义的事情。社会建构主义者将学习视为一个社会过程，个人通过在团体中合作学习，共享文化，促进彼此学习。

在体验式学习和社会建构主义理论的指导下，笔者在几个学期实验中尝试了不同的方法，将其总结为八个策略，下文将一一阐释。每个策略涉及教学策略、教学方法、教学资源以及教学案例，这些策略包括但不限于课程设计、教学大纲的相关部分、学生作业以及对这些策略效果的观察。

策略一，课堂伊始便创设轻松活跃的课堂气氛

学习新技术的使用通常会如坐过山车，情绪起伏不定。学生可能会因为别人都能做到，而自己无法获得技能或无法理解概念感到沮丧。因此，培养积极态度非常重要。创造一个轻松活跃的环境，让学生不觉得自己在被同伴或者指导教师评判，学生就会大胆说出想法，接受自己的错误，并更积极地参与到个人或小组的新技术学习中来。

通过课堂第一天的活动，为创建一个积极合作的学习社区奠定基础。班级有个基本制度，那就是每个人的电脑屏幕是对邻座和所有学习者"开放的"；教师鼓励学习者通过观摩他人来学习。为了让学生更自在地彼此合作，项目和活动的设计要旨在以各种方式创造良好的学习社区合作意识。让学生使用社交网络技术如 Edmodo 等社交媒体，不仅是为了学生的课程学习，而且是为了培养学生的社交能力。例如，课程起始的热身部分，是每位在场人员，也包括指导教师，设计一个"关于我"的电子海报，上传至 Edmodo，彼此分享个人信息或兴趣爱好。

课堂宗旨是"来到悬崖边"，指的就是如何鼓励学生在学习新技术时保持信心（见图 1）。

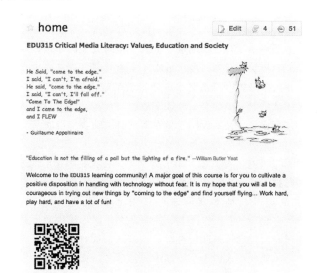

图 1 到悬崖边来：课堂宗旨

有个活动是两人一组，在短时间内（通常约 5~10 分钟）小组内的两人相互学习与计算机或手机相关的新技能，例如，小技能：点击右键；大技能：屏幕截图、尝试数码拍照、在班级博客上推送博文、使用工具编写故事（见图 2）。然后，每位学生展示搭档刚教给自己的技能。在展示环节中，刚学到新技能的人操作技术，而传授技能的同伴站在旁边，在需要时予以帮助。

图 2　分享一种新学到的技能

　　这个活动营造了彼此信任、彼此支持的氛围，学生不再害怕暴露自己知识上的欠缺之处。彼此分享知识有助于培养学生的信心：他们会意识到，自己也有新的内容可以教给大家，彼此可以向对方学习新的内容。

　　在做大的课程项目时，鼓励学生从班上招聘其他同学当教学助理，辅助自己的小型模拟教学活动（参见策略6），还会要求学生彼此评价，这些评价要求不止给个分数，而是对小型模拟教学给出有说服力的全面评价。因为学生在团队中会更加认真、有效率地执行任务，因此，团队合作既能提高彼此的任务质量，又能鼓励学生在需要时主动寻求帮助。

　　策略二，创造一种学会怎样学习的文化

　　随着 Web 2.0 技术和其他大量的教学工具得到越来越广泛地使用，逐一教会教师每种工具或在线学习资源的使用方法是不太可能的。因此，学习如何自学是实习教师和在职教师的基本技能。肯·罗宾逊（Ken Robinson）在"学习、遗忘和再学习"理论中建议，现代学生最重要的是知道如何学习，懂得忘掉并懂得再学习。换句话说，学生上课，老师与其说授人以鱼，不如说授人以渔，正如这句谚语"给人一条鱼，你可以养活他一天；教会人钓鱼，可以养他一生"。我们需要为教师提供足够的准备工作，使他们为学会怎样学习打下基础。课堂的重点是让学生在积极活跃的团队中学习，鼓励学生运用新技术工具进行试验和探索。

　　不要规定使用哪些具体工具，而是要让学生探索和尝试多个工具。选择提供丰富的学习资源，配以示例和演示，讲解典型问题。学生的任务是自行选择工具了解相关活动，学会5~10个工具，然后尝试使用这些新工具，设计5~10个教学活动。要求学生根据相关标准全面评注自己设计的某个学习活动。学生要反思如何把这些工具充分、有效地运用到自己课堂教学的内容中。图 3、图 4 和图 5 是学生"到悬崖边来"的活动截图。

图 3　到悬崖边来：作品首页

图 4　到悬崖边来：TimeToast 作品展示

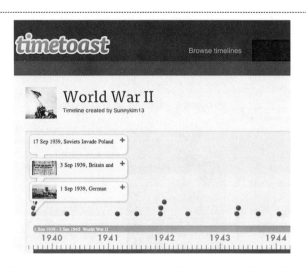

图5 到悬崖边来：用 TimeToast 设计的第二次世界大战时间轴作品展示

策略三，全面示范

教师示范在真实的教学场景中如何有效使用技术。其中一个课程项目要求教师以小组为单位轮流在课堂博客上主持讨论每周的阅读材料。在展开马由缰的实际讨论前，教师花 2~3 个星期与学生一起参加课堂博客，展示如何开始讨论，如何根据每周的阅读提出问题，并示范主持人如何承担不同的角色（请参见图 6 和图 7）。

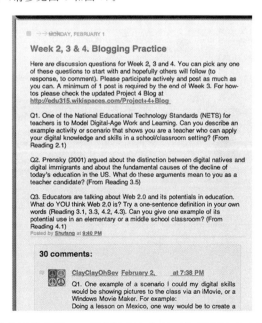

图6 教师示范案例一：教师演示如何针对每周阅读内容发起讨论

图 7　教师示范案例二：教师演示主持人如何承担不同角色

班级博客开展 2~3 个星期后，学生可以翻阅博客帖子，分析指导老师的发言，分辨出指导老师所示范的不同主持角色。

策略四，评估标准具体化

具体的评估标准对于小型项目的课程至关重要。除了笼统地解释项目标题外，还要求学生对每个项目都有完整的注释，并回答以下问题：

- 本媒体项目的制作者/作者是谁？
- 本项目针对哪个年龄段水平的学生？
- 是否整合了主题资源？设计该活动的主题是什么？
- 该项目的目标是什么？
- 这个媒体项目是否鼓励学习者使用解决问题的技能？如果是，使用了什么方法？
- 全方位设计学习（Universal Design for Learning）差异化：教师如何设计弹性的课程，满足不同能力、不同背景和不同动机学生的需要？这个课程在哪些方面可以帮助有身心障碍的学生？
- 作品的文件格式（.docx，.pdf，.wmv，.mp3，.m4v……）是哪种？需要什么插件才能打开这些文档？在哪里下载这些插件？
- 其他说明、以何种方式查阅这些文档（即打开文件所需的软件、方法的链接或说明，以及文件本身的链接）。

在上述问题中，学生对小学课程内容方面，对如何帮助他们的小学生解决问题，并提高小学生解决问题的能力方面感到尤为困难。通常学生认为有创意的活动并不能促进批判性思维的培养，或认为只是在技术上完成任务，而并未促进批判性思维能力的培养。例如，为创意灵感故事选择图片的活动，有些活动华而不实，没有在把握活动目标的基础上，加入更深入、更加创新的内容。通过一套具体的评估标准，如量表（见图 8），可以帮助学生清楚地认识到需要把各类工具有意义地与小学课程内容整合在一起,而不是把工具当作新奇的玩意儿为工具而工具。具体的评估标准对于指导数字移民学习技术工具非常重要,并且在学生对作业内容不清晰时,可很好地补充。

Rubric: Project 8 My Class Wiki

	Components	Points
1.	Content & Design: a learning activity (or a few learning activities) that is inquiry-based (vs. knowledge based). The design enhances critical thinking and collaborative learning with meaningful integration of the wiki tools with a content area (s).	2
2.	Technically: used a variety of tools offered by wiki (e.g. Widget).	2
3.	Manage Wiki: Member, Permission (Public/Projected), Invite people, etc.	2
4.	My favorite Wikis: explore given the links and resources and find a minimum of 3 wikis that might inspire your own design.	2
5.	Annotation: A full annotation with each question fully answered.	2
Total		10

图 8 评估标准量表示例

以下是图 8 评估标准量表示例的中文版:

课程项目 8——我的课堂 Wiki

序号	标准	分数
1	内容和设计:设计一项或多项探究型(而非知识型)的学习活动。活动设计应该增强批判性思维和合作学习能力,将 Wiki 工具与某块学习内容有效结合在一起	2 分
2	技术:使用 Wiki 提供的各类工具	2 分
3	Wiki 管理:成员,允许(公开/推介)邀请他人等	2 分
4	我最喜欢的 Wiki:探索已给资源和链接,找到至少三个对你的设计有启发的 Wiki 资源	2 分
5	注释:对每一个问题做出回答的完整注释	2 分
总分		10 分

策略五，松散性地定义项目内容

虽然大多数课程项目有具体的和固定的要求，但有些课程也提供开放的项目内容，如"到悬崖边来"（见图9）和"我的工具箱"。在这些项目中，教师可以使用丰富多样的技术工具，尽可能多地探索教室中其他教师如何使用各类技术工具，并在课程结束时（有时甚至是课程结束后），继续使用某些技术工具制作教学活动媒体。因此，教师也许可以接触到正常教学和学习过程中遇不到的工具。鼓励教师以不同的方式理解工具用途，并把这些工具用于其他合适的领域。在这个阶段，学生还很难设计出有意义的课堂活动，因为他们还没有机会在真正的课堂内使用这些工具。因此，目前的重点是让教师了解所选择的工具，并不断练习如何使用，这是把工具有效融入小学课堂教学的非常必要的一步。

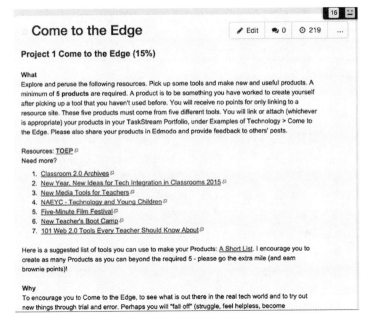

图9　课程项目：到悬崖边来

策略六，教会学生对自己的学习负责

成为优秀教师的最好办法就是在教学实践中获得教学经验。小型教学项目（项目6电子白板/模拟教学）为教师在真实课堂内既提供机会，又面对挑战（见图10）。首先，教师既要以个人方式设计和实践他们的课程，同时又要以小组方式完成任务。然后，他们与授课老师讨论问题，接受反馈并进一步改进。学生利用自己有限的学科知识设计完成课程内容，教师在学生遇到困难时给予帮助。其次，学生在严格规定的时间里演示课程，因此要鼓励学生事先进行排练，这样有助于熟悉上课环节，节省演示时间。课程结束时，教学小组继续留在讲台上，组织 10~15 分钟反馈讨论。与此同时，小组成员之一用动态在线的全班每个人都可同时看到的 Google Doc 做笔记，记录老师和同学对他们小组模拟教学的反馈和建议。

Project 6 Smart Board/Mini-Teaching (5%)

What
This is a group project. As a group (3-5 persons), you will design and teach a 15-minute mini-lesson using Smart Board. The lesson needs to be interactive, hands-on, authentic, and with a defined grade level (1-6) and a content area (Math, Science, Social Studies or Language Arts).

Why
1) To pick up and sharpen your SMART technology skills and to integrate SMART technology into your teaching;
2) To cultivate a positive and responsive disposition toward learning new media and to overcome the fear of technology.

How
1. Sign up for the week you will teach on the Signup page (Week 7 to Week 12 - 5 weeks);
2. Design your lesson and practice it both individually and as a group well in advance before your week of teaching;
3. One week before your lesson: meet with Dr. Shi to go over your teaching plan, adjust according to feedback.
4. Teach your lesson at the appointed time (please rehearsal and make sure you follow the 15-minute timeline);
5. At the end of your mini-teaching, your group will facilitate a peer feedback session (10-15 minutes) and note down the peer feedback (you can create a peer feedback page in the course wiki while facilitating the peer feedback session).

The feedback will follow the following guidelines:

图 10 课程项目：迷你教学

通过小组讨论教学内容/教学方法/教学格式、设计或再设计、练习/排练、实际同伴教学和同伴反馈这几个环节的训练，教师能够较好地掌握他们所选择的教学内容、教学材料、教学程序、学习活动和教学策略。在这个过程中，教师常常会学习到新的技能和教学策略。学生会觉得这是一个"习得"的学习过程，而不是指导老师直接"填鸭式"的灌输给自己。因此，在这个过程中，他们的能力得到提升。

策略七，解决问题制度化和培养批判性思维

学习和使用信息技术全部围绕解决问题来开展。解决问题最理想的方式可以通过学习活动和课程项目实现，也可以通过微小的任务实现。比如上课第一天，把课程二维码贴在教室门或墙壁上，引起学生好奇心。在第二周时，过了一个星期，班上的同学第二次接触到二维码，就有四分之一的学生明白这个二维码是什么。因为有一个学生看到二维码，就会和他的同桌聊起二维码，并将二维码扫描程序下载到自己的手机中，随后越来越多的学生也会跟着这样做。

培养解决问题的能力是本课程项目和学习活动的重点。在设计本课程项目时，请考虑以下相关问题：

• 你预测将以哪些方式整合这个应用程序，来促进学生课堂学习？
• 整合这个应用程序能够有效鼓励学生提高解决问题的能力吗？如果能，它是以怎样的方式来有效激励学生的？

以 VoiceThread 项目为例，学生需要设计小学课堂学习活动，把 VoiceThread 工具应用整合到学习内容中。这个工具经常作为一个辅助工作在课程中得到应用；经过几轮的修改，设计有所改进，学生理解了这种方法通过使用图像、概念和语言来激发思维，引发有意义的讨论。图11是 VoiceThread 强调解决问题能力的案例。此 VoiceThread 作品涉及政治漫画分析。VoiceThread 软件的使用者利用涂鸦工具和语音/音频工具，指向图像特定区域，询问六年级学生三个有待讨论的问题：为什么这些人物都指着对方？背景中的数字是什么意思？你认为左边的大手表示什么？

图11　学生设计的专注于思考并解决问题的一个 VoiceThread 作品

策略八，鼓励思考

既然即将成为一名教师，那么理解自己过去的学习方式如何成就现在的自己，理解自己的学习和经验如何在将来影响和改变自己，是极为重要的，因此要鼓励学生在课堂内反思探索技术时获得的经验。反思基于以下几个基本问题：

• 你认为自己通过这个课程有所收获吗？如果有，那么是通过何种方式得到的收获？你现在熟悉哪些工具、资源或系统？你还特别想知道哪些没有掌握的内容？

• 本课程对你最重要的意义是什么？这个课程将如何帮助你未来的教学？在哪些方面没能帮助你未来的教学？

• 在这门课程中，你收获了哪些令人兴奋的经验？你经历了哪些挫折？

接下来要求学生思考较深层次的问题，详见图12和图13。

Some more food for thought - have a slight taste of the points below - think about them but do not force an answer. You can skip the issues below if you have yet to think about your overall vision or plan.

7. Do you have a vision related to the use of educational technology in the classroom? Do you have a plan? What do you want your students to accomplish with educational technology?

8. What is thoughtful use of technology in schools? What does it look like? What does it mean to integrate technology? How might you organize the use of different tools in an integrated fashion?

9. What specific tools did you learn that relate to your teaching philosophy? Do you even have a teaching philosophy?

10. How might you share your accomplishments with others in technology integration when you are a teacher?

图 12　教师给出的反思问题

When I first began this course I was one of those people who actually thought they had a really good grip on technology today. I never realized how far technology has come and how much I am really missing out on. I thought knowing technology meant I could burn cds download music and make photo albums online. It wasn't until I found myself sitting in this class that I realized that what I thought was up to date was really dinosaur technology compared to what is being used now.

This course gave me a sampling of all the technology that is out that at my disposal as a teacher. I have been shown that Microsoft Word is not the only useful thing in the office suite you purchase. I now know that I can utilize publisher to help me create brochures, business cards, posters and many other things for my classroom. I also learned about a web quest as well as and a photo story. Finally probably the most useful thing we used was the site building programs which included Google sites, Filezilla, and Nvu .

图 13　学生的反思

笔者在教育技术课程中有效地应用这些方法和策略，发现学生对课程评估有显著改善。学生对新技术学习做出了积极的反应，并在完成他们的设定目标时，达到了自己满意的程度。这些非数字原住民不再害怕或厌恶教育技术工具。相反，他们学会了去使用新技术，同时自信心和自我效能均得以提高。一些学生使用了在这门课程中学会的工具来为其他课程设计项目，这些行为表明他们业已具备活学活用、举一反三的能力。

总结

本章节详细陈述了根据笔者的教学经验提供的八种教学策略。这些方法和策略来自于繁杂的日常教学，每个课堂都有师生共同参与。在这个过程中，他们遇到了可喜的成功，也遭遇过困难和挑战，但这些都是为了创造理想的学习环境。这些经验绝不能简单化处理，因为有太多变化因素、影响因素和不同的课堂情况，更重要的是，教师总是与有不同误解、困惑和需求的学生打交道。我们希望通过这些不断丰富的教学经验，促进教学相长。因此，每位教师应该不断适应学生，并依据学生的情况来发展适合自己学生的教学策略。

"教学相长，"贝恩说，"教学……正是创造某些条件，使学生挖掘自己的学习潜能。"（Bain，2004，第 173 页）教育的过程总是会涉及这些基本问题：什么是学习？我们如何创造一个优化学习的环境？如何衡量学习进步或退步？教师如何推断哪些方法对学习最为有效？有效和成功的教学不仅仅是在特定环境中应用技巧和策略，而创造一个有效的学习环境和氛围才是第一位的。

正如人们常说的，最好的教学，既是科学又是艺术。

参考文献

Bain, K. (2004). *What the best college teachers do*. 2004. Cambridge, MA: Harvard University Press.

Kolb, D. A. (2014). *Experiential learning: Experience as the source of learning and development*. FT Press.

Palincsar, A. S. (2005). 12 Social constructivist perspectives on teaching and learning. *An Introduction to Vygotsky*, 285.

Prawat, R. S., & Floden, R. E. (1994). Philosophical perspectives on constructivist views of learning. *Educational Psychologist*, 29 (1), 37—48. doi: 10. 1207/s15326985ep2901_4 Prensky, M. (2001). Digital natives, digital immigrants part 1. On the horizon, 9 (5), 1—6. doi: 10. 1108/10748120110424816.

Prensky, M. (2013). Digital natives, digital immigrants. In K. Blair, R. Murphy, & J. Almjeld (Eds.), *Cross currents: cultures, communities, technologies*. Cengage Learning.

Robinson, K. (2011). *Out of our minds: Learning to be creative*. John Wiley & Sons.

Toffler, A. (1973). *Future shock*. New York: Bantam Books.

Tondeur, J., van Braak, J., Sang, G., Voogt, J., Fisser, P., & Ottenbreit-Leftwich, A. (2012). Preparing pre-service teachers to integrate technology in education: A synthesis of qualitative evidence. *Computers & Education*, 59 (1), 134—144. doi: 10. 1016/j. compedu. 2011.10.009.

第四章

从"数字移民"到培养"数字原住民"

  "我"(淑芳)本是一个应用语言学专业的中国上海交通大学的英语老师,后来到美国密歇根州立大学念教育技术方向的博士,再到纽约州立大学科特兰分校当教育技术老师,这个过程体现了我从一个"数字移民"蜕变为培养"数字原住民"①——美国90后小学教育专业教师的艰辛历程。

  我的职业目标是成为一位学者型教师,因此,我的教学研究贯穿了这样三条主线:一是在线教育。我发现了"线性理论",在教师课堂调控和学生参与教学方面做了深入的探索;我还申请过美国国家科学基金,在首次申请成功率只有8%~12%的激烈竞争中失败了,但这个经历培养了我的组织协调能力、管理能力和学术能力。二是与学校信息中心的同人一起,共同为全校教师服务,帮助他们学会某些信息技术,并使他们能够把技术应用于教学。三是我自己的教学研究,帮助我的学生学会信息技术,使他们有能力把信息技术应用于他们自己的教学之中。

---

  ① 美国教育学者马克·普连斯基(Marc Prensky)于2001年提出"数字原住民"(Digital Natives)和"数字移民"(Digital Immigrants)的概念。前者指一出生就面临着一个无所不在的网络世界,数字化生存是他们从小就开始的生活方式,人们通常把20世纪90年代以后出生的人称为数字原住民。后者一般指20世纪80年代以前出生的人,其生活中数字技术、数字文化从无到有,他们是数字时代的新居民。当然,两者在年龄上没有严格的界限。

1. 蹒跚走进学术研究之门

如同孩子蹒跚学步一样,每位学者亦有自己的学术伊始。那是我在上海交通大学外国语学院攻读研究生学位时,我开始步入学术研究之大门。

我师从奚兆言教授,专业是语言学和应用语言学,硕士毕业论文是《在语篇水平上的动态对等翻译》(*Dynamic Equivalent Translation on Discourse Level*),研究方法是文献法和语篇分析法。图 4-1 为奚兆言教授与我的合影。

图 4-1　奚兆言教授和我

奚老师是位性格温和的翩翩君子,对学生关爱有加。他在美国学习过,会不时向我介绍国外最新的或经典的翻译理论。其中,印象最深的是美国翻译家尤金·A. 奈达(Eugene A. Nida)的功能对等翻译理论。奈达于 1943 年获密歇根大学语言学博士学位,曾任美国语言学会主席。他曾到过 96 个国家,其中到中国有 13 次之多。奈达理论的核心概念是"功能对等",意思是,翻译时不求文字表面的死板对应，而要在两种语言间达成功能上的对等。他指出，"翻译是用最恰当、自然和对等的语言从语义到文体再现源语的信息"①。我反复研读奈达和其他大家的著作，领悟其中的深意。"形和"和"意和"的概念对我的影响最大。东方人往往是"意和"，文藻华丽，情感饱满；西方侧重"形和"，即英语结构像竹笋一样，一层一层剥开。这个概念对我日后的翻译产生了深远的影响。

奚老师循循善诱，引导我走上学术研究之路。每次我去他的办公室，总是"丑媳妇早晚要见公婆"的心理，带着未整理好的思路与他交流。但无论我讲得好坏，他从不批评。有时我说得很随意散漫，边说边整理思绪，他就随着我的思路分析、补充，在你来我往的互动中，我的思路会渐渐清晰起来。读书、研究未必一定坐在书斋里，师生间的学术交流，也是思维的碰撞，会激起学术灵感的火光，也是我学术思考一步步成熟的催化剂。"亲其师，信其道"，师生间的信任难能可贵，我对奚老师没有惧怕，在他面前，敢于表达自己的观点，学术自由的种子在萌芽。

写论文是学术研究的常态，在那个痛并快乐着的过程中，我常常沉浸在读书和思考中，食不知味，夜不能寐。有一次，论文写到最后两章，忽然文思如涌，英文词句像瀑布一样从我的脑海奔流而下。后来，我把硕士论文最后一章的结论部分改写成一篇论文，经奚老师推荐去参加上海市科技翻译学会年会论文比赛，深得翻译界同行青睐，获得当年论文一等奖，并几乎原封不动发表在上海市科技翻译学会会刊上，该文是那期会刊中唯一一篇以英文写的论文。记得当时的会长是方梦之先生。这是我第一次发表文章，第一次获这么大的奖，也是我研究生生涯中值得纪念、备受鼓舞的大事。这一切和奚老师对我的教导、培养、鼓励是密不可分的。

虽然后来我的博士研究和教学工作都与语篇翻译相去甚远，但是，从大处说，严谨、专注、交流、自由等学术人格的关键词，深深烙印在我的心里；从微观看，如何阅读文献，如何从文献顺藤摸瓜，形成文献网络，如何归纳、分析、比较，在文献的夹缝中找到新的研究点，这些研究品质对我影响深远。

从上海交通大学硕士毕业后，我留校任教。我的学生是从全国挑选出的很优秀的尖子生，我感觉教学相长，需要通过不断充电来提升自己。20 世纪 90 年代初，在高校教书的人要想出国办护照，先必须上缴房产证，办理辞职手续。我当时只想出国半年，提高口语能力，了解外国文化，压根儿没想久留。但是，我的访问学者签证，竟然两次被拒签。出国之路上的一波三折倒激发了我去美国深造的愿望。

---

① 郭建中. 文化与翻译 [M]. 北京：北京对外翻译出版公司，2000.

第四章 从"数字移民"到培养"数字原住民"

去美国读什么专业是我思考的问题。我有个同事也是我的挚友魏先军，借给过我一本小书给我，这本书写的是如何教0～3岁的小孩子早期识字，逐步进入阅读，还附了一些成功事例。书中认为三岁幼儿能从早期识汉字进入阅读的理念对我来说很神奇。看着那么小的孩子专注阅读，我觉得有些不可思议。这本薄薄的小书可以说对我的人生变迁起了不小的作用。后来我有了儿子，我就用书上的理论和方法指导儿子识字。本来想把儿子培养成掌握汉语、英语的双语儿童，但因为这本书的缘故，我在儿子6个月大的时候，开始教他认汉字。8个月的时候，他已经认识40多个汉字了。儿子一岁半上幼儿园时，老师发现他可以用小指头指着念写在本子上的工整的教案。三岁时，儿子已经能自己阅读少年百科全书。五岁时，已熟读《水浒传》和《三国演义》，对《水浒传》中许多好汉口述如流，如数家珍。老师、朋友和邻居都以为我儿子是个天才。我自己知道不然，我只是用对了方法，依了幼儿想要探索周围世界的本性，我相信的理论指导是：儿童大脑具有超出成年人想象的巨大潜力。我的亲戚以及我的大学同学伊咏教儿子早期识字的过程和经验也给了我很多启示和思考。书上说，孩子如果能认六七百字，会慢慢开始进入阅读。我想，一天认一个字，一年就是360个字，两年就是720个字。我对儿子的早期识字做了详细记录，连当年那些用旧挂历做的识字卡都保存了很多年。用心教导，循循善诱，儿子果然在上小学之前进入了自由阅读阶段。

儿子早识字也带来了忧虑。阅读很超前，但数学、心理、身体和年龄还是和同龄儿童相似。儿子刚上幼儿园时，每天哭个不停；很多时候，我送完孩子，也是眼泪汪汪。在我的大学教室外，擦干眼泪才进课堂。几个星期后，儿子才渐渐开始适应幼儿园生活。在接送儿子上幼儿园时，我每天会与幼儿园阿姨和老师交流。有一天阿姨颇有些忧虑地说："你儿子没学会跳绳，协调力差。"我这个年轻妈妈对儿子的任何细节都放在心上，当下心里嘀咕，每个孩子的能力差别大着呢，不会跳绳有什么大惊小怪的。在这样的个人探索和需求背景下，我对儿童早期教育很感兴趣。同时，我也在探索，为什么中国学生从小到大花费很多时间在英语学习上，但是却收效甚微？语言学习的路线应该是什么样的？我们能不能用更有效的训练使语言学习更容易、更有趣、更具幸福感？因此，我把出国读书深造的专业锁定在教育心理学方向。

要出国得考托福和GRE。托福没问题，GRE对我来说可真不简单。无数个夜晚，风雨无阻，我从上海交通大学闵行校区乘校车到徐汇校区，然后借奚老师的旧自行车，去前进进修班读GRE课程。我坐在能容纳上百个学生的教室里，看到我的学生也在，一方面感觉学数学和逻辑对我来说难如登天，另一方面感觉自己确实需要学习!

我申请了密歇根州立大学教育心理学博士。在陈述申请动机和目的部分,叙述了以上教儿子早期识字和阅读的真实经历和思想。

后来,我意外地收到了密歇根州立大学赵勇博士(Dr. Yong Zhao)的面试通知。赵勇博士拥有雄厚的研究资金,会来中国挑选他的研究生。我的GRE虽然考糊了,但承蒙赵老师错爱,给了我全奖,即两个研究助理职位。虽然不是我最初想学的教育心理学专业方向,但当时我的情况是有奖学金才能留学美国读博士。我于是成为赵老师的学生,读信息技术专业博士。事实上,我当时的信息技术知识少得可怜。在上海交通大学时,我个人甚至没有一台办公计算机,要到系办公室才能使用。而且,我是学英语出身的,没有经过信息技术方面的训练。在这样的背景下,我要念信息技术专业的博士,难度之大可以想象。赵老师是严格的老师,他对学生的学术要求很高,我得踮起脚努力去达到他的要求。如果说奚老师的温和造就了我的学术自由,那么,赵老师的严格造就了我的学术严谨。是赵老师给了我来美国深造的机会,带我走进了通向世界的另一扇门。对此,我永远感激。

2. 艰辛的读博岁月

我就这样来到密歇根州立大学,开始了艰辛的博士岁月。

博士生要修很多专业课。而我,出于对许多闻所未闻的课程的好奇,选了教育学院之外如修辞理论和后现代主义等一些非博士学分要求的课程。

教育理论这门课对我的研究思维方式有很大的影响。我见识了各种学习理论和流派,两个大牌教授苏珊·弗洛瑞-润(Dr. Susan Florio-Ruane)和大卫·皮尔森(Dr. David Pearson)轮流执教,大卫·皮尔森后来被聘为加州大学伯克利分校(University of California, Berkeley)教育学院院长。这门课有九本书,每一两周讨论一本。两位教授带着我们领略了各种理论和流派。他们介绍了杜威(John Dewey)和维果茨基(Lev Vygotsky)的理论,给我打开了新世界的窗口。教授们上课的方式体现了他们对理论的演绎。在中国读书时,学生要虔诚接受教育大家们的理论,分析主题思想和内容;但这两位美国大学教授的上课方式不是老师讲课,而是分成小组,每周有固定学生组织。每个组引领全班讨论,一般从四个方面展开:第一,学习作者的思想(What are the big ideas?),了解作者说了什么;第二,理论的关键点是什么(What's the point?),作者到底想讲什么;第三,然后又如何(So what?),你要说服我;第四,谁最关心这个理论,是家长、校长、老师还是其他人(Who cares?)。每本书都从这四个方面讨论,这个口语化的模式很有价值,不仅剖析了作者的思想，更主要培养了学生的批判性思维。看文章时，还要根据书后的文献，顺藤摸瓜，阅读更多的文献。名教授的特点是非常了解其研究领域的最前沿，高屋建瓴。他们不仅阅读量大，而且善于概括总结，有自己的想法。另外，两位大牌教授自愿组合，共同教一门课，精彩纷呈。这种合作教学是非常有价值的做法，便于教授之间互相讨论，比单独一位教授教一门课思路更开阔。

有一门课叫语篇分析（Discourse Analyses）。当我看到这门课的名称时，感觉好亲切，因为我在上海交通大学的硕士论文就是语篇水平上的翻译。可是，在美国的语篇课不一样。当时在中国上的语篇课是指微观的语篇，主要是分析英文文章的结构。美国的语篇分析是一个宏观的领域，一种定性研究方法。有本书是语篇分析鼻祖写的，很难，我根本看不懂，美国同学也说文本书晦涩难懂。秋假的一天，我背着书包，到了空无一人的法学院图书馆，潜心研读这本书。我在图书馆转悠的时候，发现了一个法学院的模拟法庭，很威严，但当时不知是什么地方，我感觉似乎像爱丽丝漫游仙境一样。看到他们的教室那么豪华，还有法庭，对比之下，不得不感叹教育学院的清贫和读书的艰难。读书痛苦的时候也在想，我在国内已是名校副教授，为何要跑到这里来受苦？我有时连续几天待在办公室读书和分析，渴了，喝口冷水；饿了，啃个面包。那个冬天，我把一件白色的羽绒服长外套放车里，以前的印象是美国不丢东西，可是，那晚车窗没关，我心爱的衣服不翼而飞了。

我还选了一门修辞学课（Rhetorics）。密歇根州的冬天经常下雪，有一天，由于雪太大，大家无法见面，教授詹姆斯·鲍特临时决定，要我们在家里利用网络进行讨论。上完课之后，讨论的文本由计算机自动保存。经过教授和同学的同意后，我用语篇分析理论对修辞学课的网络讨论文本进行分析，作为我另一门语篇分析课的作业。我在思考和写作时有个习惯，喜欢在大纸上画图。我以时间段（Time Line）为单位对文本内容进行画图分析。随着图慢慢展开，我逐渐发现了一个规律——网上即时讨论出现的不同话题之间，在开始、展开和进展中有各种关联，后来经过很多文本分析，我把这些模糊的关联进行定义、量化，设计出系统的分析方法，称为"线性理论"（Thread Theory[①]）（如图4-2所示）。

[①] 在2008年，我在科特兰分校申请了再次研究"线性理论"的课题，详见 Shi, S., (2008). *What Makes Quality Synchronous Online Interaction: Applying Thread Theory to Elucidate the Hidden Pulses of Synchronous Online Interaction.* Research Enrichment & Development Initiative (REDI) Fellowship, State University of New York at Cortland.

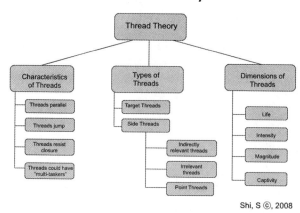

图 4-2 我的"线性理论"框架

发现这个"线性理论"后,我日思夜想,画了很多图,越画越有劲,大概画了一个学期。画图的过程很有趣。后来,我请教了很多人,见了很多有名的教育界专家,他们都觉得有意思。

密歇根州立大学的年轻学者普尼亚·米什拉博士(Dr. Punya Mishra)说,"线性理论"很有创意,作为年轻学者是很难得的探索。但是,你还没有深入研究,对学术的价值很难说。不过,你的探索和方法很有意义,你应该把这个过程写出来,这可能比"线性理论"本身更有意义。于是,我写了一份计划书,申请了斯宾塞基金会奖学金(Spencer Foundation Fellowship),该基金奖励发明或发现了某些概念以及对某些关系的探索(不一定非要有结论),相当于鼓励创新萌芽。我得到了 12 000 美元奖学金,把一年的博士学习费用都覆盖了。以前,我的全奖是做两个助教的工作,而拿到这笔奖学金后,我就可以全心全意地做研究了。在普尼亚博士等人的指导下,我把这个过程写成了一篇文章《线性理论:一个用于即时在线沟通数据内容分析的框架》(Thread Theory: A Framework Applied to Content Analysis of Synchronous Computer Mediated Communication Data)[①]进行发表(如图 4-3 所示),这是我在美国第一次发表文章,也是我博士学习过程中很重要的成绩。

---

① 论文详见 Shi. S., Mishra, P., Bonk, C. J., Tan, S., Zhao, Y. (March, 2006). Thread Theory: A Framework Applied to Content Analysis of Synchronous Computer Mediated Communication Data. International Journal of Instructional Technology and Distance Learning. 3(3), 17-38.

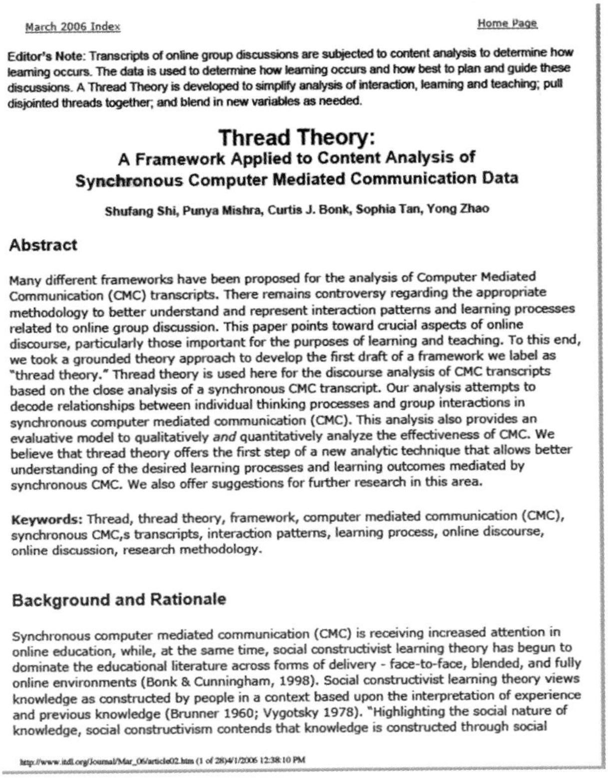

第四章 从"数字移民"到培养"数字原住民"

> **March 2006 Index**   **Home Page**
>
> **Editor's Note:** Transcripts of online group discussions are subjected to content analysis to determine how learning occurs. The data is used to determine how learning occurs and how best to plan and guide these discussions. A Thread Theory is developed to simplify analysis of interaction, learning and teaching; pull disjointed threads together; and blend in new variables as needed.
>
> ### Thread Theory:
> ### A Framework Applied to Content Analysis of Synchronous Computer Mediated Communication Data
>
> Shufang Shi, Punya Mishra, Curtis J. Bonk, Sophia Tan, Yong Zhao
>
> **Abstract**
>
> Many different frameworks have been proposed for the analysis of Computer Mediated Communication (CMC) transcripts. There remains controversy regarding the appropriate methodology to better understand and represent interaction patterns and learning processes related to online group discussion. This paper points toward crucial aspects of online discourse, particularly those important for the purposes of learning and teaching. To this end, we took a grounded theory approach to develop the first draft of a framework we label as "thread theory." Thread theory is used here for the discourse analysis of CMC transcripts based on the close analysis of a synchronous CMC transcript. Our analysis attempts to decode relationships between individual thinking processes and group interactions in synchronous computer mediated communication (CMC). This analysis also provides an evaluative model to qualitatively *and* quantitatively analyze the effectiveness of CMC. We believe that thread theory offers the first step of a new analytic technique that allows better understanding of the desired learning processes and learning outcomes mediated by synchronous CMC. We also offer suggestions for further research in this area.
>
> **Keywords:** Thread, thread theory, framework, computer mediated communication (CMC), synchronous CMC,s transcripts, interaction patterns, learning process, online discourse, online discussion, research methodology.
>
> **Background and Rationale**
>
> Synchronous computer mediated communication (CMC) is receiving increased attention in online education, while, at the same time, social constructivist learning theory has begun to dominate the educational literature across forms of delivery - face-to-face, blended, and fully online environments (Bonk & Cunningham, 1998). Social constructivist learning theory views knowledge as constructed by people in a context based upon the interpretation of experience and previous knowledge (Brunner 1960; Vygotsky 1978). "Highlighting the social nature of knowledge, social constructivism contends that knowledge is constructed through social

图 4-3 《线性理论》文章发表

  但是,我对"线性理论"的研究迟迟没有进展,问题出在概念模糊,导致研究路径不清晰。普尼亚博士又建议我缩小范围,寻找更微观的切入口。

  那段时间的日子简直是一团糟,虽然有奖学金,但还要完成助教工作,而博士论文连门在哪里都不清楚。学业的压力、经济的窘迫、情感的变故,每一件事都像沉重的石头压在我的心头,以至于我处于崩溃状态。为了去美国念书,我放弃了太多的东西,离开亲人、辞去上海交大的工作、上交学校分的房子……后来读到一篇文章,讲我们那一代人出国,在情感、物质、社会关系、职业发展上放弃了很多,在异国他乡的文化和种族之间,甚至产生了心理错位。可是,我们已经来到了美国,儿子也在美国开始读小学,就只能一直往前走。人生有得有失!得失之间,很难平衡,也很难比较优劣。随着网络的发达,我只能用"地球人"来自我安慰。

  再回到密歇根那漫长的写论文的日子。冬天,到处白雪皑皑,多日不见阳光,让人心情灰暗抑郁。整夜枯坐在办公室,面对电脑,心急如焚,却没有头绪。终于,春天到了,树绿了,满树的花开了,但北美辽远的蓝天、和煦的阳光,没有给我带来欣喜,我仍然处于读书、研究、焦虑、思乡的循环中。又经过了多少个日日夜夜,记不清读了多少书,画了多少图,终于发现聚焦在线课堂,运用定性研究和定量研究相结合的手段,可能是一个可行的方案。

我的博士论文是《实时在线课堂中的教师调控和学生参与》(Teacher Moderating and Student Engagement in Synchronous Computer Conferences),目的是深度了解教师调控水平与学生参与度之间的关系。在当时的背景下,网络教学的文献比较多,但对实时在线课程的教与学的关系做深层研究的不多,我的博士论文丰富了这个研究点。

我的良师柯蒂斯·邦克博士(Dr. Curtis Bonk)把我介绍给加拿大的两位大学教授,他们同意向我开放他们的在线课堂,以便我获得研究样本,进行数据分析。由于时间关系,我不可能参与每一节课,我的资料收集是参与实时在线课堂以及加拿大教授为我保存的文本内容。需要提醒的是,当时的在线课堂大多数没有视频画面和语音,只有实时文字指令和文字讨论。加拿大教授每周教一个班的四组学生,我的研究持续了11个星期,因此,共获得了44个文本。

教师调控课堂的变量包括教师发布信息的数量(Number of Teacher Postings)和质量(Quality of Teacher Postings),学生参与的变量包括学生行为(Behavioral Engagement)、社会情感(Social-emotional Engagement)和智力参与[①](Intellectual Engagement)。定量分析发现智力参与是影响学生课堂参与的关键因素。

本研究有助于教师更好地、有针对性地设计和组织在线教学,提高在线教学的质量。信息技术日新月异地发展,当时的远程设备早就被淘汰了,但是,在互联网时代,怎样使教师调控和学生参与更为有效,仍然有研究价值。我的研究展望是:在互联网时代,随着全球一体化的进程,学生在线学习和教师在线培训具有无限的发展空间,线上与线下相结合的手段将进一步使培训更为便捷、有效。

我的博士论文的一部分后来发表在美国教育技术领域的领先刊物《网上教学期刊》(Journal of Online Learning and Teaching)2010年第2期[②]。

---

① 智力参与指参与者互动和辩论的现象。参与者可以是个体,也可以小组为单位,深入探讨问题。对智力参与的调查表明,学生通过持续的话语和讨论,参与知识建构和意义确认。他们不仅获得新的知识和应用技能,而且获得深层次的批判性思维和推理能力等高等思维能力。因此,高等思维和互动性被认为是学生智力参与的关键指标。

② Shi, S. (June, 2010). Teacher Moderating and Student Engagement in Synchronous Computer Conferences. *Journal of Learning and Teching*, 6 (2). 431—445.

3. 在线教育路上的两位良师挚友

印第安纳大学课程与教学方向的柯蒂斯·邦克博士是位德高望重、精力充沛、热心助人的学者,也是我的良师和挚友。

我和柯蒂斯先是网友,好几年后才见面。茫茫大千世界,我们的相识始于偶然。在上海交通大学工作的时候,在美国念过教育心理学博士的朋友金波推荐我读柯蒂斯的文章。我不仅读了,而且还给他写了一封信,没想到他竟然回信了(后来听说他对学生有信必回)。我们通了两三年的信,谈了很多学术观点,我也表达了希望读他的博士的想法。可是,他没有足够的资金,就没法接收我,除非我自费读书,但是我也没有那笔费用。所以说,柯蒂斯起先是我的网友,并且我们曾有过很多年的学术通信往来。

在我到密歇根州立大学念博士后,我们还经常通信。有一次,我们参加在芝加哥举行的美国教育研究学会年会(American Educational Research Association,AERA)。这是教育界的盛会,会见到教育界的老朋友、念博士时的老朋友、老同事、导师。我从密歇根赶往芝加哥,见到了未曾谋面的老朋友(图4-4为我们当时的合影)。柯蒂斯很帅,对每个人都很热情。我们一起听黑人蓝调(Blues,亦翻译为布鲁斯),这是美国早期黑奴抒发内心苦闷而演唱的歌曲,后来演变为爵士、摇滚和福音歌曲。那是我第一次现场听现场黑人音乐。记得那首歌是《回到三角洲》(*Back to Delta*)。直到现在,我最喜欢的曲调仍然是蓝调。在芝加哥年会上,柯蒂斯是聊天大王。他关心别人,幽默诙谐,喜欢开玩笑,跟他在一起不感到拘束。比如,年会时大家一起吃饭,他看到一个打扫卫生的年轻人,也跟人家聊天,问人家生活得怎么样,有没有在念书。他的快乐和热情感染了很多人,大家都很喜欢他。他有很多学生,可他能关心到身边每一个人。他的研究生们夸张地说他从来不睡

图 4-4　柯蒂斯·邦克博士和我在美国教育研究学会 2008 年年会上

觉，意思是说他精力充沛。

柯蒂斯是网络教学研究的大家，他给过我很多指点，向我介绍过很多阅读文献和资源。我跟他探讨过我博士论文的数据来源和收集的问题。欧美国家由于保护知识产权和隐私等问题，做研究收集数据不容易。柯蒂斯认识很多人，研究领域广，他把我推荐给两位加拿大教授。由于我的研究涉及加拿大教授和学生的信息，所以，在进入机构审查委员会（Institutional Review Board，IRB）正式申请程序之前，加拿大教授要与我的导师普尼亚了解我的研究情况，普尼亚需要跟他们进行沟通。按照规定我不能听他们谈话，我得从办公室出去。他们终于达成共识，同意我做远程课堂观察，并同意与我分享文本资料做我的博士论文研究。当成立我的博士论文答辩委员会的时候，柯蒂斯成为我的论文委员会成员。他从印第安纳州特地飞到密歇根州参加我的论文答辩，这对我非常难得，因为博士论文委员会一般由导师和其他三人组成，多数时候都是自己学校的，外校来的很少。后来参加学术年会，我总盼望见到柯蒂斯。我们后来还合作过学术演讲。有一年，纽约州立大学教学和科技年会（State University of New York Conference on Instruction and Technology，SUNY CIT）邀请了柯蒂斯，并且他做主题发言人（Keynote Speaker），可见他的学术分量。

另一位良师益友就是普尼亚，他也是我的博士论文导师，年龄比我还小一点。普尼亚是印度人，非常聪明幽默，思维敏捷，对学生很认真。每次见面，他的第一句话都是："你好吗？别人对你公平吗？（How are you? Did everyone treat you fair?）"紧接着另一句是："你对别人公平吗？（Did you treat others fair?）"读博士很苦，学生会经常抱怨，说别人对自己不好，他的意思是别人怎么对你，取决于你是怎么对别人的。他用幽默的方式教我们如何做人，并化解我们的读书压力。我喜欢打篮球，既可以锻炼身体也可以解压。普尼亚也喜欢打篮球，他水平很高。球场上，我们这帮学生和导师曾一起切磋球技，大家使出浑身解数，简直到"六亲不认"的地步。

我告诉普尼亚，我不想学教育技术，一是困难，二是这不是我的兴趣所在，我读博士的初衷是想研究儿童早期识字。他说，一个人的学习必须是自己喜欢的，你要跟随你的激情（follow your passion）。他举例说，他自己读博士期间也换过导师，因为与之前的导师合不来，但是，他非常尊重导师的学术。他说他认识伊利诺伊大学香槟分校（University of Illinois at Urbana-Champaign，UIUC）的一个教授，是研究儿童早期识字的大家，而且对中国字也很有研究。在美国有很多跨学科的研究，一个大的框架下有很多小的分支。你可以转学，我可以帮你写封信。我一听，好激动啊！我读博士的初衷就是要研究这个领域，这下子我可以追随我的兴趣和激情了。但这个教授当时没有奖学金，我只能老老实实待在密歇根州立大学继续研读信息技术。

在我用"线性理论"计划书申请到斯宾塞基金会奖学金并告知普尼亚的时候，他赞赏有加——他总是以赏识和鼓励的态度对待学生。当时，我已经在赵勇老师那里念了两年多博士。赵老师有充足的研究基金，他非常忙碌，而我对"线性理论"颇有心得，急切希望有人来指导我。普尼亚愿意，于是，我请普尼亚做我斯宾塞基金会奖学金项目的指导老师，后来转到普尼亚门下继续念博士。读博的前一两年，博士生负责人和授课的教授经常告诉大家入学时的导师是临时的，根据个人兴趣发展可以换导师。事实上，后来我才明白，转换导师其实是很忌讳的事，但我一心追求学术自由、学术激情，当时没有意识到对赵勇老师的冒犯。这么多年来，我心灵深处一直对赵勇老师怀有深深的歉意——是他给了我全额奖学金，我才从上海交通大学来到美国求学。但是，我又想研究我喜欢的领域，对"线性理论"的挖掘，才有了我后来博士论文的方向。人生有很多两难！

成为普尼亚的博士生之后，他对我的博士论文方向给了一个关键性的建议。他说，你要发现理论，首先要有词和概念，并给它们定量，通过长期的跟踪研究，寻找之间的关系。"线性理论"的研究时间会很长，因此，你可能会很多年都完不成博士学业。因此，他建议我缩小研究点，等博士毕业后，再继续对"线性理论"研究。我接受了普尼亚的建议，又由于柯蒂斯推荐的加拿大教授，使得我可以进行实证研究，于是，在接下来的学期中，我一边观察加拿大教授的在线课堂，一边对网上讨论文本进行画图分析，试图发现更多的新东西。我把时间段画得更细，一点一点分析文本内容，规律像洗照片一样渐渐显现。我突然发现了一个很有意义的规律——教师的课堂调控（Teacher Moderating）和学生的参与（Student Engagement）有很多关联。很多张大纸上画满了各种分析标记，是我博士阶段最珍贵的发现，虽然我后来多次搬家，但保留至今。在那几个月里，我阅读了大量文献，发现网络教学领域，人们对教师对学生群体的作用存在很大分歧。人们认识到教师调控远程课堂的重要性，但对其如何影响学生的参与质量与学习效果不太清楚。

普尼亚在信息技术专业方面读的书非常多。我跟他说了我的想法，他马上就听进去了，不仅指出我的读书方向，而且会推荐具体的书单。读书之后，我去跟他讨论，我可以天马行空想到什么说什么，我的每一步他都说很好，然后再推荐其他相关的书给我阅读。一般来说，博士生导师都非常忙碌，除了自身的研究，还要照顾很多学生，因此，学生能见到导师不容易。但在我做博士的时候，我跟普尼亚每周都能见面。他不仅为我推荐书单，和我讨论读书心得，还推荐我认识书的作者。见到从书上走出来的作者，并与之交流，我的心情很激动，对这个话题也就产生了更浓厚的兴趣。

普尼亚是个善于鼓励别人、有激情的人，我对他没有害怕，只有敬重。这一点，他跟我的硕士导师奚兆言老师很相似。我是个有激情、有想法的人，但自信心不足。如果老师对我很鼓励，我就会走得很远；如果老师很严格，我就怕，觉得自己那些新奇的想法很幼稚，就不敢说了。探究我的个性，这与我的家庭成长背景有关。我的父母不识字，我的童年和青少年时光在农村度过，即使我后来走进大上海，成为名校老师，但每当接触到外面世界本领高强的人，我还是会产生害怕和退缩的心理。但是，我是家里最小的孩子，有一个姐姐和四个哥哥，他们给予我的爱和包容，使得我乐于探险。记得初中去学校上晚自习的时候，村里修路，别的女孩子绕道而行，我却和男孩子一样，助跑、跳沟，结果一下子掉到沟里去了，裤腿湿了，鞋子也湿了。天还没黑，家里人都在村子南边的自留地里干活。我就回到学校，在晚自修的课堂上，用体温焐干了自己的裤子和鞋子。成长于这样的原生家庭，我有胆怯、不自信的一面，又有天马行空、追求自由和激情的一面。普尼亚说，我是中国人中最不像中国人的，我说你是印度人中最不像印度人的。他接受了美国的民主思想，对人际关系没有那么多羁绊，没有印度的等级观念。美国教授有个习惯，经常邀请同事和学生到家聚会吃饭（Potluck），大家在一起谈学习和研究。跟老师有了平常的交往，就更容易建立良好的师生关系。普尼亚的太太斯密塔（Smita）也是研究计算机的专家，她很会做印度饭，把两个孩子也照顾得很好。我从普尼亚温馨的家庭氛围，看到了他快乐个性的来源。

永远忘不了，进行博士论文答辩的时候，我很紧张，但过程却精彩纷呈，柯蒂斯和普尼亚都很幽默。答辩完成后，在委员会成员商量是否可以通过时，答辩者要回避。等我返回时，普尼亚竟然准备了一瓶香槟，表示我通过了。这终生难忘的画面和情谊永远铭刻在我内心深处（图4-5为普尼亚·米什拉博士与我参加会议时的合影）。

图 4-5　普尼亚·米什拉博士与我参加会议时的合影

读博士的日子是辛苦的，可是，我却幸运地拥有了柯蒂斯、普尼亚以及许多亦师亦友的求学路上的伙伴，这给我艰辛的求学日子带来了鼓励和充实。

4. 委屈的"只要耕耘，莫问收获"

博士毕业后，我应聘来到纽约州立大学科特兰分校担任信息技术助理教授。我所在的专业被称为学前和小学教育专业，培养的大学生毕业后从事儿童早期教育。所谓早期，指人从出生到六年级小学毕业。我很高兴看到早期教育几个字，因为我到美国的初衷就是探索儿童对世界的好奇，尤其是儿童识字。虽然我没有如愿以偿，但看到儿童早期教育几个字，还是感到一种弥补和欣慰。

之后，我一边教书，一边做研究。我申请到了学校大大小小的课题，小有成就感。在第三年，我把目光投向了美国国家科学基金（National Science Foundation，NSF），这是国家级别的基金，课题题目是"'线性理论'指导下的实时在线教师课堂调控——培养高质量的学生参与和交流"［*Synchronous e-Moderating Through Thread Theory（SMT3）：Fostering Quality Engagement and Interaction in Online Learning*］①。

之所以选这个题目，一是因为自己的兴趣。在科特兰工作的前两年，我申请了学校内部的研究基金，并成功地得到了大大小小的各类基金，特别是"线性理论"得到了学校最大的基金——"增强研究能力和发展的计划"（Research Enhancement and Development Initiative，REDI）。这些都促使我进一步探究"线性理论"，希望在工作岗位上完善它、发展它；二是对学校的贡献，我想建立科特兰在线同步学习中心。当时，全美国和纽约州立大学所有分校都特别需要网上教学，如果我建立了中心，通过自己的研究，会建立很有特色的网上教学，可以做培训、搞研究。纽约州立大学是拥有64所不同层次、多样化的分校，从社区学院到综合性研究型大学，一应俱全。各个分校散落在纽约州各处，有的在繁华的都市，有的在宁静的乡村，有的在群山之中，有的在湖畔或海边。读州立大学的学生绝大多数是本州居民，一些人有家庭和工作，如果有在线教学，将会极大地给学生提供方便，也会有利于国际学生的暑期课程学习。同时，学习中心可以雇用多元文化员工，与世界各地的志同道合者沟通。通过学习中心的研究和教学，会创造无限的学习机会。

写NSF这样的计划书一般要一两年，当然，研究在这之前很久就开始

---

① Shi, S.（PI），Yan, B. & Tan, S.（2008）. Synchronous e-Moderating Through Thread Theory (SMT3). Proposal submitted to National Science Foundation（NSF），DRL-Research & Evaluation on Education in Science & Engineering (REESE). Budget requested：$731,275. Not funded.

了。我已经有了这几年的研究基础,但还是用了近一年的时间才写成了长达15页申请计划书的初稿。这只是万里长征的第一步。

学校科研处对题为"增强研究能力和发展的计划"的项目很重视。他们筹集了一笔研究资金,培养初审选中的六个人。我们除了日常上课,还要担任此基金计划的特聘研究员(REDI Fellowship)。艾米·亨德森-哈尔(Amy Henderson-Harr)是科研处处长,她聘请了一个在美国很有声望、擅长基金申请写作的老专家,他写过不少关于如何申请基金的书。科特兰分校聘请他用一年时间指导我们六位特聘研究员。老专家教我们的第一点是,NSF是个庞大的机构,有各种学科的基金,你要了解并定位自己的分支,知道怎么去找。你还要了解基金想达到的社会效果,再与你的想法相匹配,你要跟负责基金的人交流。教授们往往问,我想研究什么?但申请基金,要看人家想要什么,你要与人家匹配。是你寻找基金,申报基金,而不是人家寻找你,这个思路很重要。再接着写项目申报书,要写清楚你研究的问题,准备用什么方法去解决这个问题。基金的竞争很大,大家都下了功夫,写得都很好,但名额有限,你要能够说服人家。老专家教我们的第二点是,学校如何建立体系给申报者更多的、有效的帮助。要想获得外部基金,学校要组织一个团队,从不同的学科选团队成员,帮助申请者审阅申请计划,提出修改建议,提高命中率,这种研讨叫作质量环审阅(Quality Circle Review)。比如我要申请,就请专家团队来读我的计划书,给我建议,不断修改完善申请计划书。我这些年用了大量的精力写计划书,这本身就是很大的锻炼。做研究与写文章不一样,简单的文章就一个点、一次感悟、一个做法都可成文,而做研究需要统筹规划,倾听各种建议,还要不断修改、打磨。

艾米又组织了好几次研讨,我也在教育系里请不同的老教授读我的申请计划书,他们都提出了很好的建议,我认真改了。比如,汤姆·拉寇纳博士(Dr. Thomas Lickona)看了我的计划书之后说,你如果在研究问题后面配以关系插图会让读者更容易懂些。我想起我在教学生研究方法时就是这样要求他们的,可是,自己写计划书的时候却没有这样做。的确,加上图、表格和标识,会让别人更容易理解。辛迪·本谭博士(Dr. Cynthia Benton)也读过我的计划书,她在遣词造句上提出了很好的建议。读了我的网络教学理论,辛迪也对我平时课堂中的教师调控和学生参与提出了建议。她说我对学生的期望太高,给予的资源太多。其实,这些学生以后是搞小学教学的,做研究的能力可能弱一些,而我是用自己做博士的思想在指导他们,我对他们的水平定位太高了,这也是一些学生有时对我的课有意见的原因。打个比方,有一棵苹果树很高大,我要学生摘树顶上最鲜亮的果子,可是学生的能力达不到。他们跳啊跳啊,还是摘不到,甚至去拿了梯子,可是不知道把梯子摆在哪里才是安全、合适的。于是，学生难免抱怨和不满。而我却误认为是学生不够努力，于是会批评他们。我的问题在于没有真正以学生为本，从学生的水平和需求出发。辛迪说："不一定要学生喜欢你，被每个人喜欢是不可能的。但是，你要得到他们的尊重。尊重才是老师应该从学生那里得到的。"（You don't need them to like you. It's not possible that you are liked by everybody，but you want to earn respect from them. Respect is what you want from them.）辛迪的这句话不仅使我改进了我的申请计划书，也改变了我的教学观。同时，我的研究也促进了我的教学，我在教研究生的研究方法课（EDU651-Educational Research Method）的时候，能现身说法，以自己写计划书的思维过程教学生。

我的NSF申请题目是"'线性理论'指导下的实时在线教师课堂调控——培养高质量的学生参与和交流"。

我的申请计划书的摘要的中文翻译如下。

> 研究简述。同步互动是网络学习的重要组成部分，它对远程学习提供了颇为有效的方法。然而，在目前的网络课程中，它的使用效果并不理想，因为缺少一个良好的框架去系统分析和解释同步互动的过程和效果。在网络学习方面，我们已经研究了有关教师调控和学生参与的"线性理论"，接着将进一步对多人互动的网络课堂进行研究，试图发现影响高质量的实时互动的关键因素是什么。
>
> 研究目标。第一，提供教师所需要的教学资源，为他们的教学服务。第二，提供教师和管理人员所需要的信息，以便他们评价实时在线课程的质量。第三，对学生进行基础培训。第四，扩大招生范围，包括国际学生，利用他们的多元背景和社会关系，与世界各地的大学建立合作关系。
>
> 学术价值。研究包含了大规模的实证工作，是目前运用转录文本进行分析的最大规模的研究。"线性理论"不仅提供了一个基于实时在线教学的新颖的视角，而且提供了一个可记录、可进行定量分析、对互动文字可编码，以便辨别互动质量好差的原创框架。
>
> 研究影响力。第一，纽约州立大学社区学院有网上教学需求的教师们将可以利用科特兰分校同步在线学习中心（Cortland Center of Synchronous Learning，C^2SL）收集到的大量数据来备课、设计教学策略、修改课程设计。这项工作已有研究基础，最新的信息技术工具和项目已被测试和使用，也会惠及纽约州内以及全美其他公立和私立学校。第二，作为培训和研究中心，将对合格教师颁发证书。第三，与国外大学建立合作关系，拓展研究和学习的途径，并成为有世界影响力的在线学习中心。

写申请计划书的过程同时也是建立研究团队的过程。团队分为核心团队和顾问团队。核心团队由三人组成，是我在密歇根读博士时的师姐索菲亚·谭博士（Dr. Sophia Tan）和师弟鄢波博士（Dr. Bo Yan），可谓强强联合。但是，我们三人都是刚完成博士学位的新人，在申请国家科学基金方面都没有很多经验。我在参加我们纽约州立大学教学与技术年会时，听另一所纽约州立大学的计算机专业的教授演讲。他成功申请过国家科学基金。我跟他讨论我的研究项目，他很感兴趣。美国人很客气，往往会对你说的表示兴趣，甚至显出浓厚兴趣。我回来请教科研处处长艾米如何与这位我研究项目很需要的计算机专家寻求合作。艾米教我怎样跟人家谈，她说，你去找专家，要分析人家需要什么，你能给他什么。我对这个专家进行了分析，然后与他见面，邀请他加入我们的核心团队，成为联合研究者（Co-principle Investigator）。当我远程登门拜访跟他讨论申请计划时，结果出乎意料的好，我很激动。但是，过了两天，他说由于家庭和孩子的缘故，也由于他自己研究的项目很重，只能做顾问，不能做联合研究者。我很无奈，少了一个强有力的支持者。

我的课题申请项目是73万美元。这么大的项目，需要很多方面的支持，需要计算机专家、定量专家、定性专家，还需要管理纽约州立大学网上技术的人配合。我的申请计划书要让这么多人了解，还要告诉人家需要什么专业支持。我作为主研究人员，要了解每个合作者和支持者需要做什么，怎么做，对领导能力、协调能力是很大的锻炼。国家科学基金属于国家基金，总部在华盛顿，我是有口音的外国人，所以，没有信心跟他们打交道。但是，艾米一次次鼓励我，还教我具体怎样跟国家科学基金会的人员打交道。我将电话打到国家科学基金会，是办公室人员接的电话。他们负责筛选计划书的第一关，因此我要说服他们同意帮我联系专家组，要在通电话时很短的数分钟内说服对方，这对我是很大的考验和挑战。

国家科学基金首次申请者的成功率只有8%～12%，竞争很激烈。很不幸，我的申请失败了。但是，我花的精力比写任何一篇文章都要大。然而，在美国，"成者为王，败者为寇"，我的心血没有得到认可。在以教学为主的学校，研究没有得到足够的重视，大部分教授都不做项目，教学才是最主要的工作。研究主要是看发表文章的数量。晋升职称时，材料从系里报。系人事委员会对这一项的评语是"淑芳写了一份没有成功的计划书"。没有成功就什么都不算，等于竹篮打水一场空，这其实是不利于学术研究的，也是不公平的。事实上，申请这么大的项目，我的投入比写几篇文章大得多。据说现在的教务处长曾说，大的外部基金没有申请成功，至少应该算一篇文章。

另一个失败是关于康奈尔大学人类学研究员（Society for the Humanities

Fellowship at Cornell University)的项目申请,题目是"中美教师使用新媒体的风险管理:对学生人文素养的影响"[①] (*Risk Management for New Media Adoption by Educators in the U. S. and China*:*Examining the Effects upon Students of Humanities*),(图 4-6 为申请项目书的第一页)作为我得到终身教职后第一次学术假(Sabbatical Leave)的研究课题。

**Risk Management for New Media Adoption by Educators in the U.S. and China:
Examining the Effects Upon Students of the Humanities**

Shufang Shi

Introduction

Risk is inherent in the human condition. As an expression of the human condition, the humanities are capable of communicating risk on many levels. Risk in the humanities is most easily contemplated on the level of the individual, of the artist and the author. There is no doubt that risk perception and responses toward risk are among the forces that direct the conscious and unconscious coalescence of practitioners into artistic genres and contemporary movements.

My previous experiences as a student of the humanities (BA in Language and Literature, MA in Linguistics) in a society where government censorship limited my own self-expression and my current position as an educator in instructional technology have both shaped my interest in exploring how new media may threaten or empower the arts. Specifically, if one examines the institutions of standardized secondary school education, how will risk perception and risk management for the use of new instructional media in the 21st century classroom, which necessarily includes emerging social media, shape both instruction for the humanities and the risks assumed by future practitioners of the arts and letters? How do these forces and responses differ between societies that are seemingly oriented at opposite poles on the continuum of political and social acceptance for risky behavior and risk taking?

Project Focus and Scope

Integrating technology into classroom learning environments has long been an integral component of a modern educational system. However, the revolutionary development of digital technology within the last 20 years has dramatically shifted the landscape of the 21st century classroom. The incorporation of new instructional media is now playing a dominant role in the formulation of instructional curricula and the selection and application of learning tools used in the classroom.

The emergence of social media as an omnipresent communications network presents challenges heretofore unheard of to educators. The benefits of coupling instructional and social media within formal instructional curricula are counterbalanced by both real and perceived risks to users and institutions that employ this strategy. Trends in the development of instructional media point toward increasing compatibility and crossover with established social media outlets. This incorporation of social media into instructional curricula forces the consideration of risk into the institutional dynamic among students, teachers, parents, and administrators. In varying degrees, the perception of risk and the individual / institutional / societal responses and actions to manage perceived risk are beginning to infiltrate the planning and application of new instructional technologies at all levels of the institutional dynamic. Moreover, the responsibilities of managing risk are falling to primary practitioners (teachers) and primary users (students) of new media. The responsibility for risk management is being forced onto all stakeholders in the institutional dynamic as a consequence of the 21st century landscape of the open and global classroom.

As a Society Fellow, I intend to expand my current line of research on technology integration to investigate the broader issue of how new media (e.g., new instructional technologies coupled with social media) utilized within a standardized educational system's institutional dynamic may affect the arts. My research efforts will seek answers to the following questions to develop a basis upon which to examine risk taking behavior by practicing artists and authors.

Research Statement　　Cornell University, Society For The Humanities, Fellowships 2012-2013　　Shi, S.　　Page 1 of 7

图 4-6　康奈尔大学人类学研究员项目申请计划书第一页

[①] Shi,S.(2012). Risk Management for New Media Adoption by Educators in the U. S. and China:Examining the Effects upon Students of Humanities,Cornell University,Society for the Humanities Fellowships. Not funded.

美国春秋：成为学者型教师

我以中美两国为例，研究教育技术对学生、对社会的影响。现在网络资源丰富，良莠不齐，有些家长怕孩子受到负面影响，不让孩子接触网络。但是，离开了网络，人类的视野和学习资源将受到极大的限制。我在研究中，把风险分为三类：低风险、中等风险和高风险。在传统教室里，学生在计算机上完成作品，直接交给老师，不与他人分享。老师对学生行为可控制，所以属于低风险。随着信息技术的进步，学生在教室里可以上网，但网上信息良莠不齐，学校给网络装上防火墙，老师指定学生上特定的推荐网站，这时老师对学生行为控制属于中等风险。当学生翻越了防火墙，或走出教室随便上网，教师无法控制学生的行为，这属于高风险。康奈尔大学的研究项目每年从美国和世界各国招聘数个研究员，申请难度很大，但是，我愿意挑战自己。我认为所有学术上的努力都是一种进步，无论结果如何。

在康奈尔大学人类学研究员项目申请计划书中，我用"机构环境内部的人类活动系统描述"表示教师、学生、技术和多媒体产品之间的关系。

我花了大约一年的时间写康奈尔基金的计划书，熬了许多夜。如果申请成功，我还需要在学术假期间在康奈尔大学教一门讨论型课程。我打算以张艺谋的电影为课程资源，给学生的作业是如何用各种技术手法来表现他们对张艺谋的电影艺术的理解。我看了张艺谋所有的电影，读了很多影评文献；张艺谋的电影有英文版，至少有英文字幕，因此，我和我的丈夫卡尔也得以探讨过很多次，请他从美国人的视角看待张艺谋电影的社会意义。

终于写完计划书，还需要三封推荐信，由我研究的领域的专家并且是很了解我的计划的人来写，我的朋友柯蒂斯、艾米和贝斯为我写了推荐信。科研处处长艾米说康奈尔基金是那个领域里学术水平要求极高的。后来发现，康奈尔基金的方向非常注重文学和社会学，研究思路跟我以往的不一样，并且竞争太激烈了，那可不只是百里挑一，而可能是千里挑一了。最后我没有成功。

我在纽约州立大学系统内发表过很多文章，得到了大大小小的基金，可以算是成功的研究型学者了。这两个失败的计划书是我个人学术最具创新、最具水平的尝试。因此在我内心，这两个计划书的申请虽败犹荣。

在美国，人们往往只看你成功的一面，对失败的课题或没发表的文章都视为不存在。有句话是：要么出版，要么走人（Publish or Perish）。这就是残酷的"成者为王，败者为寇"式的竞争！所谓"只问耕耘，莫问收获"在这里是行不通的。事实上，没成功的计划书质量未必低，因为是在跟全国或世界上最顶尖的人在竞争。我并不赞同"只看结果"的导向。我的两个失败计划书得到了许多专家的反复论证和许多建议，我自己也进行了一遍又一遍的修改，花费的心血比以前任何一个大学内部的、成功的计划书和发表过的论文都要多，难道连一篇文章也算不上吗？我们系要求每个人都要拿出一个出版物在橱窗展示，我上交了已经出版过的一本书的章节，其实，我更想展示我写的15页的美国国家科学基金计划书，那才是我的最高水平的体现。

想到我的两个失败的基金计划书的"待遇"，真是感到委屈。有时想，我在一个以教学为重心的学校工作并不合适，没有发挥自己的强项。而且，天下的老师都是"穷人"，我的博士同学在美国国家考试中心或一些大公司做数据分析，收入都是我的双倍。但是，既然走上了这条路，只能往前走，年复一年、日复一日，在教学中求创新，以适应不断变化的学生需求。我也以教学为载体进行了系列研究，比如《赋予"数字移民"能力：挑战及对策》（见第三章的"阅读链接"部分）。

5. 州立大学系统内的合作研究

我在获得终身教职后，申请了半年学术假。学术休假的意思是休假做学术，不是仅仅放假。事实上，这个学术假比上班都要忙，我和其他人一起申请了两个项目。一个是我作为主研究人员的"为创新的技术整合而四校合作"[①]（Four-College Consortium for Innovative Technology Integration，4C-CITI），探索在高等教育教师培养专业中如何教授教育技术；另一个是我参与的项目"吸引学生参与的工具"[②]（Tools of Engagement Projects，TOEP），探索如何用技术支持所有学科的教授们教学。这两个项目起因相同，过程互相交织，我付出了很大心血，也学到很多。

纽约州立大学每年举行教学与技术年会，每年在不同的分校举行。有些分校，尤其是比较重视新技术的分校很重视参与。我们科特兰分校去的大多数是服务部门搞技术的，从事教学的教授们极少参与。这样，我们各自为政，并不知道其他分校在干什么。我花精力申请参加会议小额资助，尽量参加每年一次的会议。记得刚到科特兰分校工作时，第一次参加会议，我开了五个多小时的车去纽约州立大学弗雷多尼亚分校（SUNY Fredonia）。我的方向感不好，到哪里都容易迷路。好不容易找到了开会地点，结果一个人都不认识。

[①] Shi. S. (PI), Gradel, K., Raimondi, S., Widdall, C., & Klein, K. (July 2012—June 2013). 4C-CITI: *Four College Consortium of Innovative Instructional Technology*. SUNY Innovative Instructional Technology Grant (IITG).

[②] Sullivan, R., Burns, B., Gradel, K., Shi, S., Sinclair, T., Tysick, C. (July 2012—June 2013). *Tools of Engagement Project: Discovery Learning On-demand Professional Development*. SUNY Innovative Instructional Technology Grant (IITG).

参加学术会议时，我经常会带着我的原创计划书，希望遇到合作机会。综合性大学里国际化程度高，但州立大学白人占大多数，在 SUNY CIT 这样系统内的年会上，像我这样的外国人非常少，也极少有白人主动找我这个黄皮肤的人讲话。我是孤独的。但是，我时不时地鼓足勇气，跟人讲我的研究计划，寻找合作机会。然而，愿意和我一起做研究的人寥寥无几。别人既不认识我，也不了解我，为什么要和我合作？比如，2012 年 5 月，纽约州立大学系统早就发布了创新教育技术基金项目（Innovative Instructional Technology Grant，IITG）征集研究报告广告，别的学校已经申请了，而我根本不知道。很多人已经在讨论下一步如何申请，我却像发现新大陆一样。我不断找人套近乎，了解情况。开会期间，创新教育技术基金项目会有项目申请问答和咨询。我带了几页纸的计划书，题目是《优秀的教育技术老师是怎样教学的》（What Best College Technology Instructors Do）。我跟负责基金项目的丽莎（Lisa Stephen）谈。一般发布信息的人，你问他们你的计划书好不好，他们会说很好啊，你申请吧（Great，sure，please go ahead and apply!）。持这种态度的人一般有两种情况：一是有水平但没有时间读你的计划书，对每个申请者都这样说；二是没有水平，看不出问题。但是，丽莎不是这样，她是有责任心的学者。她认真看了我的计划书，问我将如何实施研究计划，我说采访十个好老师，总结他们的成长规律和要素等。丽莎说，你的项目偏重研究，而且是长时间的研究。我们这个项目偏重教学，要在实践中见效，而且只有一年，是短平快项目。比如你说平板电脑好，那么，你就要在一年内用课堂应用的事实和效果说明怎么好。你的计划书是研究型的（Research Oriented），基金要的是教学实践型的（Practice Oriented）。在那天的人群中，我很孤独无助，有种"花间一壶酒，独酌无相亲"的失落与无奈。大家三五成群，聊得热火朝天，很显然，他们互相之间都认识，估计每年都来参加年会。到会议快结束时，我不甘心，再次鼓起勇气找人谈。我谈的第一个人是看上去比我年长些的罗宾·沙利文（Robin Sullivan）。罗宾是个诚实的好人，她很认真地看了我的计划书说，我们研究的方向不一样，她可能不适合跟我合作。但她认识一个人，是培养教师的，她可以介绍我们认识，并建议我与那个人谈谈看。罗宾和我来到一群在高谈阔论的女士附近，介绍我认识凯瑟琳博士（Dr. Kathleen Gradel）。凯瑟琳愿意与我谈。她是位看上去比我年长很多的教授。看了我的计划书说，你的研究很有意思，但你的写法不适合目前这个基金要求，换个角度来写就会很好。她真是火眼金睛啊！我们的对话就这样开始了。旁边其他学校的人听到我们的对话也加入进来，参与的人像滚雪球一样越来越多。我也认真倾听别人在谈什么，我是井底之蛙，很想看看别人是怎么做的。基金申请的时间本来很短，到现在就只剩下一两个月的时间。在科特兰分校,我们把学校的基金叫内部基金(Internal Grant),学校之外的都叫外部基金(External Grant)。这个纽约州立大学系统的基金算作外部基金。

我们也聊到罗宾的项目。罗宾是布法罗分校的技术主管,她自己是做服务性技术的,所以,她聚焦的问题是纽约州立大学的技术人员如何支持教授们在教学中应用技术,目的是使教授们的教学更便捷、高效。凯瑟琳和我一样是教学生技术的,罗宾是为教师培训技术的,我们希望共同设计一些东西,为州立大学系统内的所有教授提供技术服务。后来罗宾和我成了两个项目的合作伙伴,此为后话。

会议之后,大家回到各自的学校,但讨论仍在继续。我们根据工作需要,分成了两个课题组,也就是说,要申请两个基金,一个是研究我们作教师的如何教学生技术,另一个是研究如何为州立大学的所有教师提供培训以支持他们将技术用于教学。两个课题组里都有我和凯瑟琳,因为我们既是教技术的教授,又需要支持其他教授使用技术进行教学。因此,这年的暑假没有休息,而是投入到忙碌的基金申请中。

我主申请了"为创新的技术整合而四校合作"(4C-CITI)。我们教技术的教授都会碰到一个问题,新技术层出不穷,变化迅速,我们如何把不断涌现的新技术教给我们的学生——未来的教师们,使得他们能掌握新技术,并与学科教育相整合。平时大家各自为政,疲于应付,我们为什么不把技术资源和教学方法共享呢?自从我到了纽约州立大学后,我一直在思考这个问题。我曾经以类似课题申请过一个内部基金,那时的思考、研究和实施是现在 4C-CITI 思想的基础。在 4C-CITI 项目中,我们四校联合,老中青成员互相学习、评判和观摩教学,设计并分享了一批供州立大学和其他高校教师参考的优质资源。

我们在申请书中这样写道:"来自纽约州立大学科特兰分校、弗雷多尼亚分校、布法罗分校和奥内达加社区学院(Onondaga Community College)的教师,决定利用创新技术来整合大家的教学技巧。其目标是在教师教育课程中,尝试使用相关的数字学习工具,通过合作构建范例。这项工作将在教学设计、信息技术知识和与学科整合方面,通过互相指导、使用、演示然后编写成教学策略示范。我们预计完成几轮示范课程梳理并进行相应的教学实践,在四校合作课程中加入我们预期的电子书包(Digital Backpack),由此产生的经验将通过四个分校以及整个州立大学系统在大一新生课程中实施。"

4C-CITI 需要州立大学各个分校共同支持,还需要教育学院院长和系主任的同意,她们要写推荐信。任何基金的申请都需要各方面的帮助,牵涉很多人际关系,要说服别人,得到各方的签字同意。申请外部基金,没有科研处处长艾米的支持，基本上就不可能成功。艾米会引导我与各方面协调。记得暑假里的一天，我和艾米约好了谈项目申请事宜，但是，就在我要离开家的时候，我家孵化的小鸡破壳而出——这是我意想不到的插曲和意外的惊喜，只得请艾米等我。4C-CITI 有五个合作者，来自于四所学校。基金分为三个级别，分别为 6 万美元、3 万美元和 1 万美元。我们申请了中间级别，获得了成功。

4C-CITI 基金申报成功后，课题组着手实施。如果说课题申请难，做起来则更难。课题申请只是万里长征走出的第一步！这个课题非常有挑战性，周期短，资金数额少，需要尽快做完，但是，每个教授都很忙。要把不同学校的教授们召集在一起做研究，谈何容易！我半年的学术假全都用上了。

2012 年夏天，我召集开第一次会议，大家从各地赶来，真是从百忙中抽出时间的。这次会议主要是全面部署工作。我们的会议安排在我们科特兰分校的校友楼，外地来的合作者也住在这里。合作者们周六白天到，整个晚上和周日白天都在讨论。周日晚上凯瑟琳要赶回去，她有暑期班的课。那天，我们除了讨论全面工作外，重点讨论电子书包项目——如何把我们使用过的教学资料、教学步骤、评价方式、具体案例、学生成果进行整合、优化，设计成一个一个的电子书包。互联网上的资源多如牛毛，类似电子书包的东西很多，我们的项目特色在哪里？经过头脑风暴，渐渐理清了思路，我们可以根据教学环节来对资料进行分类，比如，教师如何备课？学生基础参差不齐，怎样找到学生的最近发展区？怎样进行课的导入？课堂上，有效的步骤是怎样的？哪些数字技术的使用能增强上课效果？哪些数字技术是画蛇添足？教学后，如何评价学生？对学业差的学生，怎样提供合适的帮助？

科特兰分校以"信息技术教师们研究如何改进数字时代的课堂"（*Tech Gurus to Improve Digital Age Classrooms*）为题报道了我主持的课题项目（如图 4-7 所示）。

虽然我是主申请者，但是，凯瑟琳给了我非常重要的帮助。她毫无保留地教给我信息技术的秘诀和教学技巧，增强了我的自信心。她已是年长的资深教授，按理说，一般情况下，年轻人才是"数字原住民"，上了年纪的人往往是"数字移民"，可是，凯瑟琳的专业素养远超年轻人。她不仅精通技术，而且能恰到好处地应用到教学中去。她永远在学习的路上。每年她都参加纽约州立大学的技术与教学年会，做工作坊（Workshop），培养新人。这不是她的分内工作，培训技术应该是罗宾那样的服务部门的事，可是，凯瑟琳一直热情地给予别人帮助。我曾问她怎么这么厉害？她告诉了我其中的秘密。她说她利用网上资源等一直不断学习、充电。比如，每周六中午 12 点到 1

图 4-7 纽约州立大学科特兰分校网站报道了 4C-CITI 项目启动

点,她都会参加一个名为 Classroom 2.0 的在线讲座(Webinar)。该网站在每周六中午 12 点都有一个教师做讲座、演示,世界各地的人都可以加入,有时有几百人同时在线。讲座的全部录音、录像,和使用过的所有材料都保存在网上,分享给大家。更有趣的是,如果某一个听众想发言,主持人会把话语权限给他/她,此人就变成某一个话题的主持者。会议结束后,有人会整理资料,将主讲人和听讲者分享的信息资源(Backchannel)都放在网上。在这个互联网空间里,每个人都是学习者,也是贡献者。我听了她的话后,不仅自己参与学习,还把这个招数传给我的学生,帮助他们也开阔眼界。

凯瑟琳的学校离科特兰开车要五个小时,但是,我克服困难,去她那里做影子老师一周,观摩她的课堂和日常工作,发现我有太多的地方需要向她学习。她邀请我共同教学,记得在一次课堂上,她使用了当时最前沿的谷歌教育技术(Google Apps for Education,GAFE),这是美国教育技术一个很前沿的方向。当时,我才开始学习使用,但她已经在教学和生活的各个方面用得炉火纯青。凯瑟琳班级有 20 位大学生,每人一台电脑,在老师分享的屏幕上,同时阅读课程内容,然后,对作品进行分析。学生把自己的思考过程动态地呈现在一起,互相之间可以看到别人写的内容,如同现在的微信群和 QQ 群里大家讨论一个问题一样。不同的是,学生还可以修改别人的文字,如果不想要别人的修改版本,可以回到历史版本。这个在今天看来十分简单的技术,在五年前则是非常超前的。后来,我们课题组之间的讨论都在谷歌上完成。除了文字,还可以分享 PPT、PDF 和各种多媒体等。谷歌教育技术体现在 4C 上(Communication、Collaboration、Critical thinking 和 Creativity),即沟通、合作、批判性思维和创造力。

凯瑟琳还把信息技术应用到她的家庭生活中。凯瑟琳对年事已高、身体不好的丈夫关爱有加。她给他买了平板电脑(iPad),取名劳拉(Laura)。凯瑟琳平时很忙,她的丈夫有劳拉陪着,也不寂寞。凯瑟琳教他如何使用 VoiceThread,他学会以后,给孙子做了很多好玩的音频、视频。凯瑟琳为人真诚、热心,对家人尽心尽责,对工作全情投入,我很敬重她。她说我们是共同的战斗者!凯瑟琳是优秀教师、资深教授,可是,因为她太优秀、太能干,性格又直爽,也容易遭人嫉妒。"树大招风""枪打出头鸟"是中国谚语,可是,这则谚语却在全世界通用。无论人种和地域,我们都是"人"(Human),具有人的共性,所以,对办公室政治、帮派体系便很容易理解了。

令人庆幸的是,我们的基金项目终于圆满完成。我们的成果是建立了有规模、有系统的电子书包,便于师生们便捷选择和运用(图 4-8 为 4C-CITI 课题项目网站首页)。

图 4-8　4C-CITI 课题项目网站主页

第四章 从"数字移民"到培养"数字原住民"

我们团队的课题成果(主要为"电子书包")在互联网上发布,成为公共资源。我们用谷歌做网站,对世界公开,使更多的人受益。

再回过头来谈布法罗分校的罗宾主持的基金"吸引学生参与的工具"。在美国,每所大学都有信息技术中心,其工作是服务全校教授。罗宾想通过一系列基于网络的探究学习活动,形成州立大学共享的资源库,同时,各分校又根据自身特色,建立自己的服务体系,通过教师培训,使他们便捷、高效地把信息技术用于教学。要实现研究目标,需要完成以下内容。第一,建立结构化的网上教师培训资料库。罗宾所在的布法罗分校是很大、有很多博士点的综合性大学,她作为主持者,也就是 TOEP 的总部,在结构上要进行整体规划,对网络上铺天盖地的资料去伪存真,在选择、整合之后,建立框架,然后辐射到各个分校。第二,研究人员的结构化。在信息技术推广方面的问题是,多数老教授对信息技术不感兴趣,不用信息技术并不影响按部就班的教学;年轻教师想学,但是,职务晋升与信息技术水平没有联系,他们的工作压力很大,教学任务重,常常忙得没空来学信息技术。也就是说,我们想服务于教师,但他们没有兴趣或没有时间接受我们的服务。基于这样的情形,罗宾需要建立人员组织结构,以布法罗分校为总部,其他各分校有负责人,既有总体设计,又指导或推动其他参与分校的进展。在此项目的团队人员中,有凯瑟琳和我这样既懂技术又懂教学的支持者十分重要。第三,培训方式结构化。线上线下培训相结合,总部培训与分校自我培训相结合,群体培训与个体自学相结合。但是,实施起来很不容易。

我虽然是课题的参与者,但在科特兰分校,我是名副其实的主持者。以线下培训为例,老师们都太忙了,即使他们愿意,时间上也很难保障,况且还有很多人不感兴趣。要达到有意愿、有兴趣、有效果,谈何容易!很多老师很需要技术培训,但每个人都很忙,难以抽出时间坐下来学习。我的办法是增加面授次数,总有一天他们会有时间来(图 4-9 为 TOEP 在科特兰分校的培训海报),或者,已经参加过培训的老师会给我们做一些口头宣传和推广。还有一个问题是学校信息技术人员分工不明确,人际关系复杂,技术服务人员分散在不同部门,部门领导不一样,有的支持,有的嫌麻烦。项目基金也给信息技术服务人员一点经费,他们只要服务,不需要做研究。罗宾每年都给参与学校的领导写感谢信,表扬鼓励参与者。我也将感谢信抄送给参与者的学院院长和信息技术中心主任,说明这些工作对科特兰的好处。我觉得我的勇气还挺大的。一个人如果发现你的工作是对的,就要想办法去推动,尽管阻力很大,甚至别人不赞同,但也要有行动的勇气。

在罗宾 TOEP 团队全体成员的努力下,我们终于艰难地完成了基金项目。在接下来的几年里,纽约州立大学的创新教育技术基金项目(IITG)一直持

图 4-9　TOEP 在科特兰分校培训海报

续，每年接受新一轮申请。TOEP 从 2012 年首期申请成功（Phase I），在后来的这些年里每年都申请并获得成功，到此书写作完稿时的 2017 年，已准备进入项目第六轮（Phase VI），参与学校从最初的 5 个增加到现在的 19 个。

对于研究基金项目来说，理想的状态是有持续性（Sustainability）。TOEP 项目可以说是一个典范。TOEP 项目得到许多嘉奖，TOEP 团队除了在各参与州立大学内部开展技术应用培训，而且还在全美各地通过学术会议演讲和发表学术文章，提高教育技术使用频度和效度，产生深远的影响。由于我参与了这个项目，科特兰分校产生了一些变化：第一，使用 TOEP 资源的教师越来越多。每个教师又将资源分享给学生。比如我教我的学生——未来的教师信息技术，他们用于教学，获益的是我的学生和我的学生的学生，从这个角度看，影响面是很大的。第二，教师和信息技术服务者之间有了更多沟通和相互了解。在高校往往有教师和技术培训和服务人员互相抱怨的现象，通过一起做事，信息技术服务者知道了老师们的需求，他们的服务就更到位，老师们也明白服务人员的不易，学校有很多部门、很多人要照应，有时设备本身也会无缘无故出故障，不能及时服务不是他们在推诿。沟通多了，理解深了，工作就更顺畅了。第三，我作为教授信息技术的老师，与州立大学内的兄弟学校有了更多联系，大家见面交流，有时一句话、一个点子，都能让我受益，进而影响我的教学和服务。还有很多深远的影响是表面上看不到的。

  这些年来，我一直用心做技术，用心做研究。在这个过程中，我收获了很多，也一直行走在路上。"路漫漫其修远兮，吾将上下而求索。"

第五章
行走在孔子和康奈尔之间

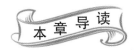

纽约州立大学晋升标准里提到教师需要"为本部门、本学院或本大学提供服务",以考核为导向的学校管理明确提出,教师服务母校、服务社区甚至服务国家都是应尽的分内工作。本章记载了"我"(石淑芳)在公共服务方面的几个代表事件:促成纽约州立大学科特兰分校和山东曲阜师范大学建立友好关系,组织纽约中部25个学区的中小学参与的"21世纪领导力论坛",带领科特兰社区居民过中国新年,通过服务参与学校层面的多个委员会,参政议政。

1. 科特兰"陶都"带来的心理冲击

我喜欢陶瓷,那古朴率真的艺术品总让我爱不释手,也唤起了我儿时的乡村泥土情结。

刚到科特兰时,同事塞拉(Sheila Cohen)带我去参观一个陶瓷工作室(Ceramics Studio)。一进门就让我惊讶不已,我仿佛回到了小时候生活的中国。这间工作室的墙上挂着"为人民服务""好好学习,天天向上"等老宣传画、来自景德镇的老窑、老屋图片和蓑衣等。工作室的主人是地地道道的美国人,可是,他的确是个中国迷,他甚至比我更了解古老的中国。惊奇中夹杂着惊喜,我把这个工作室视为科特兰的"陶都"。工作室的主人叫耶利米(Jeremiah Donavon),是科特兰分校的陶瓷系教授——原来我们是一个学校的同事呢!耶利米去过中国11次,是个典型的中国通。他给我看照片,照片上是他收集的数不胜数的关于景德镇的工艺品以及其制作过程。随着经济发展,现代化大机器逐渐取代了传统手工艺,传统手工艺在萎缩、在凋零、在消逝,因此,对传统手工艺制作过程的收集、保存很有价值。我也希望中国人自己能留下传统文化的根脉,不要妄自菲薄,轻易丢弃。民族的也是世界的。

我对耶利米的中国情结很好奇,他作为一个美国人,为什么能够在还没有很开放的年代去过中国那么多次?谁带他去的呢?他告诉我,有个中国人叫李见深(Jackson Li),非常有才华,在绘画和陶瓷上功底很深。中国恢复高考的第一年,他考取了景德镇陶瓷学院。20世纪80年代初他去了美国,后来到阿尔弗雷德大学(Alfred University)闻名遐迩的陶瓷系深造,获得硕士学位。耶利米遇到了他,并成为终身挚友。

有一次,卡尔带给我一张《科特兰日报》(Cortland Standard),上面有介绍艺术家李见深的文章,并说他要到科特兰分校来上课、做讲座。耶利米也给全校教师发了邮件,发布中国陶瓷艺术家李见深要到科特兰来的消息。无论多忙,我都会挤出时间参加。

瘦瘦的李见深有着江西人的精干。他的课很有意思。他给学生演示如何做毛笔,并在陶瓷碗上画中国画,那场面真是典型的中国风,观众为之疯狂。在美国的乡村马路上,经常会有被汽车压死的小动物,美国人称之为"路杀"(Road Kill)。李见深在来科特兰的路上,看到路杀的小松鼠,就把它捡起来。在课堂上,他当场用松鼠长尾巴上的毛演示制作毛笔,真是神奇!晚上,他为整所科特兰分校的师生和附近的社区居民公开演讲,演讲主题是景德镇的古窑艺术和文化。同时,李见深还是一位纪录片导演,他的纪录片《陶窑》荣获2004年联合国教科文组织最佳陶瓷艺术纪录片奖、第十届法国国际陶瓷电影节文化遗产奖。他擅长捕捉中国陶匠的传统技艺中的精湛细致之处,在日常生活中复活传统经典。李见深把中国的古老艺术带到美国和欧洲，在国际上获得了很高的声望。

我给李见深和耶利米陶瓷制作演示拍照、做视频，一来二去，大家成了朋友。那次访问科特兰是我第一次见到李见深老师，并不知他鼎鼎大名，便觍着脸向他讨字画，并希望写上我喜爱的两句话：水流任急境常静，花落虽频意自闲。李见深老师欣然同意。

后来李见深和他太太瑛到我家做客，卡尔让李见深把玩他的各式猎枪，李见深第一次试枪竟就在后院林中打中一只松鼠。而后，他同意给卡尔和我做字画。字画都是他的强项，但他字比画更绝。比如，他为我的陶画工作室题字：问禅/陶意/禅茶一味。我甚是喜欢。他太太瑛艺术功底也深厚，为人谦和厚道，后来成为我的陶瓷老师和好友。我家室内的布设许多都是出自瑛的设计。

李见深认识到他的艺术生命的源泉在中国，于是，他离开美国，回到景德镇，创办了"三宝国际陶艺村"，被称为活态博物馆（Living Museum），每年有数百名来自世界各地的陶艺家到三宝村做陶瓷，触摸中国文化的血脉。但是，他离开美国不是放弃了对西方文化的探索，而是每年都在美国、加拿大、欧洲各国之间奔波，建立文化沟通与关联。

耶利米曾11次带着学生到中国投奔李见深的"三宝国际陶艺村"。他说每次到中国来，都会感受不一样的文化冲击。耶利米说现在去中国的困难变大了，因为费用越来越高，学生出不起高额费用。我建议他可以通过网上学习，让身处美国科特兰分校的教室里的学生，通过网络连线直播课程，学习李见深和其他在中国景德镇的陶瓷高手的技艺。

耶利米在美国传播中国传统文化的事迹，使我萌发了一种连接美国和中国文化的冲动。

后来我认识了科特兰的另一位教授——哲学系教授安德鲁（Andrew Fitz-Gibbon），他一直在教学生孔子、孟子、老子等，《道德经》是他哲学课的读物之一。他对中国哲学和文化的浓厚兴趣也给了我很多鼓舞。中国是一个崇尚孔孟思想的国度，孔子的爱众、亲仁、并包思想深深地根植在我的脑海中。很巧的是，我在美国的家位于康奈尔大学所在地伊萨卡，我在山东的家位于孔子的故乡曲阜附近，而康奈尔和孔子均为世界著名教育家。我愿意秉承和追随他们的思想，为教育事业，也为中美文化沟通贡献绵薄之力。

有了通过教育项目联结中西文化的想法，但是并不知道从何着手。我的同事和良师——来自德国的麦卡（Mecke Nagel），与我分享了她与德国富尔达应用科技大学（Fulda University of Applied Sciences）建立友好关系的详细经过，包括曾遇到的困难和阻力。她说要促成友好关系的建立和实施，并非简单的事，每一个细节都费神费力，不仅需要犀利的眼光，还需要无私奉献大量的时间和精力来做保障。

2. 曲阜，我的精神家园

每年暑假，我都会回到中国，而且，一定会拜访我的母校曲阜师范大学。曲阜是中国山东的一座小城，可是，这里是中国源远流长的儒家文化的发祥地，那里有著名的孔庙、孔林、孔府，每年吸引着大量来自国内，乃至全世界对儒家文化敬仰的游客。我在这里度过了我人生中18岁至22岁最灿烂的青春岁月。这里有我太多的情感、回忆和不舍，非寥寥数语能表述清晰我对它深深的依恋和怀念。

现在的中国高校学者游走在世界各国，眼界高，财力雄厚。这次回国，我的任务是先联系曲阜师范大学，看其是否有兴趣与科特兰建立友好关系。

坐在飞机上，看窗外深蓝如海的天空，多少往事涌上心头。

还记得曲阜师范大学的门口有棵白玉兰树，至今仍在，它是曲阜师范大学精神的象征。学校杏坛文学社的一首赞扬白玉兰的诗歌写道：把洁的情愫/高高擎上枝头。我认为这种纯洁的感情象征着曲阜师范大学的精神，象征着青葱年月同学间纯洁深厚的友谊，也象征着老师对学生的负责和关爱。

曲阜师范大学许多老师影响了我。有个教精读的黄建筼老师，他要我们读出字里行间的意思。有篇日记体散文《海上没有路标》（*No Signposts in the Sea*），文风细致、唯美，把壮丽的大自然景色、联翩的浮想、栩栩如生的人物、美丽神话的想象和人生哲理的思考，水乳交融，交织成一幅五彩缤纷、绚丽夺目的画卷，让人感到韵味无穷。黄老师把我们领进了美丽的文字世界，多少年过去了，我依然记得被英文的美丽所震撼的情形。还有大一、大二的基础英语课曹务堂老师，有件事让我觉得一辈子还不清老师的恩情。当年我母亲来看我，第二天一大早要到15千米外的兖州城去赶乘火车回家去，但是，曲阜师范学院到火车站的班车没那么早的，我最后决定向曹老师借自行车。见到老师，才得知他的永久牌自行车是新买的。那时的新自行车比如今的小汽车都宝贵，因为不仅贵，还要凭票供应，有钱没计划也买不到。因为我一个人不认识路，同班同学朱颜芝也费了很大劲儿，不知从哪个老乡亲戚那里借了另一辆自行车，跟我一起去送母亲。天不亮，外面黑黑的，没有路灯。我们急吼吼地往火车站赶。我载着母亲，半路上没注意，一头撞上了停在路边的大卡车上，把车梁撞弯了！好歹车还勉强能骑，还得继续赶路。把母亲送上了火车，后面怎么办？想找车行修，可是，那么早，修车的还没来上班，而且我的口袋里也没有几毛钱，还得赶回上课，最后只得硬着头皮把车还给曹老师。还车的时候，曹老师说："哦，哦，没事，没事！"但是，我能在"哦"里感受到他的心痛,尽管他依然平和地接过车。即使到今天,我都非常能理解曹老师的心情,如果谁把我新买的奔驰车撞坏了还过来,我可能难以表现出曹老师的大度。

还有很多难忘的回忆,不一一叙述。人们想念一个地方,其实想念的是那里的人和自己当时的心境和情感。曲阜师范大学与我的青春、我的挚友、我的师长连在一起,它长在我的心里。

飞机着陆了,我从回忆中醒过来。从纽约回到中国,我直奔曲阜师范大学,去了解他们是否有与科特兰分校建立友好关系的意向。

3. 起草《谅解备忘录》和给校长、教务处长的两封信

美国的暑假比中国早,我到曲阜师范大学的时候,学校教师们在忙期末考试复习以及学期结束前的各项工作。梁美玲是我的同班同学,她也是曲阜师范大学国际交流处的领导。我们谈得很愉快。

在两校与各方沟通后,建立友好关系的第一步是起草备忘录(MOU),经过与美玲的多次沟通,我们终于起草了用中文和英文写成的《中国曲阜师范大学与美国纽约州立大学科特兰分校理解备忘录》(备忘录英文第一页,如图5-1所示),后来通过两校国际交流中心的努力,正式实施。

但是,备忘录交上去后,几个月都没有动静。有次和校长一起开会,会议结束时,我跟校长提起备忘录的事,校长表示十分关心这件事。怕校长事多忘记了,我又给他写了封邮件,阐述了为什么要建立与曲阜师范大学的友好关系,它的独特性在哪里。信件主要内容中文翻译如下。

> ……转发一些我和玛丽之间的通信和我给教务长的信,因为您也许有机会询问事情的进展。我认为玛丽在推动合作伙伴这件事上充满了热情,但是,我也意识到已有项目和许多新项目给她的压力,毕竟,她年轻,在这一领导岗位是新手。我们教授也是在合作中充满竞争呢!有人说,我们已经有了中国的首都师范大学,为什么还要另一个中国项目?我们还有泰国、伯利兹……更多的合作伙伴意味着更多做不完的工作……
>
> 我对此有不同观点。与曲阜师范大学的合作不应该被认为是与已有项目的竞争,相反,是输入新鲜血液。曲阜师范大学与科特兰分校一样,属于省属乡村学校,具有相似的愿景和教育理念。随着世界对中国文化、民族传统包括儒家学说的兴趣越来越浓厚,与曲阜师范大学建立友好关系不仅对科特兰分校,也对整个州立大学有好处。我不是说我们要加入长长的队伍等待孔子学院的建立,我们不要去竞争这个,因为我们不需要。作为曲阜师范大学的校友以及我前期为协议的签订付出的努力和打下的基础,已经推进了此项目,我们几乎不用再做出太大努力就可以签下此项目。

第五章 行走在孔子和康奈尔之间

MEMORANDUM OF UNDERSTANDING
between
STATE UNIVERSITY OF NEW YORK COLLEGE AT CORTLAND
CORTLAND, NEW YORK,
UNITED STATES OF AMERICA
and
QUFU NORMAL UNIVERSITY
QUFU, SHANDONG PROVINCE
CHINA

Qufu Normal University, China, hereinafter referred to as QFNU, and State University of New York College at Cortland, United States of America, hereinafter referred to as SUNY Cortland, in recognition of their common interests in developing bilateral relations and convinced that cooperation between institutes of higher learning contributes to cultural enrichment, scientific progress, and the consolidation of friendship between countries, agree to establish the following Agreement of Cooperation.

I

This agreement will promote activities in the following areas:*

- Exchange of students
- Exchange of faculty and academic staff
- Instructional and cultural programs

II

1. Specific mechanisms for the implementation of particular cooperative and collaborative activities shall be established and described in writing by the responsible authority of each institution prior to the initiation of any particular program or activity.

III

1. All activities developed under the auspices of this Agreement will comply with the procedures, policies, and practices, of each University as well as the law and regulations of the host, including applicable portions of the Export Controls Act of both the U. S. and China.
2. Both Institutions acknowledge that the visit by faculty and students from one institution to the other shall be subject to the entry and visa regulations of the United States of America and the People's Republic of China and, shall comply with the regulations and

---

*A separate Appendix is required.

图 5-1 备忘录英文第一页

这封信确实起到了作用，推动了备忘录的签订进程（图 5-2 为备忘录的英文签字页）。但是，此间却有让我遗憾和抱歉的事，这是文化差异造成的，不是我的本意。美国人的写信习惯是，只要与此工作有关的人都会抄送。校长在回我信的时候，也抄送给国际中心主任玛丽。我写给校长的信也抄送给她，这是工作需要。第二，我在信中写到，玛丽年轻，在领导岗位上是新手，新旧项目都很多，可能她的压力会很大。这样的表述在我一个中国人心里是对玛丽的理解，是善意的，希望校长给予国际中心更多支持。但是，在美国人看来，却有可能是她能力欠缺的婉转说法。玛丽担任国际中心主任，深谙各国文化差异，她也很有涵养，没有表现出不快。但当我与我的先生卡尔聊起这件事时，他说我犯了美国人的大忌。我对无意中对玛丽的失礼甚为抱歉，也对她给予我工作的支持由衷地感谢和敬重。

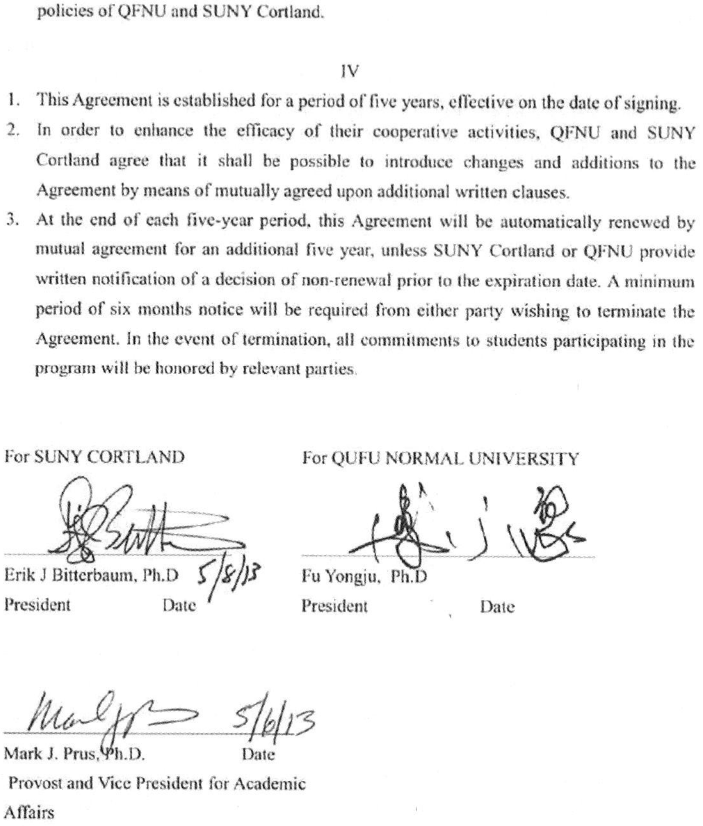

policies of QFNU and SUNY Cortland.

IV

1. This Agreement is established for a period of five years, effective on the date of signing.
2. In order to enhance the efficacy of their cooperative activities, QFNU and SUNY Cortland agree that it shall be possible to introduce changes and additions to the Agreement by means of mutually agreed upon additional written clauses.
3. At the end of each five-year period, this Agreement will be automatically renewed by mutual agreement for an additional five year, unless SUNY Cortland or QFNU provide written notification of a decision of non-renewal prior to the expiration date. A minimum period of six months notice will be required from either party wishing to terminate the Agreement. In the event of termination, all commitments to students participating in the program will be honored by relevant parties.

For SUNY CORTLAND   For QUFU NORMAL UNIVERSITY

Erik J Bitterbaum, Ph.D   5/8/13   Fu Yongju, Ph.D
President   Date   President   Date

Mark J. Prus, Ph.D.   5/6/13
                      Date
Provost and Vice President for Academic Affairs

图 5-2　备忘录英文签字页

有了备忘录，如果没有访问互动，那还是一纸空文。于是我提议邀请曲阜师范大学代表团访问纽约州立大学科特兰分校，洽谈合作内容。之后，我给教务长马克·普鲁斯（Provost Mark Prus）写信，主题是关于纽约州立大学科特兰分校和曲阜师范大学伙伴合作备忘录事宜。信件主要内容翻译如下。

> 感谢您对纽约州立大学科特兰分校和曲阜师范大学建立伙伴合作关系的支持以及您在备忘录上的签字准许。由于世界对中国和儒家文化越来越感兴趣,我希望这次伙伴关系的启动将对我们已有的国际项目有明显的提升。
>
> 我要感谢合作初始阶段玛丽的辛勤付出。头脑风暴的想法最初来源于文理学院(陶瓷艺术系和哲学系)的教授们,此交流项目将推进到包括教育学院在内的其他学院。来自于州立大学其他分校的我的研究基金合作者们也表达了对合作伙伴的兴趣,并愿意与之一起工作。
>
> 我对此合作伙伴有长远的设计规划。在未来几年内,我愿意和玛丽以及其他对此有兴趣的同人一起工作并发展这个项目。
>
> 现在,我提议在 2014 年春季或夏季,我们邀请曲阜师范大学代表团来我校访问,洽谈合作事宜。在 2014 年秋季或 2015 年春季,我们组团回访。基于互利互惠原则,我们共同努力、共同关注。在签订备忘录和互访期间,我希望在 2015 年夏季或秋季能开始实施项目。

4. 撰写超越我的视野范围的项目申请表

填写《新交换合作项目申请表》(New Exchange Partnership Proposal Form)的过程,对我来说漫长而艰辛,整个申请表有 15 页,包括论证项目教育目标与预期效果,交流学生将获得怎样的学习经验,对教师研究与教学有怎样的实效,交流的课程设置与衔接,以及合作方的各种信息、合作形式、启动时间、合作细节等,这是一份实实在在的计划书。

我写过很多次研究计划书,可是,这个两校之间的合作计划书对我来说是一个巨大的挑战。在美国,任何人要与国外建立伙伴关系,都要证明能为当地带来什么好处。我要站在国家与国家、学校与学校的高度来写;而且,不像做研究是在我的专业范围内,两校合作要协调各方面的关系,远远超出了我的视野范围。在写作过程中,我得到了在科特兰分校工作的中国老师的帮助。我们成立了项目委员会,我是协调人,林琳、郑田田、徐洛和美国同事贝斯·克莱恩(Beth Klein)是成员。写完计划书后,要经过各个层级的审定,系、学院、学校各级委员会和各级领导都要审阅批示。学校里的每一个项目都要论证,不是随便建立的。美国人对中国不了解,而且系里还有其他项目,为什么要通过你的项目呢?你得有充足的理由去说服各级领导。最后,项目计划书交到国际中心玛丽那里。

因为现在中外合作项目很多,都要写交流项目申请书,所以,我把计划书的主要内容呈现出来(图 5-3 为新国际项目计划书首页),如读者有需要,可以参考。

美国春秋：成为学者型教师

图 5-3　新国际交流项目计划书首页

> **第一，教育目标和成果**
>
> 描述将提供的交流计划的教育目标和预期成果。说明这个计划如何增强学生的学术经验以及大学的课程和/或教师的研究和教学。在您的回答中，请详细说明它将如何支持纽约州立大学科特兰分校的校园优先事项（学术的卓越、变革中的教育、身心健康和最优化资源）。
>
> • 介绍
>
> 随着世界变得更加连接和相互依存，包括大学生在内的美国人民对中国的经济、社会、文化和精神（包括被称为中国传统文化的心脏和灵魂的儒教），越来越感兴趣。在这个大背景下，我们建议与曲阜师范大学建立新的合作伙伴关系。我们相信这不仅有利于科特兰分校的师生，而且也有利于整个纽约州立大学的系统。

第五章　行走在孔子和康奈尔之间

曲阜师范大学所在的曲阜是孔子的出生地和儒家学说的摇篮。它丰富的文化遗产和历史重要性历来引起世界的关注，并在1994年被指定为联合国教科文组织认定的世界非物质文化遗产。曲阜师范大学自建校以来，一直将孔子"学而不厌，诲人不倦"的教育哲学和教学作风作为学校的座右铭。曲阜师范大学位于曲阜郊区，与纽约州立大学科特兰分校在特点和使命方面有很多相似之处。曲阜师范大学是一所坐落于城郊的省属大学，大多数学生来自劳动者家庭，渴望毕业后成为教育工作者。在过去的几十年里，超过16万名毕业生从曲阜师范大学毕业，成为优秀的中小学教师和专业人士，服务于国家教育、学术研究和社区服务机构。在最近的国际化进程中，曲阜师范大学对纽约州立大学科特兰分校有浓厚的兴趣，希望建立正式的交流关系。我们相信，与曲阜师范大学的合作将进一步加强与已有的首都师范大学的合作关系，为师生提供新的、独特的交流计划和宝贵的机会。在过去的三四十年间，美国学校与许多中国学校建立了关系，但这些中国学校大多位于大城市，很少与曲阜这样的中小城市的学校建立合作关系。与曲阜师范大学的合作将弥补这个潜在的空白，并强化已经与中国建立的交换项目。从长远来看，与中国的合作关系将来可以拓展到在科特兰分校工作的所有中国教授的母校，以丰富科特兰分校师生的学术和文化体验。

- 学生的学术经历

作为研究中国传统文化和儒家教学的最重要的中心之一，曲阜师范大学可能是美国学生探索中国丰富的文化和历史遗产的极佳地点。例如，哲学、历史、人类学或社会学专业的学生肯定不想错过在中国最伟大的哲学家和教育家孔子的神圣出生地学习的机会。

简而言之，为了探索孔子和他的教学，为了解中国文化、哲学和传统，曲阜师范大学及其教育学院将为科特兰分校的学生提供最近距离的、最真实的探索学习经验。

- 课程

曲阜师范大学外国语学院和国际教育学院用英语授课的课程与科特兰分校为中小学教师开设的教育、哲学、历史、语言学、文学、外语和英语教育以及英语作为第二语言（ESL）专业课程相匹配。

其他课外学分和非学分课程，如书法、中国诗歌欣赏、民族舞、民族乐器，将为科特兰分校的学生提供独特的学习经验。

在曲阜师范大学国际教育学院，美国学生将能学习汉语和中国文化。曲阜师范大学给科特兰分校以及其他外国留学生特别设计了对外汉语课程，帮助他们提高汉语水平。

科特兰分校教师教育专业的学生还有机会到与曲阜师范大学有联系的中小学实践他们的对外英语教学策略。曲阜师范大学有与美国交流的长期

美国春秋：成为学者型教师

传统，教务处处长张良才先生（2014年5月访问过科特兰分校的代表之一）是曲阜师范大学附属中学的前任校长，他在中学工作了十多年，并与佛蒙特州的学校开展了长达六年的中学生寄宿交换项目。

与所有现有的国际交流项目一样，我们与曲阜师范大学建立的伙伴关系将为科特兰分校的学生提供学习经验，提高他们的全球意识和文化能力。他们将能够参观一系列古迹，如孔庙、孔林、孔府等。这些古老的建筑群在1994年被列为联合国教科文组织的世界文化遗产。参观期间，他们将能够探讨有关孔子的社会、政治和教育教学的问题。这些文物将为科特兰分校学生分析、解释和进一步理解孔子思想和中国文化遗产提供宝贵的来源。在孔府，学生还可以看到中国古代等级分明的社会秩序，今天可能被解释为社会不平等。

由于交通便捷，学生们对不同文化的认识和欣赏可以进一步深化，他们可以前往被世界各地学者赞赏的、位于曲阜周边的历史古迹和风景名胜，如具有历史和文化意义的五岳之———泰山，别名为"泉城"的山东省省会——济南，一个拥有800万人口的、著名的避暑胜地——青岛。在20世纪80年代初，青岛的啤酒酿造就享誉海外，凭借其工业实力和经济效益，它于2008年与北京共同举办了第29届夏季奥运会，是中国公认的游艇和帆船运动中心。

- 教师研究与教学

曲阜和曲阜师范大学提供的丰富的历史文化和学术资源将通过合作项目为科特兰教师提供独特的研究和教学机会。近年来，儒家研究所成立于曲阜，该所占地六万多平方米，已成为与孔子和儒家相关的一级和二级资源收集的中心场所。这里将成为学术研究主办方，提供信息交换、培训和文化展览服务。研究所将逐步发展成为世界孔子与儒学研究中心，主办长期和短期项目，与曲阜师范大学的合作将为教师们提供使用这些资源的机会。同样的，科特兰分校是一个拥有杰出的教师教育项目的专业教育与研究机构，它也将为对科特兰分校的研究和教学感兴趣的曲阜师范大学的教师们提供丰富资源。简而言之，合作伙伴关系将为两所大学的教师提供协作机会，携手合作、共同发展。

曲阜师范大学欢迎科特兰分校的教师作为访问学者来独自教学或共同合作一学期或短期课程，比如"美国研究""英语语言和文学""英语专业的写作课程""社会学""教育理论和方法"等。

第二，学术交换项目信息

请提供一个主要学术课程的概况，说明如何适用于未来学生的学位计划。比如，学生选课是同一学科还是跨学科，或者两者均可？他们的课程适用于主修、辅修、通识教育还是其他的学位要求？需要提供该专业的课程范例以及说明如何对等地获得科特兰分校的学分。

曲阜师范大学提供本科、硕士、博士学位课程。文科学士学位有汉语言文学、对外汉语、数字媒体艺术、教育学、心理学、经济学、经济贸易、政治科学、历史、公共管理、翻译、舞蹈、中国书法等。理学学士学位有生物科学、环境科学、地理科学、数学和应用数学等。中国本科生在曲阜师范大学需要完成四年学业。

不同于与英语国家的合作项目，到中国去学习的最大障碍是语言。曲阜师范大学具有长期的国际化传统，已经与50多个国家建立了合作关系，也是中国200多所有资格接受海外学生的大学之一。自从1992年接受海外学生以来，已经有来自日本、韩国、英国、法国和美国的国际学生到曲阜学习。

包括科特兰的学生在内的国际学生到曲阜师范大学学习的途径之一是通过到曲阜师范大学国际文化交流学院注册来实现的。该学院建立于2001年，开设有对外汉语等课程和研讨班。根据学生的语言程度和需求，国际文化交流学院提供汉语的听、说、读、写课程，以及针对外国人的汉语水平考试（包括初级、中级、高级）。其他课程和研讨课还包括中国历史，介绍中国文化入门；中国书法、民间艺术、传统音乐、文学和诗歌、中国基础教育和体系、孔子和儒家思想。克服了语言障碍的学生可以继续修他们感兴趣的课程，本科、硕士、博士都可以申请。短期课程有汉语和其他学科。更详细的项目和课程描述请参考第四部分合作大学。

另一个途径是注册外国语学院的课程，主要有语言学、英语作为第二语言（ESL）/对外英语（TESOL）和其他外语教学，大多数课程都是英语授课，有些课程应是美国学生也会感兴趣的。

无论是有学分还是无学分的课程都会给科特兰学生提供深入了解中国人的价值观、文化和社会的不同视角。科特兰学生在中国的海外学生人数有限，我们建议带队教师和暑假/寒假课程要集中并有所选择。曲阜师范大学的很多课程都能满足科特兰学生的辅修学位要求，比如，东亚和中东研究专业的学生能极大地受益于这个交换经历。如果能被批准，更大范围的课程（一学期）或者暑假/寒假的研讨课可能会被提供或通过协商为科特兰学生量身打造。

第三，项目领导

请提供项目组成员与合作院校的背景、名单以及任务。如果半途不能支持项目，谁来接替？

石淑芳是项目协调员，有能力、有意愿去做基础工作。

石淑芳于1983—1987年在曲阜师范大学完成了英语语言文学专业的本科学习。这是一个改变她人生经历的四年，她从一个"乡巴佬"（去曲阜师范大学上学是她人生中第一次乘火车）成为一个认真、有上进心的大学生，后来成为科特兰分校的一位求知、求真的学者型教师。在过去的三十年里，她与曲阜师范大学保持密切联系，几乎每次回到家乡时都会拜访曲阜师范大学。石淑芳在主持或合作主持外部基金的过程中获得了领导经验，拥有了项目协调人必备的主动性和领导素质，尤其重要的是具有强有力的职业道德、可靠的合作履历、丰富的项目经验，以及坚持不懈完成项目的良好记录。

自从 2005 年到科特兰分校工作，石淑芳一直是教育国际化的热情响应者和倡导者。在国际教育周期间，她与同系的林琳博士发表了关于中国教育的联合演讲。在科特兰儿童博物馆和其他学校，石淑芳、林琳还有当代语言系的王海英老师多次共同主持中国新年庆祝活动。

石淑芳将在咨询委员会的支持和指导下开展交流项目工作。咨询委员会由科特兰分校学前和小学教育系的教师和其他系的经验丰富的资深中国教师组成。咨询委员将与国际项目办公室密切合作，为项目提供建设性的意见和指导。咨询委员会成员包括：

- 贝斯·克莱恩博士，学前和小学教育系科学教育教授；
- 林琳博士，学前和小学教育系社会科学教育副教授；
- 徐洛博士，历史系教授；
- 郑田田博士，人类学系人类学教授。

贝斯·克莱恩博士是一位资深的教师，在国际项目中有丰富的经验，并且了解教育系和教育学院的学生和教师的需求。林琳博士通过教学与研究合作，与中国保持密切联系，并且，她每年暑假都会回到距离曲阜约三小时车程的家乡青岛。她还与其他亚洲国家的学者合作，对历史和多元文化教育的主题进行比较研究。咨询委员会还包括领导过科特兰分校和位于北京的首都师范大学的交换项目的徐洛博士以及知名人类学家郑田田博士。他们参与了计划书的写作与审阅工作，在项目推进中，他们将继续贡献他们各自的知识、智慧和专业技能。

科特兰分校的所有中国教师都与国内保持联系，也有兴趣与曲阜师范大学的合作者一起工作。他们与国内大学联系的资源有地方层面也有国家层面，涉及的学科领域广泛，包括教育、历史、人类学、地理、传媒研究等。他们优秀的职业操守、合作精神和热忱将给合作项目带来巨大的能量和实际建议。从长远来看，合作关系可以扩展到所有中国教授的母校，由此丰富科特兰分校师生的学术和文化经历。

第四，合作大学

请简明描述合作大学，包括学生人数、教职员工人数、学术项目、硬件设备或其他有助于我们更多互相了解的细节。如果可行，请提供相关材料。请详细说明两所大学的办学愿景、课程设置、学生服务等，并请提供大学的认证信息。

两所大学的愿景、目标和对教师教育项目的强烈关注是相容的，它们都致力于通过国际化和全球教育来提升学生的全球意识，纽约州立大学科特兰分校以教师教育而闻名，而曲阜师范大学作为山东省最著名的教师教育学院之一被人们所知晓。曲阜师范大学的教师教育项目得到中国教育部认可，这是与美国教育部对等的机构，而且它在课程标准和课程实施方面比美国同行更具权威。

曲阜师范大学是山东省的一流大学之一。在2015年春季，学校有全日制教师1217位，本科生32 956位，硕士、博士3546位，16 000名继续教育学生。曲阜师范大学设立了29个学院，28所研究机构，其中包括教育部基础教育课程研究中心、山东省孔子研究基地。有83个本科/学士学位项目，还有大量的硕士、博士同等学力项目。

校园占地3061亩，超过100万平方米建筑，有固定资产13亿元人民币，教学和研究经费2.11亿元人民币。图书馆藏书3.5亿册，电子书65 9000本。大学有自办四本学术专业期刊。（报告所引用的数据来自2015年曲阜师范大学网站）

第五，宿舍和服务（略）

第六，健康和安全（略）

第七，为跨文化经历而设计的活动（略）

第八，语言准备（略）

第九，项目的可行性和市场（略）

第十，项目评价

请解释你们将如何衡量第一步中的目标是否达成。

一开始，我们将调查已经有效使用于国际项目的测评工具，并选择几个去使用。我们可以参考其他大学的类似测评工具。项目前、项目中、项目后允许学生清晰表达交换经历给自己带来的影响，这将为项目提供真实的评价数据。

来自于师生的结构化的详细反馈意见和评述将为项目提供评价数据。师生们分享反馈他们的学习经历、研究经历、教学经历和文化经历，为评价提供定性数据。

第十一，项目预算（略）

最后是各级人员签字，包括项目联系人（Faculty Sponsor）、系主任（Department Chair）、院长/副院长（Dean/Associate Dean）、学院海外学习与交换项目评估委员会（Study Abroad and Exchange Program Review Committee）、国际中心主任（International Programs Office Director）和教务长（Provost）等。

5. 两校互访

经过多方面、长时间的努力，曲阜师范大学以副校长康淑敏为首的代表团一行五人来美国进行为期一周的访问。我们需要张贴海报告知我校师生。

海报标题为《一座文化交流与探索的桥梁》(A Bridge for Cultural Exchange and Explorations),副标题是《中国山东曲阜师范大学和纽约州立大学科特兰分校之间的伙伴合作》(A Partnership between Qufu Normal University, Qufu, Shandong, China & SUNY College at Cortland, Cortland, NY, USA,如图5-4所示)。因海报版面有限,既要突出重点,又要吸引人眼球,所以从内容到设计都要精心打磨。为此,我请教了很多同事和朋友,他们从不同的角度提修改建议,前后修改了不下十几稿。

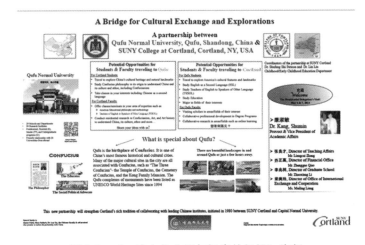

图 5-4 《一座文化交流与探索的桥梁》海报

该广告张贴在科特兰分校,因此,要考虑美国学生需要了解什么,哪些东西能吸引他们。美国人对中国缺少了解,所以,曲阜的地理位置、人文特征需要讲清楚。既然是交流学习,那么科特兰分校的师生能从中获得什么呢?我们能为曲阜师范大学的师生提供什么呢?我们学校谁负责联系?曲阜师范大学来的是什么样的客人?这些都要简明扼要地写清楚。只看文字会让人累,还需要配图,选择什么图片、说明什么主题,我们都一一做了精选。

我们考虑到客人们路途劳累,飞机也很有可能晚点,为了减少临近晚上学校领导和工作人员的烦神,因此我决定由我自己和卡尔在家招待晚宴欢迎客人。那晚,我们在树林里生起篝火,烤玉米、烤牛排,气氛很热闹,也很亲切。第二天,我带客人们参观了伊萨卡和康奈尔大学,大家兴致很高。图 5-5 为曲阜师范大学代表团在科特兰分校教育学院前的照片前排:从左至右依次为玛丽、石淑芳、康淑敏、梁美玲;后排:从左至右依次为乔正高、张良才;摄影:李兆祥。

第五章　行走在孔子和康奈尔之间

图 5-5　曲阜师范大学代表团在教育学院前

代表团访问科特兰分校，从校长、教务处到我所在系各级都安排了会面和会谈。先与我系和教育学院教师座谈，再与另外三个学院院长、教师代表会谈，院长们分别介绍了院系学科情况。代表团介绍了曲阜师范大学学科情况和国际交流项目以及与科特兰分校结为姊妹学校的意愿。整个交流情况很顺利。访问期间康淑敏副校长和代表团向校长比特鲍姆发出邀请，邀请他和科特兰分校代表团于来年曲阜师范大学60周年校庆之际来访问洽谈合作事宜。

经过酝酿，2015年比特鲍姆校长和国际中心主任决定接受曲阜师范大学校庆邀请，于同年10月回访曲阜师范大学，正式签订友好学校协议。历史系的徐洛教授和我得到加入代表团的任务，一同访问曲阜师范大学。

每年放暑假我都回老家，那年也一样，我刚从山东回美国。当国际中心主任玛丽让我陪同校长比特鲍姆回山东时，我很激动。才过了两三个多月，我又能回家了！但是，我一看行程安排，一共才一周时间，而且是工作，我不可能把从来没来过中国的校长丢下不管吧？尽管我没有时间进家门，但只要踏上山东的土地，我依然感到心满意足，而且和以往不一样的是，我这次是带着重大使命回国的！我们系主任跟我说："你又要回中国了！"我说："是的，但我不能回家，这是工作，我不能提要求。"系主任说："离家这么近，怎么能不回去呢？我跟玛丽讲。"我说："谢谢！但别说了，票都买好了，挺麻烦的。"

到曲阜师范大学签订友好学校协议代表团共四人。历史系教授徐洛是北京人，他领导科特兰分校与他的母校首都师范大学的合作已多年，他先回国为代表团访问老合作伙伴首都师范大学打前站。玛丽先去马来西亚访问，她会从马来西亚飞到北京与我们汇合。因此，从科特兰一起乘飞机的只有校长和我。飞机上，校长推荐我看了几部电影，然后我们聊天，他说他母亲快九十岁了，我说我母亲也已经九十岁了。校长有些夸张地说："Oh, you got to see your mother! Just disappear, go home!"（你当然该见你妈！溜之大吉回家吧！）我心里乐开了花，马上说："Are you sure? I'll take what you said then!"（恭敬不如从命）

飞机到达北京的时候快傍晚了，我累得不行，但校长身体很好，他精神抖擞，跟首都师范大学的校友出去了。我说我太疲劳了，要先睡一觉。但是，我也兴奋得睡不着，就开始跟家里联系，安排回家的行程。第二天陪代表团在北京活动，第三天早上天不亮，我就从北京火车站出发，一路高铁加汽车和搭车，打道回府！到家时已经傍晚。老母亲拄着拐棍，到村头等我。家门前晒着刚收成的玉米，一种难以形容的满足感油然而生，忽然觉得家不再那么遥远！

以前每次告别家乡回美国，我总是哭得一塌糊涂，不知道是不是诀别，这次却觉得家近在咫尺，思乡病得到最有效的治疗。我和母亲喜欢到地里看庄稼。我用轮椅推着她，那时是黄昏，我们走得很远很远，都快走不回去了。我和母亲没说很多话，但心里很甜很满足，图5-6为我推着母亲看庄稼时的合影。晚上，我和她睡在一起。她耳朵不好，虽然有助听器，但她不喜欢戴。

图5-6　我推着母亲看庄稼

7月离开了家，10月又回来了，回家的路一下子变得不那么遥远了。我很感谢比特鲍姆校长，给了我回家的机会。

我又想起科特兰分校给的我另一次与家有关的经历。2006年，姐姐哭着从山东老家打来电话，说母亲不行了。那时是圣诞节前，学校还没放假。姐姐说："你可能要做好回来的准备。"我那时没有绿卡，办回国手续很麻烦。我给系主任写信，她马上回复表示同意，并将安排人帮我代课。然后，我又给人事处处长写信，她也是当天回复并给我出示回美国签证用的信函。之后，姐姐来电话说："要不你等等，看是不是会没事。"每次我听到电话，都吓得要命。最后姐姐打电话来说，不要再犹豫了，赶紧回来。那时对于我来说，回一趟中国很难很难，办手续、办签证、买飞机票，又怕回不了美国。但是，与母亲见面是我的头等大事。我在纽约机场，飞机说要晚点，经过几天的感情起伏和劳累，我不禁失声痛哭地说："我的飞机不能晚点！"我当时已经很脆弱了。以前坐飞机，我喜欢看云、高山、河流，拍照片给母亲看，要是母亲有了不测，以后谁能分享我的美景和经历呢？想到这些，我的眼泪就唰唰流出来。真是常说的，只有在要失去的时候，才更觉珍贵。一路上，我都在哭。经过万水千山，终于到家了，我从遥远的美国来到了母亲的病床前。母亲在住院，我与姐姐抱头痛哭。母亲住了几天院，竟然脱离危险了。我当时强烈的愿望是，把工作、名利都放下，我要跟母亲一起生活一段时间！不是母亲需要我，而是我需要母亲！当时儿子还在美国，他要上学，无法回中国。我把自己要陪母亲的想法告诉纽约州立大学科特兰分校的教育学院院长，她同意了，并请人帮我代课。这种休假在美国叫"家属病假"（Family Sick Leave）。

这两件事情是我一辈子的温情记忆。中国有句话叫：滴水之恩，当涌泉相报。我对科特兰分校怀有深厚的感情，觉得自己能在这里工作很幸运，我希望用自己的努力回报学校！

接着说我们的曲阜师范大学之行。我们的行程分为两部分。第一部分在北京三天，主要由徐洛老师负责。第二部分在曲阜三天，主要由我负责。在家住了一个晚上，在与家人的依依不舍中，我登上了去曲阜的火车。

玛丽访问完马来西亚，来到北京，与校长和徐洛在北京汇合，我从老家来到曲阜，在火车站等他们。我们四人汇合后，开始了忙碌的工作。我们的任务是参观、了解曲阜师范大学，签订两校友好协议。同时，我们也参加了曲阜师范大学60周年校庆。

曲阜师范大学党委书记荆兆勋、副校长康淑敏亲切会见了代表团一行。荆兆勋对我们的到来表示由衷的感谢与欢迎，表达了推进双方交流合作广度与深度的愿望。他指出，希望两校在2013年签署的备忘录基础上，以新的合作协议签署为契机，在学科教育、生命科学等相关领域加强合作，尤其是在互派留学生、教师进修等方面进一步加深交流与合作。他们将积极推动学生和教师赴美学习，也欢迎科特兰分校的师生来曲阜师范大学交流。荆兆勋向比特鲍姆赠送了具有浓郁中国特色的竹子造型紫砂茶杯，表达了对两校友好合作关系"节节高"的美好期望。比特鲍姆校长也表达了对曲阜师范大学60周年校庆的祝福,愉快地回顾了2014年康淑敏副校长为首的代表团访问科特兰分校的经历,指出双方的合作给两校师生提供了共同的学习交流平台。比特鲍姆以自己的个人经历谈到了国际交流对个人发展的积极作用。双方就合作交流的具体事项进行了深入细致的探讨,在学分互认、教师交流以及合作开展教学与研究等方面达成了共识。宾主双方在友好合作协议上签字(图5-7为比特鲍姆和荆兆勋在友好合作协议签字仪式上的合影),开启了两校合作的新篇章。随后,比特鲍姆校长为教育学院师生作了题为《美国高等教育体系》(The American Higher Education System)的报告。

图5-7　比特鲍姆和荆兆勋在友好合作协议签字仪式上

　　2016年秋季学期,曲阜师范大学有三位本科生到科特兰分校交流学习。她们在科特兰分校学习生活积极活跃,其中有一位交流一年的学生申请并获得了领导力项目(Leadership House)。该项目把希望培养领导力的来自各国的学生聚在一起,通过参加生活与学习相结合的社区活动和跨文化体验,教学生获得学业和社会经验,促进个人发展。科特兰分校给了曲阜师范大学的学生不一样的眼界!

　　2016年,在来自中国台湾的青年教师翁履中的努力下,科特兰分校与台湾淡江大学(Tamkang University)成为合作伙伴。至此,科特兰分校与中国形成了一个"北京—曲阜—台湾"既各具特色又融为一体的项目组合。2017年夏天,有8位来自整个纽约州立大学的学生参加中国交流活动,主题为"一种文化,两种制度:北京—曲阜—台湾之行"。活动由徐洛、翁履中和我共同负责,其中徐洛负责北京之行,我负责曲阜之行(图5-8为此次活动项目组成员在曲阜的合影），翁履中负责台湾之行。整个行程共 21 天（具体安排如表 5-1 所示），这项活动内容对中国学生的文化之旅也很有借鉴意义。

表 5-1 "北京—曲阜—台湾之行"活动具体安排

第 1 天	各位学生从家里到美国肯尼迪机场集中
第 2 天	飞机到中国北京，倒时差
第 3 天	早上，游览首都师范大学 下午，与首都师范大学师生讨论中国文化、历史、政治 晚上，与首都师范大学学生互动，完成写作作业
第 4 天	白天，参观天安门广场和紫禁城 晚上，全聚德饭店吃晚饭，夜行王府井附近的小吃街。
第 5 天	上午，参观雍和宫，地坛公园，国子监。中饭，雍和宫附近的素食馆 下午，与中国学生交流 晚上，与首都师范大学学生互动，小组讨论，反思、交流、写作
第 6 天	上午，参观颐和园 下午，参观首都博物馆 晚上，老舍茶馆看戏、吃饭。
第 7 天	白天，嘉峪关长城，中午农家乐 晚上，与首都师范大学学生互动、演讲、写作
第 8 天	上午，参观 798 创意园区和蓬勃发展的中国当代艺术 下午，参观涉外律师事务所；在东四环参加嘉宾座谈，中国的法律和国际贸易 晚上，与首都师范大学学生互动、演讲、小组讨论、写作
第 9 天	上午，乘高铁去曲阜 下午，参观曲阜师范大学校园 晚上，参加学校欢迎晚宴
第 10 天	白天，曲阜师范大学师生带领参观，讲解孔庙、孔府、孔林。现场演讲：孔子的教育思想与中国文化；孔庙体现出的古代中国社会等级 晚上，与曲阜师范大学学生互动、演讲、讨论、写作

续表

第 11 天	上午，参观曲阜中医院 下午，参观曲阜孔府家酒 晚上，与曲阜师范大学学生互动，演讲、小组讨论、写作
第 12 天	登泰山，体验"登泰山而小天下"
第 13 天	全天在曲阜师范大学 上午，老师介绍中国大陆和台湾 下午，学生演讲关于在中国大陆的经历和体会 晚上，告别晚宴
第 14 天	上午，乘高铁回北京 下午 1：45 飞往台湾，4：55 到达台北机场 晚上，开车去淡江大学
第 15 天	上午，听讲座介绍高雄的历史、文化和经济发展 下午，参观中信造船 晚上，与淡江大学学生互动，演讲、讨论、写作
第 16 天	上午，登佛光山 下午，打狗英国领事馆①，赏浪漫的爱河风景 晚上，与淡江大学学生互动，演讲、讨论、写作
第 17 天	上午，十鼓声乐团 下午，四草隧道；台南孔庙（孔子号称东方苏格拉底） 晚上，与淡江大学学生互动
第 18 天	上午，从台南到南港 下午，参观宜兰的淡江大学校园；嘉宾演讲：台湾地区的政治和经济发展；与淡江大学学生圆桌讨论 晚上，淡江大学欢迎晚宴

---

① 打狗英国领事馆（Dagou British Consulate）。打狗是高雄的旧称，台湾日治时期，源自日语发音"Ta-Ka-o"。

续表

第19天	上午，Langyang博物馆（从淡江到台北） 下午，台湾"立法"机构所在地和"中正纪念堂" 晚上，宁夏夜市
第20天	上午，台湾最高摩天楼台北101 下午，台湾行政机构所在地和台北"故宫博物院" 晚上，士林夜市
第21天	一大早，从台北飞往纽约

图5-8 "北京—曲阜—台湾之行"项目组成员在曲阜

此次"北京－曲阜－台湾之行"行程十分紧凑，从首都北京到孔子故乡再到宝岛台湾，学生们充分领略了中国的政治、经济、文化和教育。这些学生回到美国后，一定会对中国有不一样的印象和情感，也会进一步传播他们中国之行所领略到的中国文化和风情。

6．组织实施纽约中部25个学区的中小学参与的"21世纪领导力论坛"

文理学院教师辛西娅·萨维尔（Cynthia Sarver）不仅自己的信息技术用得好，而且也很关注信息技术的投入与未来的使用效率。她的学生将来要当中学老师，我的学生当幼儿园和小学的老师。我们俩都希望学生把信息技术结合到未来的中小学教学中。但是，当时我们碰到了一个难题——家庭、社会和学校对孩子使用技术有很多担忧，因为网上鱼龙混杂，不乏不良因素，甚至潜在危险。我们在大学教育阶段，投入了很大的精力教授信息技术，希望未来的教师能在中小学使用信息技术，但信息技术的使用在中小学往往障碍重重，堵而非疏，这是矛盾所在点。

辛西娅和我想改变现状。我们认为要减轻或消除这种障碍，首先要影响学校的领导者和决策者，要让他们理解信息技术的重要性，在学校里支持教师使用信息技术，然后，再带动家长的改变。网上的确鱼龙混杂，但是，我们需要的不是"堵"，而是"疏"，通过有益的疏导，使得学生获得合理的网络资源，改变学习方式，增强学习有效性。

于是，我们商量召集纽约中部地区中小学的领导们开展论坛。首先，研究谁来参加论坛。纽约中部有个机构专门管理教师专业发展学校（Professional Development School，PDS）。另外，凡是有教育学院的大学都有专门安排学生实习的机构，我们就去这两个机构挑选了一些中小学，然后给这些学校的校长们写信，邀请他们来参加论坛，旨在与他们讨论教育技术应用的重要性以及策略。活动所需经费并不多，场地用大学自己的免费会场，后勤部门会帮忙调试设备、摆桌椅。主要的资金需求是给每位参与者买一本书——《21世纪学生的核心素养》用于学习和讨论。此外，还要买水果、比萨、咖啡等作为午餐。我们申请到了活动经费。除了写邀请函，我们还把会议时间、地点、与会人员、目的、流程等发布在大学网站公告栏，便于更多人员知晓和参与。图5-9为该论谈的海报。

图5-9 "21世纪领导力论坛"海报

学校新闻做了题为"举行论坛，与地区教育工作者分享网络技术"的报道（如图 5-10 所示，照片为辛西娅和我）。报道译文如下。

图 5-10　"21 世纪领导力论坛"新闻报道

> 40 多名来自纽约中部约 25 个学区的中小学领导和技术团队将加入纽约州立大学科特兰分校在 2010 年 5 月 14 日星期五举行的学术论坛，共同探讨将信息技术融入课堂教学这一主题。该活动由科特兰地区教师专业发展学校（CRPDS）资助，项目涉及纽约州立大学科特兰分校与地区中小学之间的合作伙伴关系，目的是创建一个有意义的、起到实际作用的区域学习社区。
>
> 论坛组织者是纽约州立大学科特兰分校教师辛西娅·萨维尔和石淑芳，她们获得了 2010 年春季科特兰地区教师专业发展学校小额赠款，以举办一天的活动。纽约州立大学科特兰分校校长埃里克·比特鲍姆、教务长和学术事务副总监马克·普鲁斯、艺术和科学学院院长布鲁斯·马汀利、职业研究学院兼教育学院临时院长约翰·科顿和教师教育助理教务长玛琳·巴杜将参与会议，并对与会者表示欢迎。
>
> 除了有教师示范课，与会者还将讨论在技术和课程创新方面面临的障碍。大家将合作解决问题并尝试 Web 2.0 的应用程序。与会者还将了解联邦通信委员会（FCC）非正式教育网页的电子速度以及儿童互联网保护法（CIPA）立法的待定更改。

"21世纪领导力论坛"正式开始,超过我们的预期,25个学区来了40多人,除校长外,还有学校分管信息技术的领导以及信息技术骨干教师。

论坛上,我演讲的主题是《用心去使用技术》(Using Technology with Heart)。演讲中文译文如下。

> 从我的名字,你可能知道我是个外国人,英语不是我的母语,所以我感谢您原谅我带有异国口音。我说话带口音,但我思考不带口音。我出生在中国农村的一个小村庄里。我的母亲和父亲没有读过书,他们不知道博士是什么意思,但他们知道这大概是好东西,因为我从大老远跑到美国来拿一个博士学位。我在2000年来到美国,在密歇根州立大学开始我的教育技术学博士学位的学习。2005年我完成了学位,并开始担任纽约州立大学科特兰分校的助理教授。
>
> 最近几天我一直在考虑我的发言主题,我想以它作为欢迎词。希望我今天早上开车来学校路上的想法也在您的脑海里出现过至少一两次。
>
> 今天我们为什么都在百忙中抽出时间聚到这里?我们将用今天获得的新知识开展什么行动?我们知道自己要去哪里吗?我们的目的地在哪里?
>
> 所以……为什么我们来到这里?我相信,我们来这里是为探讨教育永恒的话题:如何提供优质教育?如何吸引学生参与?如何提高学生的批判性思维并增加在21世纪数字时代的学习成果。
>
> 我们正在经历一场信息革命,现有的教学方法已不能满足学生的需要,我们开始批判性地研究教学方法和课程资源。作为教育工作者,我们如何将新的、不断变化的数字技术融入我们的课堂?21世纪的教室是什么样子呢?我们将如何满足作为数字原住民的学生的需求呢?我们的愿景是什么?我们将如何利用愿景来构建我们的现实?引用20世纪最伟大的美国预言家之一——尤吉·贝拉(Yogi Berra)先生的话"如果你不知道你要去哪里,当你到达那里你怎么会知道已经到了呢?"
>
> 我们都知道,世界正在转变成一个数字世界,新的Web 2.0技术创造了前所未有的参与式学习机会。作为教育工作者和管理者,我们需要履行责任,接受新技术为教育所提供的积极面,同时,还要保护我们的学校和学生免受它们的负面影响。对于我们许多人来说,这是痛苦的,我们没有太多的选择。作为学校领导者,我们需要充分参与数字世界,以便了解它发生了什么。只有这样,我们才知道什么是好的,什么是坏的,什么有用,什么没用。同样,在所有这些努力中,我们不能忽视最终目标,即在教室里吸引孩子参与学习并提高学习成果。
>
> 今天的讨论聚焦于我们能够接受这些新技术,并在教室中使用它们好的一面;我们还将解决如何采取预防措施,以保持有效的学习环境。
>
> 我教本科生和研究生的教育技术课程,可以从第一手的观察和经验告诉你们,我的同人们,Web 2.0技术说起来容易,做起来难,相信这对今

天在座的各位不是新闻。

除了了解信息技术的好处，还有另一个需要我们注意和理解的关键问题，即当前的教育制度如何限制我们使用技术？技术整合的最大障碍是什么？

将 Web 2.0 技术运用到教室里的可能性和现实性是我和萨维尔博士安排这个论坛的初衷，这也是我们目前教育体系普遍存在的问题。以下我们用信息生态学的理论框架分析指导我们在教室里的技术应用。

大家收到一个文件袋，里面有两幅图，第一幅介绍了这个理论框架。信息生态学是一种在特定环境中的人、实践、价值观和技术的系统，是邦妮（Bonnie Nardi）和维基（Vikie O'Day）在她们 1999 年出版的《信息生态学——用心去使用技术》中首先提出的观点，突出了使用技术的人类活动而不是技术本身。人类使用技术，但技术根据人类的价值观和规范来设计和工作。从图 5-12 中可以看出，信息生态学是一个复杂的利益系统。

类似于传统的生态食物链与能量流动，健康的信息生态系统的特点体现为全社会为一体的服务、规范、核心价值观、支持和随着时间推移的用户增长。其中，儿童是关键，他们的成长经验和成果反映了信息生态的整体健康度和成功度。

信息生态具有独特的地域特性。每个学校有自己的特殊性，从而影响信息技术与学科整合。从我们提供的例子可以看出，准确表述学校独特的信息生态系统是最难的，在我们的评估中发现的两个最常见的障碍是与教师技能无关的政策和教师在课堂里的应用能力。随着如今 Web 2.0 技术好处的彰显，您的学校独特的信息生态系统的建设和分析以及辨别问题所在，是把信息技术与教学有效整合的关键步骤。

如果您今天一直在听我的发言，我们都应该清楚地了解我们今天为什么聚到这里。没有必要担心，今天没时间考您。

我想再用几分钟时间讨论第二个问题：我们要去哪里？我们如何知道什么时候能到达？

请大家看材料中的第二张图"逻辑模型和行动方案"。

建立逻辑模型的目的是确定学校在信息技术与学科整合方面的预期成果（前进方向）和成果（目的地）。请注意，我们的"行动方案"处于概念阶段，是为了提供可视化的成果，并在未来一年有所行动。今天的论坛是传递信息，以便充分了解信息技术与学科整合的形势。在提供资源支持我们的合作学校之前，我们必须完成的最重要的工作之一是进行严格的需求评估。需求评估将使我们能够准确地知道该校信息技术与学科整合的问题所在，也能使我们根据每所学校独特的信息生态系统考虑优先选择哪些学校。在今天发给大家的材料包中有一张问卷，请拿出来看一看并希望你们在午休时间完成。这项调查体现了我们做需求评估的信息和观点。您需要上交完成了的问卷调查表和入场券。此外，当您注册谷歌阅读账户时，您将在会议结束时得到抽奖机会。

> 最后,欢迎大家来到纽约州立大学科特兰分校,希望我们的论坛是鼓舞人心并富有成效的。

论坛结束后,我们收到了大多数学校校长的请求,他们希望我们与他们合作,开展信息技术与学科教学相整合的工作。在随后的几年内,我和辛西娅以及我们的学生与相关学校进行了有效的合作,取得了良好的社会影响。

7. 为科特兰社区服务

每年中国新年,我和其他中国同事都会组织各种与中国文化有关的活动,邀请科特兰地区的孩子们和他们的家人参加,目的是让更多的美国人了解、熟悉并喜爱中国文化。我一直在思考,怎样把我的专业特长与中国新年活动相结合。终于有一年我想到了包饺子与建网站的共同点,这个活动被《科特兰日报》的地方新闻栏目生动地报道了。这则新闻报道的中文翻译如下。

> 饺子和互联网网站有什么共同点?纽约州立大学科特兰分校的一位教授可能找到了答案。
>
> "对于中国人来说,包饺子和吃饺子是一种家庭活动,是一起享受时光的一种方式,"学前和小学教育系助理教授石淑芳博士说:"网站也是一种与家人联系和共享信息的途径。"
>
> 星期六,石淑芳和她的中国同事以及学前和小学教育专业的学生们组织了"中国饺子和信息技术"的活动,教年幼的孩子和他们的父母建立自己的网站,并在校内儿童博物馆学包饺子,然后享用自己的劳动果实。
>
> 在参加的家庭中,淑芳指导了六岁的凯和他的母亲克丽,使用网上开放资源创建一个简单的网站。凯想把自己的照片通过网站传给他住在圣地亚哥的祖父母看。
>
> "凯在学校使用实验室计算机,"妈妈介绍说。"他们玩数学和文字游戏,但没有学过建立网站。我来这里是想给他一个学建网站的机会。"
>
> 凯登录并创建了自己的主页后,淑芳用她的数码相机给他拍了一张照片,他上传到自己的网页。他给祖父母留言,邀请祖父母也把他们的照片放在页面上,给凯和他的爸爸妈妈看。
>
> "这很有趣,"凯说起他的第一个网页设计经历。
>
> 淑芳称自己是开放资源的"热情倡导者",开放资源作为教学工具,可以在互联网上免费获得。她为学前和小学教育系的研究生和本科生讲授好几个主题的课程,包括信息技术与学科整合、使用前沿技术和免费平台、培养教师对自己的教学进行教育研究等。

> "我们可以将技术整合到学习中,但不能用它来取代教师,"淑芳说,"技术可以用来帮助孩子们更好地学习。"
>
> 与此同时,其他孩子和父母在学包饺子。包饺子其实挺简单,把馅儿填进面皮,折叠好后将两侧的面皮包好,水煮或油炸都行。淑芳准备的是美国人用来做香肠的肉馅儿,加上大白菜、韭菜以及香葱和酱油等佐料。大家将包好的生饺子放入锅中快速煮5分钟。煮熟的饺子在整个房间里散发出好闻的香味儿,很快就被大家吃光了。
>
> 6岁的奥莉薇娅第一次决定用筷子吃饺子。焦虑了片刻之后,她坚持下来,终于设法把饺子从盘里送到了嘴里。"真不错!"她说。

8. 大学委员会里的责任和奉献

在美国大学里,委员会(Committee)是个常见词,意思是为处理某一特殊事情而组织的团体(A group of People Appointed to Deal With A Particular Matter)。中国大学设有学位委员会、学术委员会、教学委员会等。美国大学除了有这样的委员会外,还有各种类别、各种规模、各种形式的委员会。有教师的,有学生的,有官方的,还有民间的。美国的委员会首先是自己申请,表达服务愿望,然后由委员会已有成员按照一定的要求审查、批准、分派工作。

下面我以两个委员会为例,谈谈如何提供服务。

一个是学术委员会(College Research Committee,CRC),主要任务是评审大学内部基金项目。每年,纽约州政府会拨给学校一大笔专款用于教师做研究,常规基金如教师科研基金(Faculty Research Project,FRP)。每当拨款下来,学校就会发通知给教授们,号召大家写研究项目书来申报基金。

谁来负责内部基金的布置、评审等工作呢?学校的学术委员会来负责这件事。学术委员会成员需要符合一定的条件,比如,丰富的科研经历;获得过科特兰分校以外的基金,包括国家基金或州立大学系统内的基金等。只有具备这些资历,评委才能有火眼金睛去评审别人的研究项目书。2017年学术委员会由6人组成,各学院有一两个代表,我代表教育学院。

具体怎么评审呢?

第一步:评审委员会主席发给委员们一个任务,分配列表。

下面以2017年为例(如表5-2所示)。

表 5-2　2017 年教师科研基金项目评审任务内部分配表

Reviewer（评审人）	Primary Review（主审）	Secondary Review（复审）
1	Proposal 1（项目 1） Proposal 2（项目 2） Proposal 3（项目 3）	Proposal 4（项目 4） Proposal 5（项目 5） Proposal 6（项目 6）
2	Proposal 7（项目 7） Proposal 8（项目 8） Proposal 9（项目 9）	Proposal 10（项目 10） Proposal 11（项目 11） Proposal 12（项目 12）
3	Proposal 4（项目 4） Proposal 13（项目 13） Proposal 14（项目 14）	Proposal 1（项目 1） Proposal 15（项目 15） Proposal 16（项目 16）
4	Proposal 17（项目 17） Proposal 16（项目 16） Proposal 5（项目 5） Proposal 6（项目 6）	Proposal 2（项目 2） Proposal 8（项目 8） Proposal 17（项目 17） Proposal 5（项目 5）
5	Proposal 10（项目 10） Proposal 11（项目 11） Proposal 15（项目 15）	Proposal 7（项目 7） Proposal 18（项目 18） Proposal 9（项目 9）
6	Proposal 18（项目 18） Proposal 12（项目 12） Proposal 17（项目 17）	Proposal 3（项目 3） Proposal 14（项目 14） Proposal 17（项目 17）

注：该分配表由该届评审委员会主席 Dr. Bonnic Hodges 设计。

对评审者的要求如下。

主审：细读你分配到的项目，对每个项目的概述、优点、缺点做三至四分钟的发言。

复审：细读你分配到的另几个项目。对于复审项目的优点和缺点，如果与主审意见一致，表示同意；如果不一致，陈述你的看法。

所有评委：阅读所有项目摘要，以便熟悉每一个项目。尽量通读项目书全文，如果时间有限，请细读你熟悉的领域。

第二步：学术委员会主席发给 6 位成员一个统一的评价标准。以下是《纽约州立大学科特兰分校 2017—2018 学年教师科研基金项目评价标准》[①] 第 F 项项目计划书评审标准。

[①] http://www.cortland.edu/offices/rspo/internal-grants.dot# Faculty Research program.（访问时间：2017 年 1 月 15 日）。

> （参考国家人文和科学基金会评审标准）
> ① 项目的学术价值。
> - 问题具体，目标表述清晰；
> - 理由清晰而且有说服力；
> - 参考文献适当；
> - 研究计划周到，能促进项目开展。
> ② 项目设计的质量。
> - 活动精心策划，描述详细；
> - 项目设计具有明确的结论和关系；
> - 明确描述了研究的方法、标准、变量、重点或参数；
> - 用适当的评价方法来评述研究结果或结论；
> - 有适当的数据分析或解释性评价；
> - 项目组成员有从事该研究的资质；
> - 项目预算合理。
> ③ 广泛的影响。
> - 该项目具有产生更广泛影响的潜力（比如在研究过程中学生的参与，教师有可能获得外部基金，并且/或者对教学有贡献）；
> - 在项目完成之后持续产生影响。
> 第三步：填写评价量表。

以 2017—2018 学年教师科研基金项目评价表[①]为例（如表 5-3 所示）。

表 5-3 教师科研基金项目评价表

FRP 2017—2018 Review Sheet
Author（作者）
Full Proposal（全文）
Abstract（摘要）
Intellectual quality of the project（项目的学术价值）
Quality of the project design（项目设计的质量）
Broader impacts（广义影响）
General Comments（总体印象）

---

① 分配表由该届评审委员会主席 Dr. Bonnie Hodges 设计。

我是教育学院的，属于人文社会学科。理科教授写的项目书与我们很不一样，他们条理清晰、逻辑性强，即使我不熟悉他们专业的内容，也容易看懂。理科侧重定量研究，而教育上有些研究很难有严格的定量。比如，一名学生的学业优秀，有他/她的天赋、毅力，还有家庭的帮助、同伴的影响，很难说一定是这个学科老师的功劳。但是，理科出身的学术委员会的成员，对教育研究的方法、结论经常会有异议，因此，教育系老师往往比较难拿到基金项目。自从我成为学术委员会成员后，由于我非常了解教育学院的研究，也有写作和申请研究项目的经验，知道教育研究的强项在哪里，在评审委员会辩论时，我会为教育学院申请课题辩护，也为其他成员提供看问题的不同视角。

评审完之后，所有材料全部上交并销毁。材料不需要放到档案馆，因为结论已经有了，过程细节没有必要保存，这样保护了评审者的隐私，大家更能言论自由。每位申报基金的教授都会收到详细的关于自己申报项目的优点和缺点的评价，这是评审委员会的共同智慧（Collective Wisdom）。

作为学术委员会成员，我不仅给组织做贡献，自己也收获颇多。以前我没有担任学术委员会成员的时候，如果我的项目没被评上，总觉得别人不了解自己的研究，或者他们有偏见，现在看到那么多好项目和科学严谨的评审过程，才明白我以前只是井底之蛙。

今年教育学院的申请者中，有去年申请未成功，今年重新递交申请的，我从研究处借来去年的项目书，比较新项目书的改进，以便在评议时为其辩护。我还通过我们的研究委员会向学校递交提议，陈述教育学科研究不可控的变量比较多，不像理科那样都有严格的实验数据，而教育学科更多是通过定性研究。希望学校能设立基金，专门给文科教授竞争。

评审委员会成员三年一轮，可以连任。我们除了评审校内基金，还评选学校的最佳研究奖，全校只选一个，要求很高，竞争激烈。申请人都是非常有水平的教授，申请资料很长。我们要仔细阅读，对任何一个申请者，都要能讲出优点、缺点，这是对每位评委学术水平的考验。

学校科研处处长艾米以及她办公室的研究员也参加，但他们是监督者和执行者，没有投票权。

另一个委员会名叫 Faculty Senate[①]，其字面意思是"教师参议院"。根据学校官网介绍，"教师参议院是大学教师从事大学治理的官方机构，它应关注大学内有效的教育政策和其他专业事项。"（The Faculty Senate shall be the

---

[①] 出自：http://www2.cortland.edu/offices/publications/handbook/part-one/#chapter150（访问时间：2017年3月23日）。

official agency through which the university faculty engages in the governance of the university. The Senate shall be concerned with effective educational policies and other professional matters within the university.）

我研究了中国大学的结构，没有发现有与之对应的组织。有人翻译成"教师评议委员会"，但仅仅"评议"二字，没有体现出"教授治校"的内涵；也有人翻译成教职工代表大会，有相似之处，但也不完全一样。比如，中国的教职工代表大会包括学校里的职员，而 Faculty Senate 只能是教师和图书馆人员，而且首先是自己表达服务愿望。因此，很难找到一个对等的翻译，只得直译为"教师参议院"。这个组织的目的是通过辩论、投票的方式参政、议政，敢于为有关群体直言。读者看完下面的案例，就会明白它的真正含义。

全校有 30 多人是教师参议院的成员，隔周例会，主持学校日常很多大的决定。

在我资历浅的时候，我就去旁听教师参议院的人怎么辩论、怎么表决。当我成为资深教授后，我也积极参政议政，敢于讲真话。

举一个很重要的改变了学校政策的例子，是我和另外两位教师参议院的成员一起完成的。

虽然说美国是民主的国家，但种族矛盾一直存在。尤其在 2015 年，许多黑人都说学校多元化不够，有几个学校的黑人组织各种活动，把白人校长赶下台。我们科特兰分校十几年前就有非洲研究系（Africana Studies Department）。但是，这个系在编制上除系主任外所有教师都是兼职的。系主任做了很多工作，包括招生，但其实只是个空头衔，既没有领导对象，也没有专门的办公室人员。这个系主任是政治科学系的黑人教授，能力很强，学术出众，演讲超群。另外有个白人教授，她的丈夫是黑人。这两位教授联名写提案给教师参议院，呼吁给非洲研究系一个全职教师岗位，不是从学校其他学院借调，而是专门从外面聘全职教授，这样，这个系才是真正意义上的系。

教师参议院的会议形式是 30 多个成员围坐在会议室的椭圆桌旁，旁听的非成员坐他们后面，陈述者在演讲台前，这场面就像中国开大会一样。他们俩在演讲台给我们陈述理由，然后，他们就离开了。值得注意的是，不是他们演讲完，教师参议院立即投票表决，而是需要时间，走一些程序。

首先需要至少一个教师参议院成员写教师参议院决议（Faculty Senate Resolution）并陈述理由，然后再进入辩论环节。当时资深教授唐娜·韦斯特（Donna E. West）、罗斯·波顿（Ross Borden）和我都表示愿意起草决议。经过调查、论证、与多方沟通，我们三人起草了决议，递交教师参议院。决议中文翻译稿如下。

> **教师参议院决议**
>
> 鉴于教师们认识到纽约州立大学科特兰分校的非洲研究系都是兼职教师，必须增加全职编制；鉴于目前的兼职教师多年来从事了很多行政工作并承担了其他责任而没有任何补偿；鉴于上述情况，要求给一个全职编制；鉴于这个新的全职教师编制，说明科特兰分校将继续致力于促进多元文化和全球教育，目的是"创造一个学习环境，培养一些非凡的领导者，使他们在不断增长的、文化多样的、全球一体化的社会中取得成功"（科特兰分校多样性、平等与包容组织宗旨）；鉴于聘用这个新的教师岗位符合科特兰分校的政策，并且通过加强种族学习课程，促进对文化和民族差异的欣赏；鉴于科特兰分校优先考虑、吸引、承认并保留较高比例的种族和少数族裔群体的学生；鉴于目前的政治气候要求本校立即采取果断行动，避免与偏见有关的行为。因此，纽约州立大学科特兰分校教师参议院特此敦促学校管理层在下一学年内在非洲研究系设置一个全职编制或半职编制，以支持该系的工作。
>
>
> 唐娜·韦斯特
> 罗斯·波顿
> 石淑芳
> 2016年11月21日
>

我们三人在决议中，陈述了给非洲研究系一个全职编制的若干理由，但是，这并不表明30多位教师参议院成员都会同意，我们需要把决议交给参议院辩论。当时，辩论非常激烈。有人坚决反对，理由是他们认为我们的理由都是不对的，是感情用事。还有人说："我知道这样说会有人恨我，但是，我必须表明立场，我不同意给非洲研究系全职编制，学校好多重要部门都缺人、缺经费，为什么不把钱用在刀刃上？"第一轮讨论结束，接着走过程序，继续辩论。最后，最初提议增加编制的黑人教授们再次来到教师参议院大会，慷慨陈词，恳求参议院各议员给予支持。最后，大家投票表决——通过了！

这是学校历史上具有里程碑意义的一个决议，因为从此之后，非洲研究系将真正存在了。

写完这一章后的一个傍晚，我在离家不远的康奈尔大学校园里散步，走到康奈尔的雕塑前，回想起这位教育家的故事。康奈尔早年家境贫寒，后与电报发明者摩尔斯共同创办了联合电报、电话，积累了大量财富，成为伊萨卡首富和农场主。康奈尔倾家提供建校资金并贡献出他的私人农场，与他的好友怀特共同规划学校蓝图，建立了一所"所有人可以学到任何他所想学的学科"的大学。150年后的我，望着眼前如诗如画的康奈尔大学校园，想起诞生过伟大教育家孔子的山东老家，一时感慨万千。不是每一位教育者都能成为康奈尔或孔子，但我们应该有服务地区、服务国家、服务世界的情怀。

后　　记

终于交付了书稿。回首写书过程，"艰难时光"是最好的概述。

一难：收集资料。

多少个白天，我们泡在课堂里，课后，一起讨论本节课的优点和不足之处；多少个夜晚，我们一起回顾教育教学生涯的往事，并用手机录下谈话内容，以防写作时遗忘细节和灵感。在我们的文件夹里，有长达100多小时的讨论录音。

二难：用英文还是中文出版？

本书收集的资料以英文为主，我们也身在美国，自然一直打算在美国以英文出版。但书最后以我们的母语汉语在中国出版。作者怀着抱负，从中国来到美国，来到科特兰分校，把中国带到了科特兰。科特兰成了我们的第二个故乡。我们也希望把科特兰带回到中国，使更多的中国人了解科特兰分校，这是淑芳作为教师、丽娟作为校友对回报学校所尽微薄之力，也是我们服务学校应尽的职责和义务。

三难：谁是读者？

本书起初的主题是美国的信息技术教学与教师的专业发展，但是，信息技术老师只是一个小群体，因此受众较窄。我们向国内专家学者请教，询问建议，毕竟这本书以中文出版，他们的视角可能会对我们有参考价值。国内学者认为信息技术与教育的整合是当今世界无法遏止的潮流。这个话题颇有价值，这让我们备受鼓舞。可是，在实际写作中，我们发现素材不适宜论文框架。我们又与教育领域其他资深学者探讨，得到的建议是我们要发挥自己的优势和素材特色，国内很多人对在美国的教育生活充满了好奇。我们充分讨论了不同建议，给本书定了一个基调——记叙我们在美国的教育教学生活和反思。这样，读者群也清楚了，即对美国教育感兴趣的中国人。

四难：谁是叙事主体？

两位作者是"你中有我，我中有你"，不分彼此，书是两人智慧的结晶，但是，写作时需要理清写作视角，即谁是叙事主体。我们每天思考这个问题，直到有一天，我们灵感一现——我们可以以科特兰分校为关联点，分别叙事。以整体描述加个性化解读，点面结合，合情合理。

五难：写作时间在哪里？

我们都是在职教师，日常工作挤满了我们的时间表，我们只能抓紧一切零碎时间，见缝插针。多少个日夜，真所谓"夜不能寐，食不知味"。每个业余写书的人，都能体会个中快乐与艰辛。

六难：到哪里出版？

在中国，要出版书并不比美国容易。一流出版社更视其学术声誉为根本。出版社自负盈亏，如果书的质量不高，会影响出版社的生存。我们一边写书，一边考虑到哪里出版。中国最著名学府的出版社对我们最有吸引力。于是，我们开始了严格的申请过程，填写《北京大学出版社图书选题申报表》等，几经修改。出版社有专家团队集体审核，从科学性、先进性、市场性等几个方面考量是否能出版。幸运的是，我们成功地通过了出版社的各种考核。

七难：三审三校的出版过程。

出版社同意出版，并不说明一定能出版。书稿交付之后，有三审三校的流程。本书责任编辑进行初审，然后，编辑部门主任对书稿进行复审或安排有复审资质的编辑进行复审，再由出版社领导对书稿进行终审或由终审室安排资深编辑进行终审。书稿只有在每个审次都符合要求，才能正式出版。书稿在三审过程中，还穿插有三次校对环节，以确保书稿的质量。这个过程至少需要三个月。

在写书和出书的艰难日子里，我们得到了许多学者、同人和朋友的支持，对所有帮助过我们的人，我们深怀敬意和感谢！并把他们的优秀品质转化为我们的动力，继续演绎我们的教育生活史。

石淑芳　仲丽娟
2017 年 6 月 21 日

Epilogue

The manuscript is now submitted for review and looking back on the writing process both of us would describe the effort as a huge challenge punctuated by frequent events that tested our resolve to carry on with the project.

Challenge One: Data Collection

Lijuan obtained many of her classroom observations by shadowing Shufang throughout her daily teaching activities at the college. In addition to being present during formal lectures, Lijuan also observed Shufang as she spent additional time after class hours tutoring and engaging in informal conversations with her students. At the end of the day, the two of us would examine the day's events to identify the instructional activities that proceeded well with high levels of student engagement and those that did not accomplish this desired result. For both outcomes, we debated the sources and influences on the relative success of the day's curricula.

During the initial work for this book, we spent many nights together sharing recollections of the education we received, ruminating upon how our past schooling and educational experiences affect us as teachers, and how our academic journeys have contributed to the choices we made and guided us to our present stations in life. After some time it occurred to us that we should begin to record our conversations so as to preserve those ephemeral tidbits of inspiration, experience, and wisdom that can only be achieved through a lifetime of hard work and perseverance. With handy cell phone apps, we eventually logged more than 100 hours of conversation. These recordings proved to be a valuable source of the raw content used to identify many of the topics that we have developed further in the book.

Challenge Two: Choice of Language—English or Chinese?

We completed all of the research for the book in an English speaking country and recorded our observations in English. Our initial intention was to publish the book in the United States so naturally, we planned to compose the text in English. As the book began to take shape and we began to finalize content we determined the book would have greater success at achieving our primary objectives if it was first targeted to a Chinese audience; therefore, we decided to publish the first edition of the book in our native language. Both of us came to the United States and to SUNY Cortland with ambitions to succeed in our chosen profession. Part of our success was bringing a small bit of China to Cortland. Cortland has become our second home, and in return, we wish to send a bit of Cortland back to China. It is our sincere intention to introduce SUNY Cortland to Chinese educators, scholars and Chinese students who are planning to study in the United States, so that they know about the tremendous opportunities available at SUNY Cortland. In doing so, we hope to fulfill our duties and obligations in serving the college as a faculty member and an alumnus.

Challenge Three: Who are our Readers?

A central subject of the book focuses on teaching and learning instructional technology, with detailed demonstrations of how American college teacher education programs train future and current educators to be proficient in 21st century instructional technology. The primary audience for this topic is relatively small since information technology teachers comprise only a small contingent of educators. During the writing process, we conferred with Chinese experts and scholars from the field of educational technology. Their opinions and perspectives on the topic influenced our decision to publish the book in Chinese. Our colleagues stated their belief that integration of technology into education is an irrevocable trend in the world and that our topic is quite valuable to a Chinese audience. Educators in China are curious how U. S. institutions train quality teachers with technology wisdom, and the book may also prove to be a beneficial reference in China. Possessing a clear objective and bolstered with the encouragement we received from our initial inquiries, we set to the task of preparing an instructional text. As we developed each chapter, we recognized, however, that the vast amount of technical and observational information we wished to share with our audience was not well suited to the rigid framework of a textbook. After discussing a range of options, we settled on a different tone for the book—a narrative of our academic and teaching life in the United States. Our readers are those who are interested in education in the United States.

Challenge Four: Who is the narrator?

The book presents the combined and contrasting wisdom of the two authors. To provide clarity on perspective and origin of thought and experience, we decided to narrate in the first person but to narrate separately. With the City of Cortland NY and SUNY Cortland as the setting, one narrator reports an anthropological analysis of events and activities with a sociological interpretation, and the other provides detailed accounts of individual experiences with concrete examples of personal and professional effort. The two styles provide an interesting approach to corroborative study.

Challenge Five: Finding time to Write

The book was written while both of us serve as in-service teachers. Our daily schedules were fully packed with the duties and obligations of our positions. The only way for us to progress on this project was to make good use of the small chunks of time during the day and night that become available. Working for what seems to be countless days and nights, only those who choose to dedicate themselves to the written page can experience the hardship and the joy of such an endeavor.

Challenge Six: Finding the Right Publisher

Since we chose to write the book in Chinese rather than in English, we contacted the publishing houses from the top universities in China. During these efforts, we confirmed that it is no easier to have a book published in China than it is to publish in the United States. First-class university publishers zealously protect their academic reputation as a fundamental pillar in the status of the University as a whole. Our publisher, Peking University Press, required we complete a rigorous application process that included completion of Peking University Book Proposal Application with multiple rounds of proposal reviews and revisions. Peking University Press auditing team collectively examines every book proposal based on its originality, innovation, and marketing among many other aspects. We are fortunate to have successfully passed the scrutiny of the auditing team.

Challenge Seven: "Three Rounds of Trials"

A successful book proposal application is only the first step. Peking University Press employs the well-known "Three Rounds of Trials" in the manuscript review process. The editor of the book completes the first review.

The director of the editing division and its senior editors conduct the second round. The Final Evaluation Division is responsible for the third round before submitting to the State press and Publication Administration for review and approval. If and only if a manuscript meets all the requirements and successfully passes every step of evaluation will it be eligible for publication. The authors respond to review questions and comments during each of the three rounds and modify accordingly in a timely manner. A minimum of three months is required to go through these three rounds.

During the Challenging process of constructing and completing this book project, we have received unremitting support and generous assistance from many individuals. To all who have inspired us and helped us, we cherish your contributions and we are deeply grateful. With sincere humility, we thank you for the motivation and inspiration as we continue our journeys to becoming teacher scholars.

Shufang Shi Strause & Lijuan Zhong

June 21, 2017

参考文献

Bain, K. (2004). What the best college teachers do. 2004. Cambridge, MA: Harvard University Press.

Becker, S. A., Freeman, A., Hall, C. G., Cummins, M., &Yuhnke, B. (2016). NMC/CoSN Horizon Report: 2016 K (pp. 1-52). The New Media Consortium.

Cook, L., & Friend, M. (1995). Co-teaching: Guidelines for creating effective practices. Focus on exceptional children, 28 (3), 1-16.

Copple, C., &Bredekamp, S. (2009). Developmentally appropriate practice in early childhood programs serving children from birth through age 8. National Association for the Education of Young Children. 1313 L Street NW Suite 500, Washington, DC 22205-4101.

Corwin, C., Shi, S., Xi, Z., & Zhang, Y. (1995). Modern American English Colloquialisms. Shanghai: Shanghai Jiao Tong University Press.

Dewey, J. (1943). School and society. Chicago: University of Chicago Press.

Donohue, C. &Schomburg, R. (2015). Chapter 4. Teaching with Technology: Preparing Early Childhood Educators for the Digital Age. In C. Donohue (Ed.), Technology and Digital Media in the Early Years (p. 36-50). New York & London: Rougtledge.

Koehler, M. & Mishra, P. (2009). What is technological pedagogical content knowledge?
Contemporary Issues in Technology and Teacher Education, 9 (1), 60-70.

Kolb, D. A. (2014). Experiential learning: Experience as the source of learning and development. FT Press.

Nardi, B. A., &O'Day, V. (1999). Information ecologies: Using technology with heart. Mit Press.

Prawat, R. S., &Floden, R. E. (1994). Philosophical perspectives on constructivist views of learning. Educational Psychologist, 29 (1), 37-48.

Prensky, M. (2001). Digital natives, digital immigrants part 1. On the horizon, 9 (5), 1-6.

Prensky, M. (2009). H. Sapiens Digital: From Digital Immigrants and Digital Natives to Digital Wisdom.? Italian Journal of Educational Technology,? 18 (2), 17.

Prensky, M. (2013). Digital natives, digital immigrants. In K. Blair, R. Murphy, & J. Almjeld (Eds.), Cross currents: cultures, communities, technologies. Cengage Learning.

Robinson, K. (2011). Out of our minds: Learning to be creative. John Wiley & Sons.

Schlarb, M., Strause, S., & Weng, D. (in press). The New Norm: Students and Faculty Mobility Program in Public Teacher Education Institutions in China and the US. In (Eds). The Rise of International Cooperation in Higher Education 21st Century China: Views from the Field. Rotterdam: Sense Publishers.

Shi, S. (2010). Teacher Moderating and Student Engagement in Synchronous Computer Conferences. Journal of Learning and Teaching, 6 (2). 431-445.

Shi, S. (PI), Yan, B. & Tan, S. (2008). Synchronous e-Moderating Through Thread Theory (SMT3).

Proposal submitted to National Science Foundation (NSF), DRL-Research & Evaluation on Education in Science & Engineering (REESE). Budget requested: $731,275. Not funded.

Shi, S., (2008). What Makes Quality Synchronous Online Interaction: Applying Thread Theory to Elucidate the Hidden Pulses of Synchronous Online Interaction. Research Enrichment & Development Initiative (REDI) Fellowship, State University of New York at Cortland.

Shi, S., Bonk, C. J., Punya, M., & Tan, S. (2008). Getting in sync with synchronous: The dynamics of synchronous facilitation in online discussions. International Journal of Instructional Technology and Distance Learning, 5 (5), 3-27.

Shi, S & Marrow, B. V. (2007). Finding the Right Tools: A Study of e-Conferencing in Higher Education. EDUCAUSE Quarterly 29 (4), 42-49.

Shi. S., Mishra, P., Bonk, C. J., Tan, S., Zhao, Y. (2006). Thread Theory: A Framework Applied to Content Analysis of Synchronous Computer Mediated Communication Data. International journal of instructional technology and distance learning. 3 (3), 17-38.

Shi, S. , Mishra, P. , Bonk, C. J. (2004). Linkage between Instructor Moderation and Student Behavioral Engagement in Synchronous Computer Conferences. Proceedings of the Association for Educational Communications and Technology (AECT) 2004 International Convention, Chicago, IL.

Shi, S. , Bonk, C. J. , & Mishra P. (2004). Explorations into Teacher's Role and Student Engagement in a Unique Synchronous Environment (pp. 2, 935-2, 940). Proceedings of the E-Learn 2004 - World Conference on E-Learning in Corporate, Government, Healthcare, & Higher Education, Washington, DC.

Shi, S. (2003-2004). A Framework for Evaluating the Effectiveness of CMC: Developing Thread Theory. Spencer Fellowship (Research Training Grant), the Spencer Foundation & Michigan State University.

Shi. S. (2000). Intentionality and Translation, Journal of Shanghai Jiao Tong University (Social Science), 2000 (3).

Shi, S. (1999). Informativity-An Important Principle in Translation. Shanghai Journal of Translators for Science & technology, 1999 (4).

Shi, S. (1993). Translation on Discourse Level. Shanghai Journal of Translators for Science & technology, 1993 (4).

Skiba, D. J. (2010). Digital wisdom: a necessary faculty competency? Nursing education perspectives, 31 (4), 251-253.

Strathern, Marilyn. 1987. "The limits of auto-anthropology." In Anthropology at home, edited by Anthony Jackson, 59-67. London: Tavistock.

Strause, S. & Tan, S. (2017). Chapter 14 Empowering "Digital Immigrants": Challenges and Solutions. In K. Dikilita? & I. Erten (Eds.), Facilitating In-Service Teacher Training for Professional Development (pp. 246-259), IGI Global.

Sullivan, R. , Burns, B. , Gradel, K. , Shi, S. , Tysick, C. , & van Putten, C. (2013). Tools of engagement project: On-demand discovery learning professional development. Journal of Educational Technology Systems, 41 (3), 255-266.

Sullivan, R. , Pilawski, B, Strause, S. , Tysic, C. , Van Putten, C. & Whitley-Grassi, N. (2014), Tools of Engagement Project - Online Professional Development through Structured Inquiry and a Virtual

Community". In P. Blessinger & J. M. Carfora (Eds.), Inquiry-based Learning for Faculty and Institutional Development: A Conceptual and Practical Resource for Educators. Emerald Publishing Limited.

Toffler, A. (1973). Future shock. New York: Bantam Books.

Tondeur, J., van Braak, J., Sang, G., Voogt, J., Fisser, P., & Ottenbreit-Leftwich, A. (2012).

Preparing pre-service teachers to integrate technology in education: A synthesis of qualitative evidence. Computers & Education, 59(1), 134-144.

Trilling, B., & Fadel, C. (2009). 21st century skills: Learning for life in our times. John Wiley & Sons.

Wilson, N. & Strause, S. (in press). New Strategies for New Literacies: Digital Backpack Samplers. Journal of Teaching and Learning with Technologies.